中共河北省委党校学术出版基金资助出版

文化生活与生活的文化

丁万明 ◎ 著

CULTURAL LIFE
AND THE CULTURE OF LIFE

中国社会科学出版社

图书在版编目(CIP)数据

文化生活与生活的文化/丁万明著. —北京：中国社会科学出版社，2015.9
ISBN 978-7-5161-6884-4

Ⅰ.①文… Ⅱ.①丁… Ⅲ.①文化—介绍—中国 Ⅳ.①G12

中国版本图书馆 CIP 数据核字(2015)第 213655 号

出 版 人	赵剑英
责任编辑	郭 鹏
责任校对	王佳玉
责任印制	李寡寡

出　　版	中国社会科学出版社
社　　址	北京鼓楼西大街甲 158 号
邮　　编	100720
网　　址	http://www.csspw.cn
发 行 部	010-84083685
门 市 部	010-84029450
经　　销	新华书店及其他书店

印刷装订	三河市君旺印务有限公司
版　　次	2015 年 9 月第 1 版
印　　次	2015 年 9 月第 1 次印刷

开　　本	710×1000　1/16
印　　张	14.75
插　　页	2
字　　数	251 千字
定　　价	55.00 元

凡购买中国社会科学出版社图书，如有质量问题请与本社营销中心联系调换
电话：010-84083683
版权所有　侵权必究

目　　录

文化生活

汉字文化　华夏文明之光　神州文化载体 …………………（3）
姓名文化　上可数典认祖　下能寄托厚望 …………………（16）
书法文化　蕴含中华文化风采　屹立世界艺术之林 ………（26）
诗歌文化　抒情言志皆有感　吟花诵月总关情 ……………（36）
词曲文化　前仆后继两诗碑　各领风骚数百年 ……………（50）
小说文化　风骚之霸主　文学之上乘 ………………………（61）
戏剧文化　梨园千载耀环宇　优孟衣冠属中华 ……………（72）
古典音乐文化　琴瑟友之　钟鼓乐之 ………………………（81）
舞蹈文化　歌以咏言　舞以尽意 ……………………………（91）
绘画文化　水墨丹青画空灵　点线泼染着意趣 ……………（102）
藏书文化　源远流长文明之舟　博大精深文化宝库 ………（108）

生活的文化

饮食文化　最晓民以食为先　总把色形味俱全 ……………（121）
茶饮文化　清泉烹蟹眼　小盏翠涛凉 ………………………（135）
饮酒文化　总道忘忧有杜康　酒逢欢处更难忘 ……………（142）
服饰文化　斗争衣衫巧样缝　深浅配来纤手绽 ……………（152）
居家文化　门前相对青峰小　屋后流来白水斜 ……………（164）
节日文化　人生代代无穷已　每逢佳节倍思亲 ……………（175）
生肖文化　噇鸡生岁十有二　图腾休关运与命 ……………（186）

名胜文化　山重水复疑无路　柳暗花明又一村 …………………（196）
鬼神文化　鬼神乃自人心起　驱鬼弄神还为人 …………………（205）
扇子文化　捐让月在手　动摇风满怀 ………………………………（216）
风筝文化　清风如可托　终共白云飞 ………………………………（225）

后记 ……………………………………………………………………（233）

汉字文化

华夏文明之光　神州文化载体

　　河南安阳西北洹水边有一个叫小屯的村庄。清光绪初年，村里有人在耕地的时候，忽然发现犁耙翻起的土块间，混有一些大大小小的坚硬骨片，捡起来一看，不少骨片上都有些像是刀刻的痕迹，有的还带有暗红色。"刨到龙骨了！"村里人都这么说。一些老人还说这东西可以做药材，能治多种疾病。于是大家都去捡这些骨片，卖给城里的药铺。

　　1899年，这些骨片传到了当时的国子监祭酒、团练大臣王懿荣的手里。王懿荣是一位很有学问的人，对古文字很有研究。他看到这些骨片，十分惊奇，仔细观察骨片上的痕迹，认为这是一种早已失传的古文字，非常珍贵。他出大价钱向商人购买，收藏了大量这样的骨片。经过古文字学家进一步研究，终于知道这些骨片根本不是什么"龙骨"，而是乌龟的甲壳和牛、鹿等动物的骨头。于是后来学者就把骨片上刻画的文字命名为"甲骨文"。殷墟甲骨文自1899年发现以来至今已有一百多年了。百年来，殷墟出土的刻辞甲骨文约15万片，其中属于正规考古发掘所获约3.5万片。[①] 研究发现，甲骨文是距今3000多年前中国商朝使用的文字，从形体和造字法来看，这已经是一种相当完备、相当成熟的文字了。由此看来，甲骨文并不是最古老的文字，汉字产生的时间比这还要更早。那么，汉字到底是如何的呢？

汉字的起源

　　汉字的起源，在中国还有两种影响比较大的说法：一是"伏羲造八

　　[①] 井中伟、王立新编著：《夏商周考古学》，科学出版社2013年5月版，第180页。

卦"，一是"神农结绳为治"。

在中国古代神话传说中，有一位神奇的人物，叫仓颉。传说仓颉是上古时黄帝的史官，头上长了四只眼睛，智慧超群。他观察天地间鸟兽虫鱼，万事万物，造出文字。仓颉造字的时候天上下起了谷子，黑夜里鬼哭神嚎，天地为之震动。"仓颉造字"的故事，早在春秋战国时，就已流传，到了汉代更进一步加以发挥。战国末期韩非子的《五蠹篇》，汉代司马迁的《史记》和刘向等人编写的《淮南子》都有记载。东汉的学者许慎在《说文解字·叙》里面谈到对汉字起源的看法，他认为汉字是从伏羲做八卦为萌芽的。"古者庖牺氏之王天下也，仰则观象于天，俯则观法于地，视鸟兽之文与地之宜，近取诸身，远取诸物，于是始作易八卦，以垂宪象。及神农氏结绳为治，而统其事……黄帝之史仓颉，见鸟兽蹄远之迹，知分理之可相别异也，初造书契。"他还说了汉字的发展脉络："仓颉之初作书，盖依类象形，故谓之文；其后形声相益，即谓之字。"[①] 直到宋代，有一位叫叶梦得的学者，写了一部笔记叫《石林燕语》，其中还谈到当时京城许多管文书的小官吏，到了秋季就集体祭祀仓颉，把他尊为文字之神。根据这种传说，很多人认为文字是由特殊人物创造的，而且具有神奇的力量，能使天地鬼神为之惧怕，所以人们对文字非常尊敬。旧时民间有些人家连废字纸都不敢用，放在写着"敬惜字纸"的竹篓里，最后火化。

"八卦"大致是在原始社会旧石器时代后期创造的，发明人据说是"伏羲氏"，他大概是当时的一个氏族领袖。八卦是古人用以占卜的八种基本图形，由符号"—"和"——"组成。八种符号的名称分别叫作"乾、坤、震、艮、离、坎、兑、巽"，代表并且象征着"天、地、雷、山、火、水、泽、风"八种自然现象。用这些符号进行排列组合，可以表达更复杂的意义。中国"五经"之一的《易经》，对八卦有着系统的论述。

"结绳记事"就是在绳子上结疙瘩来记事。《易经》上说："上古绳而治，后世圣人易之以书契。"意思是说古代用结绳帮助记忆，后世人们用文字代替了结绳。国内外许多民族都这样做过。世界上最著名的结绳记事的民族是秘鲁的印加人，他们结绳所表示的意思比较复杂。在中国，云南

[①] （东汉）许慎：《说文解字注》，上海古籍出版社1981年版，第754页。

的傈僳族可以用一根绳子打成各种不同的结，表达不同意思。另外，像云南的哈尼族、台湾的高山族也都有结绳的办法，据说哈尼族数十年前依然使用结绳。

现在看来，"八卦"只不过是由"—"和"— —"排列成的符号，和文字没有直接联系。"结绳记事"可能是人类社会早期经历的一个阶段，但结绳也只是文字产生前一种帮助记忆的方法，不能认为具有文字的功能。至于"仓颉造字"，就完全是神话了。历史上是不是有仓颉这个人，还是问题，就算真有，文字也不可能是由他一个人造出来的。如果历史上确实有过一个仓颉，假定他曾经做过整理文字的工作，那倒是可能的。

那么，文字到底是怎样产生的呢？比较一致的看法是，文字是从图画发展成的。比如古代人想记住他捉到了多少鱼，可能就在他认为合适的地方照鱼的样子画下来；想表示太阳，就画个太阳的形象；想表示月亮，就画个月亮的形象，画满月是个圆，容易跟别的什么分不清，于是就画个弧形的样子，表示月牙儿。当然，文字如果只停留在形象化的图画式符号阶段，那是极不方便的，写（画）起来费时，也难以表达复杂的思想。所以，古代的人们经过长期的努力，把记事图画逐渐加以整理、充实，进一步抽象化、简单化、符号化，使它能代表具体的语言成分，有了读音。这样，人们就创造了文字。

从中国出土的文物来看，原始的汉字是在原始社会晚期母系氏族社会里由劳动人民所创造的。现在看到的仰韶文化时期彩绘陶器上的"鱼"形、"黾"形（蛙形），就既是图画，也是来源于图画的"原始文字"。在与仰韶文化几乎同时的大汶口文化遗址中，也发现了这样的"原始文字"。一般认为，考古学的新石器时代的中晚期，汉字已经开始产生。这就是汉字的原始阶段。而这些文字距现在已经大约六千年了。著名的文字学家唐兰先生认为仰韶文化、半坡文化、大汶口文化这些新石器时代中晚期出现的陶器上的刻画符号以及一些考古发现的岩画中的简单线条和不知其意的符号，都极有可能是汉字的前身。[①] 裘锡圭先生认为伏羲的时代要比汉字起源的时代晚得多。他认为，从这些研究来看，文字之形出自八卦的说法是靠不住的。但是他认同仓颉造字说。他说汉代人说仓颉是黄帝的

---

① 河南省禹州据说出现了很多与大禹治水有关的刻画符号。

史官未必是可靠的,而史官参与汉字的创造是有可能的。[①]

汉字的发展

1. 甲骨文

目前看来甲骨文是汉字正式确立的第一阶段。甲骨文的发现地点安阳据考证是商代后期的都城遗址。安阳当时叫作殷,因此商代又被称为殷。商朝最后被周王朝灭亡,这里被毁为废墟,后人称为殷墟,所以甲骨文又叫作"殷墟文字"。殷代社会处在中国古代奴隶制社会中期,当时生产力低下,科学不发达,统治者迷信鬼神、崇尚天命,不管遇到什么事情,诸如祭祀、征伐、田渔、出入、年成、疾病等都要进行占卜。占卜的方法是先把乌龟壳或其他兽骨进行打磨,然后用青铜凿子凿钻背面,加火烧烤,使正面现出裂纹。"卜"字就是裂纹的象形,这种裂纹叫作"兆"。根据"卜、兆"来确定吉凶,并且把占卜的时间、占卜者的姓名、所占卜的事情、占卜的结果以及应验情况刻写在龟甲或牛骨上面。因为甲骨上的文字,大都是占卜之辞,所以甲骨文也称作"殷墟卜辞"。

现在已经发现的商代的甲骨文,有十六七万片,已经整理出来的甲骨文单字,除去重复的和异体的,约有4500个,其中能够确切辨认的,目前还不到1800个。

从字体的数量和结构方式来看,甲骨文已经是一种经过长时期历史发展,有严密结构系统的文字。汉字的几种构造与应用的方法,也就是所谓"六书"的原则,在甲骨文中都具备了。但是我们在这种字体当中,还可以看到原始图画文字的一些明显痕迹。

甲骨文字的形体结构还没有完全定型,异体字特别多,有的字繁简不同,有的组成的偏旁也可以变化,有的连结构也不一样。例如,"拜"(丝)字的笔画就有繁简的不同。"尹"字部件的刻写方向不一样。还有一种特殊的现象,就是常常把两个或三个字写在一块儿,叫作"合文"。

甲骨文一般是先用朱砂或黑墨写在甲骨上;然后再用刀将笔画刻出,也有直接刻成的。因为是用刀刻,所以笔画遒劲刚硬、较少圆转,就雕刻

[①] 裘锡圭:《汉字的起源和演变》,载阴法鲁主编《中国古代文化史》,北京大学出版社1989年版,第124页。

的精美来说，是令人赞叹的。

甲骨文是研究古文字和商代社会历史的宝贵文物资料。有了这些原始记录，与古代传说、文献记录相印证，就可以了解当时社会的情况。

2. 金文

随着生产力的发展，中国最晚约在四千年前就有了铜器，用纯铜做成的是红铜器。到商代前期技术不断进步，有了红铜和锡合金的铸法，铸出的铜器叫青铜器，这时铸造的青铜器已十分精美，但是刻铸有文字的却不多，有的即使有文字，字数也很少。1976年在河南安阳发现的商代大方鼎，就只铸有"司母辛"三个字。到了周代，青铜器皿上刻铸文字的情况就多起来，一座钟鼎常常铸有数十字、上百字。西周末年的毛公鼎铸有497个字，算是最长的铭文。由于古人把"铜"称作"金"，所以铸在这种青铜器上的文字叫"金文"或"吉金文字"。这种铜器以钟和鼎为多，所以也叫"钟鼎文"。

铜器上的字，绝大多数是在铸器的时候一起铸出来的。在铸造之前，先把反写的字刻在模子上，这样，就有时间随心所欲地慢慢精雕细刻了。因此，金文的笔画肥厚粗壮、圆浑丰润，字体庄重美观，跟甲骨文相比，就显得富于变化了。也有的字是在青铜器铸好之后再刻上去的，这种情况比较少。

"金文"和"甲骨文"相比，异体字总体上少于甲骨文，但字形结构仍不够定型，有的笔画比甲骨文简化，少数也有繁化的，但简化是主流。最突出的是形声字在数量上逐步占优势。如《金文编》里衣部、穴部、食部、广部的字共71个，除了跟甲骨文相同的十四个字外，新增加57个字，其中有46个形声字。金文里也有"合文"，但数量大大减少。《金文编》收合文64个，《甲骨文编》收合文371个，说明文字更加适应古汉语单音节词占优势的特点。

殷周的青铜器，早在汉代就已不断出土，为学者所研究，包括金文在内，早已成为一种专门的学问。据容庚先生《金文编》统计，现在所收藏的上万件青铜器上，金文累计达3722个，已被认出的有2420个。[①] 青铜器上的文字不仅是我们研究古文字的重要资料，也是研究当时社会的最重要的历史文物。

---

① 《中国汉字文化大观》，北京大学出版社1995年版，第17页。

3. 战国文字

春秋晚期和战国时代，由于整个社会政治经济的急剧变化，特别是封建诸侯长期割据称雄的局面，使文字出现了相当大的差异，除了秦国墨守着春秋以前的字形，有些小的发展，向小篆过渡外，其他六国文字的写法与以前的文字相比，分歧、异形更多，许多字古奥难懂、没有规律。如一个"马"字就有各种不同的写法：楚国写成立；燕国写成通；韩国写成亡；赵国写成命；魏国写成逐，等等。还有的将笔画加鸟头形或拖上长尾巴，也有的加虫子形、形成一种所谓的"鸟虫书"。这样的字可能是战国文字的一种美术体，但写起来非常不方便，没有实用价值。

战国文字可以说是汉字发展史上形体最为混乱的文字，这种文字上的混乱，大大影响了政治法令的推行、经济生产的发展以及文化教育的传播。因此，雄才大略的秦始皇灭掉六国，统一中国后，所做的第一件事就是统一文字。

4. 小篆

篆书的名称是从写法上来的。东汉许慎的《说文解字》上说："篆，引书也。""引"是"引长"的意思，"引书"就是一笔一画引长地写。篆书的特点在于字体结构整齐，无论笔画多少，都是一笔一笔引长来写，构成一个完整的方块字，笔画的疏密长短都要求配合得很好。后世许多学者把战国时代的秦国文字叫作"大篆"或者"籀文"。这种字可以用唐代时出土于该地区的石鼓文作为代表。

秦始皇统一六国后，针对六国文字庞杂混乱的状况，采取"书同文"政策，统一了全国文字。丞相李斯主持并参与了这一工作。整个工作分为两个步骤：一是废除六国文字中各种和秦国文字不同的形体；二是将秦国固有的籀文即大篆的形体进行简省删改，同时吸收民间字体中一些简体、俗体字，加以规范。这样，就形成了一种新的正式字体——"小篆"。

当时秦王朝在文字上不仅"罢其不与秦文合者"，而且由高级官吏亲自编写字书。丞相李斯写了《仓颉篇》，中书令赵高写了《爰历篇》，太史令胡毋敬写了《博学篇》。这三本书是作为字体的样书颁发的。同时，也作为识字教育的课本。现在流传下来的秦代小篆的真迹，有泰山刻石、琅琊刻石、芝罘刻石等。[①] 相传都是由李斯亲笔撰写。

[①] （汉）司马迁：《史记·秦始皇本纪》。

小篆同以前的字体比较，进一步减少了图画的意味。平直和弧形相结合的线条，加上大量的简化，使汉字进一步符号化了。这主要表现在三个方面：字体结构逐渐趋于定型，大多数篆文都做到了一字一体，异体字显著减少；笔画圆转，粗细一致，线条划一，并开始注意间架的匀称；字体规整，行款整齐，约成长方，初步奠定了汉字方块形体的基础。

秦代"书同文"的做法适应了当时社会发展的需要，对于多民族国家的巩固、经济文化的发展起了极为重要的作用。小篆是我国历史上第一次正式运用行政手段大规模规范文字的产物，也是汉字在古文字阶段迈出的最后一步。

汉字的定型

1. 隶书

小篆虽然是秦代法定字体，在当时官方发布的公文、法令、诏书等里面都使用它，可是它的结构还是比较复杂，不便书写，因此民间在书写书信、账目、契约、药方时，使用了一种草率急就的字体。这种字体就发展为"隶书"，也叫"隶字"。相传隶书是由狱吏（也有人说是罪犯）程邈创造的，这话不一定可靠。从现今出土的文物来看，这种新字体主要是由奴隶、差役、下层小官吏等书写发展而成的，所以叫作"隶书"。隶书主要是在秦汉两代使用，因此有人把秦代使用的隶书称为"秦隶"，又叫"古隶"；把汉代使用的隶书称为"汉隶"，也叫"今隶"。

字体从篆书到隶书的演变，叫隶变。隶变的方式主要有三种：①形变。所谓形变指字的结构不变，组成部分没有添减，只是形体变了，婉曲的笔画变成平直的笔画，圆转的态势变成方折的态势。这种情况人们称为"隶定"。就是通过隶变把字形定下来。②省变。在形变的同时，把一部分线条加以省并、简化。③讹变。在形变的同时，突破"六书"取义的原则，力求简化和统一。因而使在小篆里不同的几个形体变成了一个形体，有的则在小篆里是一个形体，隶书中分化为几个形体。如春、秦、奉、泰、奏几个字的上半部，隶书里都由"三""人"合成，在小篆里却是不同的写法。"隶变"是古今汉字的大变化，它使汉字完全脱离图画性质，变成纯符号性文字。隶书是汉字从古文字变成今文字的过渡形式，隶书这种承上启下的作用，对汉字发展有着深远的影响，隶书以后，汉字在结构上不再发生变化，字形也基本稳定下来。

2. 草书

隶书要一笔一画地写，写起来费事费时。为了写得快些，笔画能简的简，能连的连，这样形成的字体就叫"草书"。

草书又分为"章草"和"今草"两类。《说文叙》说："汉兴有草书。"草书在两汉已经出现了，发展到大约西汉后期形成了章草，著名的代表作品就是《急就章》。有人说因为这本书的名字，所以叫"章草"，也有人说当时官员用这种字体书写呈给皇帝阅看的奏章，所以叫"章草"。章草还带有一些隶书的味道，保留了隶书的波挑和捺笔。现在一般使用的草书叫"今草"。它和章草的不同之处是它的笔画勾连，有的一个字就用一笔勾连，甚至好几个字、一行字只用一笔连写。"今草"的萌芽可能产生于东汉。有名的书法家张芝称为"草圣"[1]，最著名的书法家晋代王羲之也善于草书。唐代张旭、僧人怀素又发展了今草，字形距离隶楷更远，更减少了笔画，而增加了勾连，过去有人称之为"狂草"。赞颂草书的人说好的草书简直是"龙飞凤舞"，又说像"笔走龙蛇"，令人赏心悦目。但是草书是极其难于写好和辨认的，所以也不便于使用和流行。

3. 楷书和行书

楷书也是直接从隶书发展过来的，大概形成于汉末魏初。人们认为三国时的钟繇是第一个著名的楷书书法家，他的楷书还带有一定的隶书的笔法。到了东晋的王羲之，进一步发展了楷书，就完全没有隶书的笔意了。在字形结构上，楷和隶基本上是一致的，不过在笔势上有了改变；楷书把隶书的挑法改成了勾撇；去掉隶书的波势，改为平稳的笔画；隶书力求方正平直，楷书在方正中略有变化，如"口"字，隶书方方正正，楷书则上大下小；隶书字形向外摊开，楷书则向里集中。楷书每个字体都有一定的笔画顺序，即所谓"笔顺"，而每种笔画又有一定的形式，主要分成八种——点、横、竖、撇、捺、挑、折、勾，即所谓"永"字八法。楷书又叫"正书""真书"，这都说明是供人学习和运用的正规书体。

---

[1] "草圣"有二义：一是善草书者称"草圣"。是古时候对草书有相当成就者的尊称。三国时魏韦诞称东汉张芝为"草圣"。唐代张旭书法取于张芝、二王一脉，以草书成就最高，人亦称其为"草圣"。另一含义特指好的草书作品。唐杜甫《殿中杨监见示张旭草书图》诗："斯人已云亡，草圣秘难得。及兹烦见示，满目一凄侧。"参见李国钧主编《中华书法篆刻大辞典》，湖南教育出版社 1990 年 12 月第 1 版，第 893 页。

行书是为了补救楷书的不便书写和草书的难于辨认而产生的字体。行书既不像草书那样潦草，又没有楷书那样端正，它是介于楷书同草书之间的一种字体。行书又有"行楷"与"行草"之分，楷书多于草法的叫"行楷"，草法多于楷法的叫"行草"。有人比喻说："草书如飞，楷书如立，行书如行。"这是非常形象的。相传行书也始于汉末，虽然楷书是正式书体，但千百年来人们手写时，一直使用行书。

　　从甲骨文算起，汉字发展到今天，已经三千多年，总的趋势就是不断简化，简化的过程反映了人们运用文字的基本要求。从字体演变的历史上还可以看出，行政命令的办法可以促进字体的发展，个人在字体形成过程中也可以发挥搜集整理的作用，但真正起作用的还是汉字自身的发展规律，推动字体演变的动力来自社会的需要，来自广泛的交际。传统的某某人造某种字体的说法是不符合汉字发展的客观事实的。

汉字的特点和影响

　　世界上的文字基本上可以分为两大类：一类是表音文字，另一类是表意文字。表音文字是用数目不多的符号表示一种语言里的有限的音位或音节，作为标记词语声音的字母。一般来说，一定的音就用一定的字母表示，一定的字母表示一定的音。人们掌握了字母的读音、拼写规则，听到了一个词的声音大体能写下来，看到了一个词（字）一般能读出它所代表的语音。汉字是表意文字，同表音文字有本质区别。它不是直接表示音位或间节的字母，而是用不同笔画构成的大量表意符号来记录汉语的单音节语素，从而代表了语素的声音。前面说到，汉字是世界上最古老的文字之一，殷商的甲骨文和埃及的圣书字、苏美尔的楔形文字、中美洲的玛雅文字差不多同时，但是后面几种文字都早已消亡，转变为表音文字，只有中国的甲骨文与现在仍在使用的汉字一脉相承、关系密切。那么，为什么会出现这种独特的情况呢？

　　原来，汉语有一个很重要的特点，就是它的词大多是单音节的。尽管汉语在其发展过程中双音节和多音节词有增加的趋向，但在古代，却是单音节词占绝对优势。这样有限的每一个音节就难免要承担表示许多单音词的任务，也就是说，势必存在大量的同音词。语言学家赵元任曾经编过这样一个有趣的故事："唧唧鸡，鸡唧唧。几鸡挤挤集机脊。机极疾，鸡饥极，鸡冀已技击及鲫。机既济蓟畿，鸡计疾机激几鲫。机疾机，鲫极悸，急急挤集矶级际。继即鲫迹极寂寂，继即几鸡既饥即唧唧。"① 这个故事如果读给大家听，恐怕语言修养再高的人也听不懂。但是如果用汉字写出来，我们就会立即明白故事的内容。提倡拼音文字的赵元任还曾戏作《施氏食狮史》（全读 shi），来说明拼音文字只能用来书写现代口语，不能拼写文言，不能区分同音汉字。② 这当然是赵元任先生带点儿玩笑而硬造的极端的例子，然而从中我们却可以明显地看出汉语单音节同音词多的特点。这么多的同音词，只能在外形上加以区别，写成一个个形状不同的字。每个字都是一个音节，代表一个词。这样，汉语所用的表意符号，就不是几十个，而是成千上万个形体。

古汉语中单音词占优势，同音词多，又缺乏形态变化，而表意的字形能区别同音词，正适合汉语的需要，这就注定了汉字直接表意的性质和汉字的独特面目。

汉字是记录汉语的书写符号系统，是人类社会发展到一定阶段的产物，它对我国社会的发展，对汉族语言的发展，起着很大的推动作用。古人把汉字的创造说成是惊天地、泣鬼神的大事。《淮南子·本经训》云："仓颉作书而天雨粟，鬼夜哭。"③ 通过汉字，我们可以看到三千多年前的社会状况，听见两千多年前的百家争鸣，读到春秋战国的优美民歌，欣赏脍炙人口的楚辞、唐诗、宋词、元曲和明清小说。正是在汉字运载的人类知识大宝库里，我们饱览了从古到今哲学、政治、经济、军事、科技、历史、文学、艺术等各方面的成就。中华民族丰富而宝贵的文化遗产正是依靠汉字才得以保存下来，它是我们取之不尽、用之不竭的财富。

汉字具有超时空的功能。汉字本身不着重表音，虽然我国地域广阔，

---

① 赵元任：《语言问题》，转引自周有光《语文闲谈》（二编），生活·读书·新知三联书店 2012 年版，第 20 页。

② 《施氏食狮史》全文如下：石室诗士施氏，嗜狮，誓食十狮。氏时时适市视狮。十时，适十狮适市。是时，适施氏适市。氏视是十狮，恃失势，使是十狮逝世。氏拾是十狮尸，适石室。石室湿，氏使侍拭石室。石室拭，氏始试食是十狮尸。食时，始识是十狮尸，实十石狮尸。试释是事。（赵元任《语言问题》）

③ 作书者事实上不可能是一个人。《荀子·正论》篇云："作书者众矣，而仓颉独传者，壹也。"晋卫恒《四体书势》云："昔在黄帝，创制造物。有沮诵仓颉者，始作书契以代结绳。则仓颉外尚有沮诵。此皆作书不止仓颉一人之证也。"参见胡朴安、杨树达《大师的国学课》，江西教育出版社 2014 年版，第 232 页。

汉民族方言严重分歧，但各方言区人民仍能凭借书面语进行交际，抑制了方言的进一步分化。几千年文明史，汉民族在各个历史时期都能在书面上形成统一的语言。汉字对维护和加强汉民族以及整个中华民族的团结统一，起了积极的作用。

汉字丰富多彩的形体，加上独特的书写工具和材料，使得它的书写成为世界上一门别具一格的艺术——书法。不论是钟鼎文字的雄浑，还是晋唐行书楷书的挺秀，行草、狂草的奔放，都给人以高雅的艺术享受。其他民族文字，虽然也讲究书法的工拙，但把书法列为一种艺术的却并不多见。

汉字对国内少数民族和亚洲许多民族的文化发展也有深广的影响。有些少数民族如壮族、彝族、水族，曾用汉字字形和结构方法造出自己的文字。亚洲的一些国家如朝鲜、日本、越南等都曾用汉字记录他们的语言。日本的拼音文字片假名，就是取汉字的偏旁来表示各种音素。朝鲜的拼音文字仍写成方块形。越南的"字喃"则是利用汉字偏旁和造字方法另造新字。一直到现在，日本、韩国、新加坡、马来西亚等国还在使用着中国的汉字。有些国家，如马来西亚、新加坡和泰国，还使用我们新中国公布的简化字。现在全世界使用汉字的人数约有十二亿，汉字是世界上使用最多的文字之一。

当然，汉字也存在着许多的缺点。如汉字数量庞大，《汉语大字典》搜集汉字大约六万个，一般需要掌握六七千字，最常用的也在三千字以上。汉字笔画多、偏旁杂，许多形声字不能很好地表音，存在着大量同字异义、同字异读的现象。这些现象都导致了汉字难认、难写、难记的不足。早在21世纪初，就有人提出了"汉字落后"的观点。特别是近几十年来，印欧拼音文字在电脑化和信息处理中大显威风，汉字再一次面临严峻挑战。但是，近年来经过许多研究者的努力，神奇的汉字与电子计算机结合的通路终于找到了。20世纪80年代我国电脑输入汉字的速度平均每分钟已达到200多字，最高可达450字，超过了拼音文字的输入速度。在当今世界日新月异的经济文化发展中，我们还要进一步研究、改革，使古老的汉字更好地适应祖国现代化建设的需要。

汉字学的发展

追根溯源，汉字发展的历史已有五千多年，而历代学者对汉字进行专门研究，也有两千多年了。

周代、秦代是汉字学的萌芽时期。汉代是文字学的形成时期。秦汉之际产生了中国训诂学或词汇学第一部专著——《尔雅》。全书按内容性质编排，分19篇，收词语和专用名词2091条，共4300多个词。《尔雅》保存了相当丰富的古汉语词汇，对后来汉语词汇的研究和训诂词典的发展有很大影响。西汉扬雄的《方言》是中国第一部方言词典，为研究汉代方言的异同变化，探讨古音，提供了宝贵的材料。

东汉许慎的《说文解字》标志着汉字学的形成和确立。它首创了部首编纂法，把一万多个汉字归纳得有条有理，井然有序；尤为重要的是，它在继承前人成果的基础上，对"六书"发凡起例，为人们分析认识汉字提供了可靠的途径和入手的方法。

汉末刘熙的《释名》是一部以声训求语源的专著，开创了中国音训词典的先河。

从魏晋南北朝到明清为汉字学的发展时期。在字书编纂方面，主要著作有晋代吕忱的《字林》、南朝梁顾野王的《玉篇》、唐代颜师古的《字样》、陆德明的《经典释文》、释玄应的《一切经音义》、宋代郭忠恕的《佩觿》、明代梅膺祚的《字汇》和清代的《康熙字典》。其中《一切经音义》是我国现存佛经音义书中最早的一部，清代《康熙字典》由康熙皇帝御敕编纂，收字47035个，超过了前代任何字书。历代字书的编撰，都与当时文字以及训诂学的研究有着密切的关系，字典收字越来越多，字书编撰的体例、方法也越来越完善。许慎《说文解字》问世后受到历代学者的推崇，形成一门专门的学问——"说文学"。这一时期，文字学还对金石文字进行了广泛的研究。

清末民初至今为科学研究时期。1899年殷墟甲骨文的发现为中国古文字学的研究开辟了崭新的天地。对甲骨文的研究，成绩最显著的被称为"甲骨四堂"。罗振玉，号雪堂；王国维，号观堂；董作宾，号彦堂；郭沫若，号鼎堂。他们的著作释义准确，材料丰富，并以甲骨文为史料研究商代历史，取得令人瞩目的成就。著名学者陈子展为此写下了"堂堂堂堂，郭董罗王"的名句。[①]

在汉字理论研究方面。民国以来，先把音韵从传统"小学"（即传统

---

① 俞祖华：《王懿荣与甲骨文》，山东文艺出版社2004年版，第102页。

语言文字学，包括文字、音韵、训诂三方面）中分离出去。到1934年唐兰的《古文字学导论》又明确把训诂学分离出去，确定文字学的研究对象限于文字形体。从民国到1949年出版了二三十种文字学著作，都力图摆脱《说文》束缚，建立科学的汉字学体系。这些著作对文字与语言的关系，汉字的起源、性质、发展规律等问题的研究都超越了前人。

1932年民国政府教育部公布《国音常用字汇》，在现代汉字的字量、字形、字音、字序等方面都建立了初步规范。1949年新中国成立后，主要围绕汉字改革进行研究。1980年周有光发表《现代汉字学发凡》，一般认为是自觉建立现代汉字学的开始。

世界文明史，是指有文字记载的历史。人类社会的真正历史，是从有了文字才开始的。人们常说祖国有五千年光辉灿烂的历史，这是因为五千年前就有了记录这悠久历史的汉字。没有汉字，就没有祖国五千年的文明史。

姓名文化

上可数典认祖　　下能寄托厚望

　　随着"哇——哇——"哭声的响起，人类一族中的一个小生命平安降临人世，于是家族人等无不欢喜。自然高兴之余，或父或母或别的亲朋便开始为小儿的名字在寻思费神了，当然，有的家长早在小儿尚于母腹中孕育之初便为他（她）确定了称谓（此为现代胎教中重要内容之一）。加以小儿的姓氏也已随家长自然地确定了下来，于是代表小儿个人，以区别于他人的"姓名"便开始在社会活动中发挥作用——这在现代应该是顺理成章、毫无疑义的。殊不知，作为人类一种特定称谓的名字，连同冠于其前的姓氏并不是伴随人类一同出现的。它们的产生都经历了漫长的时间，都是在人类社会发展到一定程度，适应人们日常交际、交流以及生活等的迫切需要才逐渐面世的。

　　姓名文化源远流长，它是姓氏文化和名字文化的有机统一体。早在100多万年之前，中国这块古老的土地上就已经有人类生息繁衍了，这已经成为史学界尤其考古学界公认的事实。那时候，人们的生存环境还很恶劣，生存能力还很低下，他们或分散或群居，最高的恐怕也是唯一的需求便在于维持自身生命并予以代代延续下去。因此，至于同类同伴之间该如何称谓在他们还没有成为必需。到了距今五六千年的母系氏族社会时期，由于人类自身以及外在的物质生产力等的发展，人们日益感到由血缘确定的族系之间没有固定特称的不便，于是慢慢产生了具有识别作用的"姓"：同一氏族成员归于一姓之下，氏族不同、姓也相异。我们已经知道，在母系氏族公社内部，处于主导地位的是妇女，所以当时氏族所用的姓，也就是我国最古老的一批姓[①]，均带"女"字偏旁，如"妫""姬"

---

① 据清代学者顾炎武《日知录》卷23所载共有22个。

"姒""姜"等。不仅如此，连同当时新生儿的姓称也一概承袭母亲一方。正如许慎《说文》中对"姓"的解释"从女生"，产生于母系社会的这个"姓"字本身确实也体现出了当时社会地位的女尊男卑。

"姓"在当时的直接作用就在于识别人们所属氏族的异同，而其最重要的作用却是"崇恩爱，厚亲亲，远禽兽，别婚姻也。故纪世别类，使生相爱，死相哀，同姓不得相娶者，皆为重人伦也"。[①] 不同氏族之间可以通婚，同一氏族内部禁止结婚，"别婚姻""重人伦"，如此而已。

等到大约距今四五千年以前，随着社会的进一步发展，男子在社会事务中的作用日益凸显出来，并逐渐取替了妇女在社会中的支配地位；氏族所用的姓称自然也转随父亲血统，氏族公社由母系渐变到了父系阶段。此时，氏族部落之间常因利益关系或结成联盟或相互冲突，联盟的首领或争斗后获胜一方的首领在新的集体中处于领导地位，如姬姓部落的黄帝和姜姓部落的炎帝等。部落之间的争斗、融合最终促成了伟大的华夏民族的诞生，人类社会逐渐完成了由氏族公社阶段向阶级社会的飞跃。其间，那些在社会融合过程中立下功劳的人们便纷纷受到奖赏，有的被赐以新的领地，开辟这些新领地的除其家人、部属外，还有在战争中抓到的俘虏，因此他们的姓称本是混杂不一的。为便于控制和领导，不少上层统治者给那些原称某姓的功臣和部下重新赐以新姓——在新领地或更大范围内占有优越地位的姓。于是，这种与地域相关的新的标识——"氏"在"姓"诞生一二千年后也就问世了。

最初出现的"氏"实际上是"姓"的分支，二者的含义是迥异的。《白虎通义》中说："所以有氏者何？所以贵功德，贱伎力。或氏其官，或氏其事，闻其氏即可知其德，所以勉人为善也。"《左传》所记"天子建德，因生以为姓，胙之土而命之氏"。《通鉴·外纪》所谓"姓者，统其祖考之所自出；氏者，别其子孙之所自分"。就以战国时代楚国爱国诗人屈原为例，他的祖考是高阳芈姓，后来芈姓又生出不同的分支而称氏，其中屈原的先人瑕封地在屈，于是称为屈氏，因此屈原的姓氏全称应该是芈姓屈氏。秦汉以前，"姓"和"氏"不同，"姓"为"氏"之本，"氏"自"姓"出。夏、商、周三代，氏是姓的支系，用以区别子孙之所由出生。姓者，统其祖考之所自出；氏者，别其子孙之所自分。氏是区分贵贱

---

① （汉）班固：《白虎通·姓名篇》。

的标志。《通志·氏族略》曰：三代以前，姓氏分而为二，男子称氏，妇人称姓。氏所以别贵贱，贵者有氏，贱者有名无氏。姓所以别婚姻，故有同姓异姓庶姓之别。氏同姓不同者，婚姻可通；姓同氏不同者，婚姻不可通。三代之后，姓氏合而为一，皆所以别婚姻而以地望明贵贱。

春秋以前，贵族之姓承袭自远祖，因此百代不变，比较稳定；氏为贵族得自与自己血缘关系较亲近的先人，而且还会随着封邑、官职的改变而改变，因此会有一个人的后代有几个氏或者父子两代不同氏。另外，不同姓之间可能会以同样的方式命氏，因此会出现姓不同而氏相同的现象。

"氏所以别贵贱，贵者有氏，贱者有名无氏"，[①] 正由于"氏"最初具有标识一个人在社会上所处阶层的作用，所以当时一律是"男子称氏"，只有"妇人称姓"，至于大多数奴隶，则常常是既无氏又不加姓的。

由此不难看出，中国的姓氏经历了一个因生为姓、由姓分氏、氏盛姓衰、姓氏相别的曲折进程。直到东周时期，由于历史条件有了新的变化，姓与氏的差别才逐渐减小，姓也开始普及于社会的个人了，"百姓"便随之变成了一般平民的通称。在中国第一个封建王朝——秦朝建立后，姓而氏、氏而姓、姓氏合一就已经基本确立了，现在我们常说的"姓氏"，干脆就是专指姓了。

至于姓氏的得名及发展演变，其情状更是一言难尽的，限于篇幅，我们在此只揭示其中一些带有规律性的东西，最常见的有：

第一，原始意义的"姓"，不少是由远古氏族部落的标志符号（徽号、图腾等）转变而来，如云、熊、牛等姓分别得名于青云氏、有熊氏、牛峤氏等标志；有的是得名于古老的传说，如子姓，据传就是因河妇吞服燕卵生子而得来的；有的则得名于地域名称，如传说中的舜，因为生于姚墟而姓姚，后因改居妫水之滨，又得姓妫等。

第二，从氏族社会向阶级社会过渡时期直到秦汉，不少姓氏得名于当时的国名（如周代时的燕、晋、卫、鲁）或邑名（如由封邑鄫、邗、鄣分别得名曾、于、章）；有的得名于地域方位或景物（如东郭、西门、柳、池）；也有取先人的名号、封爵（如庄、穆、公孙、王孙）等为姓的。其他的情形还有以在族中排行（如伯、仲、叔、季）、所任官职（如司马、司徒、上官）及所操职业（如渔、巫、史、陶）等为姓的。当然，

[①] （宋）郑樵：《通志·氏族略序》。

其中有些姓氏在最初并非是使用者本人有意取之用之，而是时人一而再、再而三地如此称呼他们，约定俗成具有了一定的特指性质后，或被称者本人或其子孙干脆就以这些俗称为姓了。

第三，从秦汉直至明清，由于政治制度、社会条件等的变更，姓氏又有了新的发展，过去已有的姓及其分支氏有不少被沿用下来，其间也出现了一些带有时代特色的新姓氏：由于和亲、移民政策的实施及民族融合、统一在较大范围内的实现，不少原为少数民族所独有的姓氏融入了汉民族姓氏中并被逐渐汉化（如石、竺、呼延、宇文等）；就是在汉族内部也有大量改姓现象的出现；有的因避君王、先贤及恶人之讳或躲避杀身之祸而主动自愿地改姓（如由于汉明帝本名刘庄，所以"庄"姓当时就改成了"严"；而唐代安禄山、宋代秦桧在事败之后，时人皆以姓安、姓秦为耻；有的则因触犯圣君、律令或被俘虏、易主而被迫改姓，尤其在那些戒律森严、动辄株连九族的朝代，这样的事是时有发生的。姓氏的汉化或中途改变，无疑都给它的大家族增添了许多新的成员。

中国姓氏的复杂还体现在姓氏字格的多样化：中国姓氏有单姓和复姓之分；其中复姓又有双字（如诸葛、呼延）、三字（如莫贺弗）、四字（如刹利邪伽）甚至五字（如骨卷魔骨思）之分。

在现代工作中，有时会遇到"氏序"也就是姓氏的排列序问题。时下，最为常见的氏序有两种：一是以姓氏笔画为序，一是以所属成员多少为序。这两种排列法都没有加入排列者的主观感情色彩，即以哪些姓氏为尊贵、以哪些姓氏为卑贱之类的东西。用以分部落、别婚姻的姓氏在产生之初也的确没有高下尊卑之别，然而在它存于社会长达几千年之后的不少朝代，却被人为地加上了等级之分：封建社会里，皇亲国戚、公侯伯爵与平民百姓、奴仆下人的姓氏并提时，排列顺序是有严格要求的；现如今已为妇孺皆知的《百家姓》，在当初被宋代老儒编排时，他是万不敢把皇帝赵匡胤的"赵"姓排在后面，哪怕是第二位的。当然，随着历史的变革，朝代的易主，彼时尊贵的，到此时或许卑贱下来；而此时卑贱的，到后来又有可能高贵上去。就连同前面提到的以所属成员多少为序的，诸如在1987年5月3日《人民日报》登载的新百家姓中"李、王、张、刘、陈、杨……"这一定排列，也并非一成不变的，各姓氏所属人口总数的此消彼长，注定了这种氏序排列的千变万化，恐怕这不会是以哪个人的意志为转移的。

除了前面提到的能分家族、别婚姻、重人伦等功能外，在社会较大范围内的辨姓联宗、寻根认族活动中，姓氏的作用也是无可替代的。目前，不只港、澳、台同胞，就连散居世界各地的华侨华裔也纷纷前来祖国大陆认宗寻根，这对发扬华夏儿女尊祖敬宗美德、促进祖国经济发展和团结统一无疑有着积极的意义，这也可以说是姓氏文化最大的现实贡献之所在。当然，海外同胞们的寻根追祖、宗亲睦谊活动也并非都是一帆风顺，有时还会遇到一些客观障碍，诸如同姓未必同祖，异姓又未必异宗等。"同姓未必同祖"的，如现在全国使用人口最多的三大姓氏（王、张、李）之一的王氏，就有许多不同的来源：①出于虞舜妫姓；②出于商纣王子比干子姓；③出于姬姓，周文王第十五子毕公高之后，或谪居琅玡（今山东胶南一带）的周灵王之后；④春秋时魏献子等王族之后；⑤南北朝时西魏鲜卑族复姓可频改为王氏；⑥古高丽国君有王氏；⑦西羌钳耳族有王氏；⑧受赐王姓；⑨冒姓王氏；等等。"异姓未必异宗"的，据史料证实，王、田、陈、姚、妫等姓氏中的部分成员，就是同一祖先"舜"的后裔。所以，只有在了解掌握了这些基本知识之后，那些前来大陆寻根的赤子才不至于只考虑联宗同姓而忽略了异姓。至于"任人唯亲、不任人唯贤"，那只是在强调血缘关系，以发挥团结族人之纽带作用的过程中出现的偏差，是应当予以修正的，此处不复赘述。

历史的车轮滚滚前行到明代的时候，仅据《姓觿》和《万姓统谱》所录，中国单是汉民族姓氏就已多达3700有余。时至今日，加上少数民族，中国人曾拥有过多少姓氏，恐怕还是难以言言凿凿给出确数的，估计远远超过万数以上了。在已经知道的6300多个姓氏中，只有2000个左右被今人沿用继承了下来，常见姓氏也不过400多个。[1] 然而，现在仍有不少人正匠心独运，根据自己的意愿、情趣等创造着新的姓氏，那将使本已蕴含颇丰的中华姓氏文化更加日益绚丽多彩。

知晓了姓氏文化的一些常识，名字文化中的许多问题便迎刃而解了。和姓氏一样，人的名字也是一种标识符号，只是它代表的不再是整个家族，而是家族中的每个成员。它的产生晚于姓氏，约在夏商时期（甲骨文、金文中曾记有太丁、阳甲、盘庚等名字）自然也是为了迎合人们识

---

[1] 可参考1981年严杨帆所编《新编千家姓》、1984年闫福卿等编《中国姓氏汇编》以及1985年慕容翊编撰《中国古今姓氏辞典》等。

别大家族中每个成员的需要。

《白虎通义》中说："人必有名何？所以吐情自纪，尊事人者也。《论语》曰：'名不正则言不顺。'"[1]

名字的分类极琐碎繁杂，有本名、字、号等。其中"号"又分自号、尊号、谥号、绰号、代号等。下面不妨结合实例略作区分：

本名，也就是原名，指一个人原本拥有的名字，如中国现代著名文学家鲁迅和老舍先生，他们的本名分别是周树人、舒庆春。本名的产生常受到家族、行辈等的限制。

字，是对名的解释和补充，因与名相为表里，故又称"表字"。古人取"字"常联系到"名"，二者意义或相同、或相辅、或相反，如：宋代文学家曾巩，字子固；唐代大诗人白居易，字乐天；宋代理学家朱熹，字元晦。有的"字"与"名"同出典故或成语，如三国时名将赵云字子龙，便取自《易·系辞》"云从龙，风从虎"。有的"字"还能表示出本人在家族中的行辈，如孔丘字仲尼。表字的产生虽不像本名那么正统、严格，但也多由家长所起或受其影响。正由于表字和本名有着千丝万缕的联系，所以我们现在常把名、字连用。

号，是一种固定的别名，又称"别号"。其中：

第一，自号，为使用者自己所取，如宋代欧阳修晚年曾自号"六一居士"（"六一"即指一万卷书、一千卷金石文、一琴、一棋、一壶酒和他本人一老翁）。与本名、表字相比，自号是最能自由灵活地抒发或寄托本人内在情感志趣的。另如陆游，就曾自号"放翁"，以承认自己行为的乖张放纵来表示对朝中权奸们的蔑视；有的文人则在给自己居室、书斋题一风雅之名的基础上，干脆自号"某斋居士""某室主人"等。

第二，尊号，是旁人因尊敬某人而为其取的号。如春秋战国时期的范蠡到了越国之后就曾被尊称为鸱夷子。

第三，谥号，始于周代，曾废于秦代，后经汉代恢复一直用于清末。"谥者，行之迹也；号者，功之表也"，谥号就是指有一定品阶地位或社会影响的人死后，根据其生前事迹、作为而追封的称号，它一般在举行丧礼时给予，也有后来追谥（追加谥号）、加谥（谥号上加字）、改谥（改变谥号）和夺谥（撤销谥号）的。由于是"行出于己，名生于人"，而人

---

[1] （汉）班固：《白虎通·姓名篇》。

在世时的行为又有善恶之分，所以谥号也有褒贬之别。评定谥号曾有严格的规定：皇帝由礼官定，臣民由朝廷赐予——此之谓国家给谥，如岳飞谥号武穆、秦桧谥号丑谬；与此相对应的是东汉以后出现的民间私谥，如陶渊明死后，其友人曾追谥他为靖节。针对不同的对象，追封谥号时就遵循一定的用字标准，此谓谥法，如：经纬天地曰文；威强睿德曰武；安民立政曰成；尊贤敬让曰恭；纯行不二曰定；谏争不威曰德；甲胄有劳曰襄；布德执义曰穆；名与实爽曰缪；不悔前过曰戾；怙威肆行曰丑；华而无实曰夸；好内怠政曰炀；杀戮无辜曰厉；安心好静曰夷；宽乐令终曰静；丰年好乐曰康；恭仁短折曰怀；在国遭忧曰愍……

第四，绰号，也即诨号、外号。《吕氏春秋·简选篇》说夏桀号"移大牺"（意思是说他力气大得能推倒牛），这应算是绰号之始。与自号的区别，绰号多是由担当者以外的人在综合概括了担当者的姓名、身体、德行及技能等情况的基础上而取出，并得到大家认可后才传播使用开来的。《水浒传》中，宋江的及时雨、吴用的智多星、花荣的小李广、李逵的黑旋风以及时迁的鼓上蚤等，那一百零八将的绰号无不贴切传神，给读者留下了鲜明而深刻的印象。

第五，代号，指用以代替正式名称的称号。中国人用作名字代号的方式极其多：李白称李十二、白居易称白二十二，是以行第为号；韩愈称昌黎、苏辙称栾城，是以地望为号；杜甫称工部、刘禹锡称宾客，是以官职为号；李世民称太宗、爱新觉罗·玄烨称康熙则分别是以庙号、年号作代号。另外还有以特定指称为代号的，如"三苏"代苏洵、苏轼、苏辙，"李杜"代李白、杜甫，"小李杜"代李商隐、杜牧。如此等等，不一而足。

另外，名字一族中不应忽略的还有下面两位成员：

其一是"乳名"，顾名思义，即为奶名、小名，指的是家长在小儿出生前后为其所取的非正式的名字。中国秦汉时期的史料就已有了关于乳名的记载。到如今其取名方式已经是五花八门，常见的有：特定字的叠用，如娃娃、妞妞；特定字加前缀（阿、小等）或后缀（子、儿等），如阿龙、芳子；以排行为名，如小二、老五；认为"贱物易养"而以植物禽畜等为名，如小草、牛儿；等等。

其二是产生于清代末年的"笔名"，指作者发表文章作品时所题署的别名。它往往能从一个侧面反映作者本人复杂的思想感情，显示出作者的性格及其所处时代的特征。在近代文化战线上展开的斗争中，不少进步作家为免遭迫害，常以改换笔名迷惑敌人，如鲁迅先生就曾使用笔名一百五十多个，他的笔名就"表现了一个伟大的革命家韧性战斗的精神和灵活巧妙的战斗艺术"（许广平语）。而当时的一些反动御用文人，为反对革命、欺骗人民也常以笔名掩饰自己。

至于为下代取名，在过去曾经是要讲求礼仪的，其基本模式大致在西周姬旦时期开始建立，包括日期选择、参酌条件、遵循格式及布众告祖等，整个过程是极为庄重的。随着时光的流逝，命名礼仪也多有嬗替，变至今日，恐怕早已面目全非了——命名模式多样化、命名礼仪简单化似乎已是发展的趋势。人的所见所闻、所感所想，甚至花草禽畜无不可以入名，似乎也从一个侧面昭示出命名具有了许多自由和随意性。

当然，我们前面曾提到的"避讳"，不只存在于古代姓氏文化，还常见于一定时期的名字文化，它是中国传统文化中的一种特有现象。据郭沫若先生《讳不始于周人辨》所证，避讳起于秦、盛于唐宋，直至清末。所谓"避讳"，就是不能直接采用甚至称呼、书写帝王、圣贤乃至恶人等的名字（甚至于姓氏），必须用其他方法来回避。各朝所讳不同，避讳种类和方法也就不一致，通常有以下几种情形：

避帝王讳。就是回避帝王乃至其祖先、后妃等用过的名、字、号等。回避的方法一般有三种，以避唐太宗李世民名讳为例：其一是改字，唐代的老百姓在言语交谈过程中，每遇"民"字总是改口称"人"；其二是缺笔或同意替代，故意把"李世民"缺笔写成"李世民"，同音替代的另如清代不少"弘"字被写作"宏"，就是为避乾隆帝弘历名讳；其三是空字，在唐朝的不少文献资料中，常会见到著作者有意把"李世民"写成了"李□民"。

避圣贤尊长讳。汉朝时由于"罢黜百家、独尊儒术"，孔子被尊为圣人、至圣，所以不能直呼其名，就连刻字时，都须把"丘"缺笔写作"斤"等；唐代著名诗人杜甫则因避母名海棠之讳，一生不作咏海棠诗；更有刘温叟，干脆终身不听音乐，甚至也不去三山五岳游玩，就因"乐""岳"同音，犯其家父刘岳名讳。

避恶人讳。前面我们已经说过，安禄山和秦桧因事发，而先后身败名裂，于是时人纷纷以"安"姓、"秦"姓为耻。不只如此，唐肃宗还曾下诏各地一律将地名中"安"字换掉，于是"安定郡"成了"保定郡"，

"顺化郡"取替了"安化郡"。"桧"为文木,在宋代之前本是文人喜爱的字眼,可在秦桧身后,便很少再有人以"桧"为名了。

避讳是中国封建社会特有的一种文化现象,它极易造成文献资料上的混乱,从而影响我们正确理解文献资料的意义。然而,当我们熟悉了避讳知识之后,它却可以为我们识别古书文物的真伪、审定书籍版本的时代提供最有力的帮助,所以它在校勘学、考古学方面作用是很大的。当然,在整个封建社会里它还为上层统治者加强集权统治、维护等级秩序发挥了不小效用,从这种意义来讲,它又成了封建统治阶级手中一种行之有效的政治手段。

在了解和分析中国姓名文化演变历史的过程中,我们不难发现这样一种现象:中国同名甚至同名又同姓的不胜枚举;其中有些是分处不同时代,有的则是出现在同一王朝。因而使得"同姓名录"一类在中国古代人名工具书中最为丰富。同姓名者大有人在,这也可以说是中国姓名文化的一个显著特点。以见于书报的命名李芳者为例,据不完全统计,唐、明、清三代有37人,辛亥革命后又有16人,计有53人之多;另外,在1936年由彭作桢辑著的《古今同姓名大辞典》(六卷)中,所收同姓名的人,从上古至1936年,共有56700多人。造成同姓名现象的原因,主要有以下几个方面:

第一,中国人口众多而常用汉字相对较少。中国汉字虽有五六万之多,常用的却只不过几千,这几千汉字由亿万大众去挑拣选用,不可避免地就要造成重复,在所属成员众多的张、王、李等大姓中,重复现象尤其明显。

第二,取名多受地域、时尚等的影响。如上海市民中的不少人以"沪生"为名,而在十年"文化大革命"期间出生的人有不少是被父母取名为"红卫""卫红""文革"的。

第三,取名用字多是表意吉利祥瑞、幸福美好等遂人心愿的。1984年11月,中国文字改革委员会在北京召开了姓氏人名用字分析统计成果鉴定会,会上对人名用字做了许多计量分析,其中排出了全国前10名人名用字,它们是:英、华、玉、秀、明、珍、文、芳、兰、国。单这10个字本身及其两相组合肯定就会产生一些让国人争抢共享的美名。

第四,取名字格、程式的固定化,也使同姓名的概率大大提高。西汉以前,中国人取名多用单字格;时至今日,单字格和双字格人名仍占绝大多数。有限的程式也为普天之下产生出了无数的"小秃""妮子""老二""阿秀"等。

同姓名现象的大量存在，难免会令人生出误会，给社会带来一些麻烦。于是有不少人极力提倡姓名改革，如扩充字格、恢复字号、偏僻字入名、外文字母入名，等等。为充分地挖掘出姓名作为识别符号的作用，姓名改革应该何去何从才更为稳妥，还有待我们大家继续探讨研究。

通过命名寄托对下一代的种种厚望，或通过选取字号抒发自己的远大抱负，自然都无可厚非。但若真的相信名魂相关、名关命理（也即姓名具有某种超人的力量），那便是荒谬至极、毫无道理了。在一些腐朽昏聩的朝代，庸人恶少因名得福、才子志士由名遭祸者的确不乏其人，但他们的或福或祸，关键并非在"名"，最根本的还是取决于当时的制度或朝廷。

作为祖国文化宝库中的一个有机组成部分，姓名文化以其独特的魅力为人们的五彩生活带来了实实在在的方便，随着人们研究的进一步展开，相信这颗璀璨的明珠定将更加光彩迷人！

书法文化

蕴含中华文化风采　屹立世界艺术之林

中国的书法艺术历史悠久，源远流长，历代名家辈出，书派林立。无数知名与不知名的书法艺术家创作的艺术珍品，是中华民族优秀文化遗产的重要组成部分。它传遍东亚，远播欧美，以独特神妙的艺术魅力屹立于世界民族艺术之林，在世界艺苑中占有重要的地位。

先秦的文字——甲骨文、石鼓文、金文

中国有迹可考、确凿可靠的最早文字，应是距今三千多年前殷商时期的甲骨文。

甲骨文是指刻在龟甲或兽骨上的文字。甲骨文作为书法，在结构和笔法上是一个独立的体系。

石鼓文是指刻在鼓形石上的文字。石鼓文属大篆体系，据说是周宣王时太史籀创造的，所以也叫籀文。石鼓文的价值可与甲骨文相媲美，出土后受到历代书法家的重视和喜爱。

金文是指刻在或铸在钟鼎彝器上的铭文，因此也叫铭文或钟鼎文。从金文能够窥见甲骨、大篆、小篆相继演变的痕迹，是研究中国文字发展的重要文献，而且也是研究书法发展的宝贵资料。

秦——统一文字为小篆，古隶应运而生

公元前221年，秦始皇吞并六国，建立了中央集权的统一国家。为了巩固政权，实行了"书同文，车同轨，行同伦"等一系列改革措施，其中进行了两次大的文字改革，促进了书法艺术的向前发展。

第一次文字改革是指秦始皇采纳了李斯的建议，"罢其不与秦文合者"，以西周以来的秦系文字为基础，删繁就简，使其规整统一，线条均匀，诏令全国推行。历史上称这种文字为小篆或秦篆，后世传说小篆为李斯创造，此说并不科学。因为先秦时就已有小篆的形象，李斯不过是把由大篆发展而来的已在民间使用的小篆加以整理，使其规范统一，颁布推行罢了。但是李斯的确算得一位书法大家，他写篆书，小篆尤为出色，相传李斯写有《泰山》《峄山》《琅琊》《会稽》《碣石》等几处小篆刻石，其笔画均匀，圆浑遒健，故后人称之为"玉箸篆"；其结体上疏下密，舒展开朗，在整饬中又不失骨力、风韵美，肃穆庄重，为秦代官书。

秦进行的第二次文字改革是指推行程邈"创造"的隶书。小篆的鼎盛时期，也就是它开始衰落的时期，因为新的文字已经开始孕育产生，这种文字就是秦隶，也叫古隶。相传有个叫程邈的役吏，因得罪了秦始皇入狱十年，在狱中他将流行于民间不正规的隶书加以整理，对篆书的笔画和结构，删繁就简，变圆为方，上奏秦始皇，得到秦始皇的认可，因此赦免了程邈的罪，并封为"御史"，使之因祸得福。秦隶的推广和使用，为我国书法艺术的发展开辟了广阔的道路，以后的汉隶、楷书、行书、草书都是以秦隶发展变革而形成的。

两汉——隶书走向成熟，楷行草书出现

公元前206年，秦朝灭亡，汉朝建立。汉朝统治426年，分西汉、东汉两个时期。由于国家政治相对稳定，经济迅速发展，文化空前繁荣，书法艺术也得到了较为充分的发展。其间，不仅隶书从秦隶（古隶）逐步发展为汉隶（今隶），而且成为广泛使用的新书体，而古文字经过隶化又迅速孕育出了章草、今草、楷书和行书等新书体。一般说汉隶为古文字与新文字的分水岭，认为汉隶为书法的自觉时期与不自觉时期的界标，从此以后，书法开始脱离实用而成为人们创作和审美的对象，成为一门独立的艺术登上了历史舞台。

西汉的简帛书。从发现的书法资料看，西汉时期主要是书写在竹木简牍和缣帛上的文字，所以称这一时期的文字为简帛书。简帛书仍属古隶的范畴，其"身"上保留着很多篆书的痕迹和血脉，但较篆书而言，结构简化，书写快速，并日趋定型和完善，是古隶向汉隶发展过渡时期的书

体。代表作《居延汉简》。除 1949 年以前发现的以外，新发现近 2 万枚，可谓简中之冠，其内容丰富，真草隶篆具备，风格多样，各具其美，为研究书法演变和西汉史实，提供了珍贵的素材。

东汉的碑刻。东汉时期，纸张的发明与使用，为隶书的发展和普及提供了更加良好的条件。当时大兴建碑之风，各种碑刻，风格各异，千姿百态，各尽其妙。这一时期，隶书已完全脱离篆意，结体扁方，横向舒展而纵向紧凑，波挑明显，标志着古隶到今隶转变的完成。

东汉刻碑，由于年代和书者不同，表现出不同的风格，正如清王澍《虚舟题跋》中说："隶法以汉为极，每碑各出一奇，莫有同者。"其中秀逸劲健类的有《曹全碑》《礼器碑》《史晨碑》《乙瑛碑》《孔宙碑》等，此类波磔分明，笔力圆润，造型扁方，秀逸多姿。方正古拙一类的有《张迁碑》《衡方碑》《西狭颂》《鲜于璜碑》《孔彪碑》等，此类多用方笔，结构严整，风格古拙，笔画多变，骨力雄健。奇特异变类的有《石门颂》《景君碑》《夏承碑》等，此类用笔特殊，或带草意，或带篆法，具有奇纵恣肆、状态异变的风格。总之，东汉碑版隶书品类繁多，姿态各异，风格多样，是隶书发展的顶峰，许多碑版具有很高的艺术价值，成为历代书家推崇的艺术珍品。

隶书是汉代的主要书体，但不是唯一书体，由于现实使用和艺术发展的需要，由汉隶又逐渐演变形成了楷书、草书和行书书体。

到了汉末三国时期，汉隶的形体美进一步发展，字画上又有了"侧"（点）、"掠"（长撇）、"趯"（钩、挑）、"啄"（短撇），结体上更趋于遒丽、严整，这就形成了楷书。

另外，隶书之所以受重视，主要是在实用上写起来比篆书便捷，为了"便捷"的需要，因而就产生了"隶书之捷"的章草。章草书的特点是字画有波（捺的波折）磔（捺笔），字与字之间无牵连。章草的最初形成时间，应是西汉元帝时史游作"急就章"开始的，后又有崔瑗、杜度、张芝等章草大家。

差不多在隶书楷化和草化的同时，还出现了一种中间的书体，即行书（又称行押书）。《宣和书谱》说："自隶法扫地，而真几于拘，草几于放，介乎两者间，行书有焉。东汉末年，有颍川刘德升者，实为此体。"因此，相传行书为汉末刘德升所创。行书的出现对后世影响很大，刘德升以后，又出了钟繇、二王等擅长行书的大家。

两汉期间，产生了一大批为当时和后世人们所崇拜的书法家，最著名的有：

史游，西汉元帝时人，官至黄门令，相传为章草的创始人。

杜度，字度伯，京兆杜陵人，善章草，很受章帝的器重。其书古逸高深，时称"圣字"。章草从史游到杜度，已走向成熟。

崔瑗，字子玉，涿郡安平（河南）人，师杜度，善章草，媚趣过其师，时称"草贤"，与杜度并称"崔杜"。

张芝，字伯英，敦煌酒泉人，性格高尚，不愿出仕为官。他的草书，学崔杜，又有创新，字的体势一笔而成，气脉贯通，而创"今草"，故有"出蓝"之誉。

蔡邕，字伯喈，陈留圉（河南杞县）人，以隶书造诣最高，名望最重。传说邕于鸿都门前见役人用帚写字，受到启发，遂创"飞白"书，故世称之为飞白之祖。

刘德升，字君嗣，颍川人，传说为行书的始创者。《书断》称："虽以草创，亦丰赡妍美，风流婉约，独步当时。"

两汉时期，一批书法理论著作的问世也是书法艺术走向成熟的一个重要标志。萧何著有《论书势》，崔瑗著有《草书势》，蔡邕著有《石室神授笔势》《笔论》和《笔法九势》，赵壹著有《非草书》，这些书法论著，对后世书法理论和书法实践的发展产生过重要的影响，在中国书论史上具有重要的地位。

魏晋南北朝——行书推上顶峰，北碑独树一帜

从曹魏建立到隋统一中国，近四百年中，战祸不已，王朝频繁更迭。但是动荡混乱的时期，却促进了人们思想上的解放，各种艺术得到了充分的发展。尤其是书法艺术的发展，可谓中国书法史上的第一个高峰，其盛可与历史上的唐诗宋词、元曲等相提并论，故史有"唐诗晋字汉文章"之说。

魏晋是汉字书体承上启下的重要历史阶段。这一时期，篆、隶书体渐被淘汰，楷、行、草等书体一齐风靡书坛，而尤以行书发展最为突出。此时，行书从笔法到字形都日臻成熟，名家辈出，群星争辉，使书法艺术登上了一个光辉灿烂的顶峰。钟繇和王羲之便是这一时期的两位书坛巨星，他们博采众长，继承前辈真草行书的用笔，独辟蹊径，于笔墨之外追求韵

度；其行草如行云流水，遒美劲健，婀娜多姿，达到"贵越群品，古今莫二，兼摄众法，备成一家"的高度。王羲之被后世尊为"书圣"，其行书代表作《兰亭序》被誉为"天下第一行书"。羲之之子献之，亦自成一家，与父齐名，世称"二王"，为后世推崇，至今尤久盛不衰。

书法到了南北朝，由于南北方历史、地理、民族、政治和生活习俗的不同，形成了风格迥异的南北两大派。南朝人重传统学识，更兼山水秀丽之利，艺术发展较快，因南方袭晋制禁立石碑，故法帖较多，婉丽秀媚，富有逸气，具有阴柔之美。但因受二王书风影响太大，人多习一家之法，建树不多。相比之下，北方的碑刻艺术却大放异彩。北朝无"碑禁"，因此刻碑盛行，称为"北碑"。它包括北魏、东魏、西魏、北齐和北周时期的石刻书法，其中流传最多，影响最大的是北魏石刻，正因如此，北碑又称为魏碑。魏碑艺术成就很高，按其体态风格可分为四类：其一是造像题记，风趣自然，险绝劲拔，锋芒森森，可谓"方笔之极轨也"，代表作为《龙门十二品》；其二是墓志，遒厚精古，俊利疏朗，被历代书家所推崇，代表作为《张黑女墓志》；其三是摩崖，用笔圆劲，结体宽博，凝重深古，雄健厚朴，代表作为《郑文公碑》；其四是碑碣，用笔方峻，结构紧肃，劲健雄拔，变化无端，代表作为《张猛龙碑》。魏碑风格继承隶书笔意，结体谨严，笔势厚重，稳健大方，雄强挺拔。由于魏碑书法别具一格，后人也称"魏碑"为一种书体，流传于世，可见魏碑影响之深远。

魏晋南北朝时期造就了大批的著名书法家。其中魏主要有邯郸淳、卫觊、钟繇等；晋主要有卫恒、卫夫人、索靖、王羲之、王献之等；南北朝主要有王僧虔、萧子云、智永等。

魏晋南北朝时期的书法理论在汉末基础上也有了较为空前的发展。主要有卫恒的《四体书势》，卫夫人的《笔阵图》，王羲之的《书论》《题卫夫人笔阵图后》，羊欣的《采古来能书人名》，王僧虔的《书意笔意赞》，袁昂的《古今书评》等。

魏晋南北朝时期辉煌的书法艺术成就和多方面的理论建树，为唐代书法鼎盛奠定了雄厚的基础。

隋唐——楷书鼎盛

唐代，由于国运强盛，国泰民安，文化方面也博大清新，盛况空前。

书法艺术在南帖北碑的影响下，走上了中国书法史上的第二个发展创新高峰。

唐代帝王非常重视书法，书法被列为国子监六学之一及考试科目，明确要求必须"楷法遒美"。唐太宗下诏设馆以授书法，亲自为《晋书·王羲之传》作赞，以致宫廷内外挥毫染翰之风颇盛，为书法脱古创新营造了氛围，开创了唐代书法既有继承又有创新的新局，将楷、行、草书，尤其是楷书，推向了顶峰。

这时的楷书主要特点就是既继承晋之传统，又摆脱古意。欧阳询、虞世南、褚遂良、薛稷被称为"初唐四大家"，他们的书风虽受二王影响较深，但已确立个人面目，独树一帜了。等到中唐晚唐颜真卿、柳公权出现，其书体风格更令人耳目一新，既讲究体势结构，法度严谨，又从规矩中求变化，使楷书达到了登峰造极的地步，被称为"颜筋柳骨"。唐代楷书，不仅在书体的发展上呈现了前所未有的鼎盛，极为成熟，严密精工，而且把书法艺术审美也推向了一个崭新的境界，留下的许多墨迹，至今仍成为人们学习的楷模，唐楷亦被尊为"翰墨之冠"。

另外，唐代行书也值得一提。初唐李邕，善以行楷入碑版，取法"二王"又有六朝法度，自成一家面目。中唐颜真卿，不仅是楷书大家，其行书《祭侄文稿》被称为"天下第二行书"。此外，欧阳询、陆柬之、杜牧等也有行书精品传世。张旭、怀素则善草书，时称"颠张醉素"。

唐朝的石刻统叫唐碑，唐碑比之六朝，可以说是浩如烟海，其数目之多，汉碑、魏碑也为之逊色。其中，著名书法家及其代表作有：虞世南的《孔子庙堂碑》《汝南公主墓志铭》《左脚帖》；欧阳询的《九成宫醴泉铭》《皇甫诞碑》《化度寺邕禅师唐利塔铭》；褚遂良的《雁塔圣教序》《孟法师碑》《房玄龄碑》；薛稷的《信行禅师碑》《杳冥君铭》；李邕的《麓山寺碑》《李思训碑》；张旭的《古诗四帖》《肚痛帖》《十五日帖》；怀素的《自叙帖》《圣母帖》《食鱼帖》；颜真卿的《多宝塔碑》《麻姑仙坛记》《颜勤礼碑》《自书告身》《争座位帖》《祭侄文稿》；柳公权的《玄秘塔碑》《神策军碑》《金刚经碑》《蒙诏帖》等。此外，隋唐五代的著名书家还有陆柬之、孙过庭、韩择木、钟绍京、贺知章、李白、杜甫、杜牧、徐浩等人及高祖、太宗、武后、玄宗等帝后。

唐代不仅书法创作上可与魏晋媲美，而且在书法理论上也远超魏晋，达到空前的繁荣。这些理论，既有鸿篇巨制，又有简短笔谈，从不同侧面写出自己的认识体会。如张怀瓘的《十体书势》、孙过庭的《书谱》、徐浩的《论书》、张颜远的《法书要录》等。这些经验总结，对后世书法实践，有着积极的指导作用。

宋——帖学盛行

中国传统书法，经历了秦、汉、晋、唐的发展演化，篆、隶、楷、行、草等五大书体齐备，且完全成熟，其艺术价值，享誉海内外。宋之书法，较之晋唐，已大为逊色，帖学大兴，创势趋衰。

宋太祖赵匡胤对书法不感兴趣，采取漠视态度。宋太宗时，开始注意书法，叫人购求过去帝王名臣墨帖，并叫臣子王著把所有收藏的墨帖编辑成"法帖"，刻在枣木版上，拓赐给大臣。这部法帖是太宗淳化三年刻制的，所编刻的墨帖都是秘阁（帝王藏图书的地方）中所收藏的，所以叫《淳化阁帖》。

《淳化阁帖》对保存古代书法是有功绩的，帖学的盛行，也说明了书法已被重视。不过这只出于太宗个人爱好，并非国家制度；而且《淳化阁帖》的编者王著本身鉴赏能力不是很高，帖中不少是赝品，加之反复翻刻，结果越刻越走形。尤其是帖学盛行的同时，在书法上又滋长了趋逐权贵之风，更难免要每况愈下了。总之，帖学的盛行带来了诸多消极影响，使得宋代书法没有形成自己的特色。

在仁宗庆历之后，苏东坡、黄庭坚、米芾、蔡襄等四大书法家，提出了由唐溯晋，摒除帖学的主张，使宋之书坛为之一振。他们将诗的理趣和画的意境融会于书法之中，落笔如云，动笔如飞，以流动的点线抒发自己的灵性和情感，开拓了意法同篇的新天地，使书法艺术进入了意法交融的新境界。

如果说唐人的楷书"尚法"的话，那么宋四家的行书特色就是"尚意"。苏轼的行书用笔圆润，含蓄精到，结字自然生动，笔墨浑厚而爽朗有神，特别以气韵见胜，充分显示了一代文学家与书法家的高深修养。黄庭坚行书中锋线条凝练坚实，纵横奇倔，结字中紧外松，呈放射状，气势开张，峻峭潇洒，韵感丰富，自成一家面貌。米芾书法传统功力深厚而不拘成法，八面出锋，不在整体变化中求平衡，而在独立中求变化，潇洒而率真，明朗而爽快。蔡襄行书则以温淳婉媚为特色。宋书家中，见诸典籍的就有800家之盛，皆因无自家特色而声名一时，而苏、黄、米、蔡在帖学大兴的时代，能冲破樊篱并取得如此成就，着实可贵。

宋代著名书法家除苏、黄、米、蔡以外，徽宗赵佶颇值得一提。赵佶初学黄庭坚，后习二王，采取了褚遂良、李邕等笔意，最后独创一体，称"瘦金书"，其代表作为《千字文》。

宋代的书法理论著述，随着文学、史学、绘画的发展，也受到了普遍重视，得到了很大发展，编纂成书而比较有影响的有朱长文的《墨池编》，黄伯思的《东观余论》，欧阳修的《集古录》，米芾的《岳海名言》《书史》，姜夔的《续书谱》等。

元明——宗唐承宋

元代由于阶级民族矛盾激烈，经济文化受损，书法崇尚宋习，帖学盛行，注重结字体态，主张书画同法，"馆阁体"制约了书法的发展。因而虽有发展，但缺少创新，没有自己的时代风格。能称得上一代宗工的要算赵孟頫。他初学唐，而后宗晋，从造诣上说，虽比不上颜柳二王，但由于他的出现，使整个元代近百年间在书法艺术的发展上，不致默默无闻。

明代帝王都崇尚法帖，因而仍是法帖盛行。文人多擅长行草书，他们精心研究书法，为的是能被诏而谋得官职，以致形成了文人注重书画铺设、附庸风雅的风气，尤其对古帖、古墨、古砚、古画异常珍爱，以把玩欣赏古字画为乐事，同时书家大多精诗工画，将诗情画意融为一体，其形之美，简直超过了唐宋。也正是这种倾向，使整个明代书法趋于俗而伤于雅，妍媚有余，而古朴不足。

元代著名书法家应首推赵孟頫，其书妍美古今绝唱，楷书与颜柳欧并肩，世称"颜柳欧赵"四体。其代表作有大楷《胆巴碑》《三门记》等，小楷有《洛神赋》《汲黯传》等，行书有《千字文》《玄都坛歌》等。元代大书法家还有康里巎巎、鲜于枢等。

明代著名书法家可分初、中、晚三期。明初有"三宋二沈"：宋克、宋璲、宋广、沈度、沈粲，"三宋"中以宋克水平较高，"二沈"为"馆阁体"书家。明中叶代表人物有祝允明、文徵明、王宠等，他们提出由赵孟頫上窥晋唐并身体力行，使书法创作中出现中兴气象，可惜终究没有力挽狂澜。明晚期有称雄的四大家，即董其昌、邢侗、米万钟、张瑞图，他们中影响最大的是董其昌，代表作有《行草书卷》《李白月下独酌诗》《苏轼诗赤壁怀古》等。

元朝的书法理论著述有陈绎曾的《翰林要诀》、盛熙明的《书法考》、苏霖的《书法钩玄》等，其中多精辟见解。明代的书法理论著述主要有项穆的《书法雅言》、丰坊的《书诀》、杨慎的《墨池琐录》、陶宗仪的《书史会要》等。

清——篆隶复兴

中国书法发展到晚唐渐趋颓势，到清代才开始有了转机，因而清代可说是书法中兴的一代。

清代书法可分为两期：帖学期和碑学期，帖学期可分为宗董宗赵，碑学期可分为宗唐碑和北碑。清初沿明，帖学盛行，康熙帝酷爱董其昌书法，而董于明末即誉满江南，加之康熙帝睿赏，声价益重。乾隆时，由于承平日久，书风转趋丰圆，于是"香光告退，子昂代起"，董书之纤弱，渐渐不为所重。自嘉庆、道光之后，帖学趋衰，碑学日盛，道光之时，竟讲结构，风靡一时，因之唐代法度严谨的欧书盛行，继之虞、褚、颜等亦受重视，因此，嘉庆、道光两朝可谓是唐碑期。欧褚本属北派，尤其欧书受北碑影响更深，学欧更易接近北碑；又当时学术已萌维新之机，再值出土碑刻日多，其中"隶楷错变，无体不备"的魏碑非常引人入胜，后经包世臣、康有为等大家相继著书提倡，临北碑风气大盛，故而咸丰、同治之后称北碑期。清代书法，由帖学到碑学的转变，不像元代学唐学晋那样呆滞，而是有积极促进作用，从此影响到一代书风。

清代楷行草三体均无突破性发展，行书较有成就的有郑燮、何绍基两家，楷书主要有翁方纲、刘墉、梁同书、王文治四家，草书由于馆阁体盛行，成就不高，名家无多。相比之下，篆、隶两体却一起复兴，名家争雄，成就斐然，取得了超越前人的成就，弥补了唐宋以来的不足，其中名重一时、泽被后代的篆隶大家有邓石如、桂馥、伊秉绶、金农、章炳麟、赵之谦等。另外，清代继汉之后几成绝响的篆刻亦盛极一时，邓石如、陈鸿寿、赵之谦、吴昌硕等大篆刻家的出现，标志着清代书法的一个特殊成就。

清代的著名书法家主要有沈荃、郑簠、金农、郑燮、刘墉、邓石如、何绍基、赵之谦、王文治、钱沣、翁方纲、包世臣、张裕钊、吴熙载等，此外还有由清入民国的康有为、于右任、郑孝胥、吴昌硕、李瑞清等。

　　清代的书法理论著作甚丰，主要有包世臣的《艺舟双楫》，康有为的《广艺舟双楫》，王澍的《淳化阁帖考证》，朱履贞的《书学捷要》，冯武的《书法正传》，震钧的《清代书人辑略》，万经的《分隶偶存》，安岐的《墨缘汇规》等。其中最具权威的，当首推包世臣的《艺舟双楫》和康有为的《广艺舟双楫》，两书使北碑受到艺术上的重视和推广，功绩是卓著的。还有刘熙载《艺概》中的《书概》，对当世和后世也有广泛的影响；其关于书法源流、书法技巧、历代名家书作等，都有大量的论述，虽言其梗概，却多精辟独到的见解。总之，清之书论，分类较详，论述精湛，著述丰富，可谓唐后又一高峰；且距今为时尚近，墨迹存留较多，值得书家借鉴。

　　中国的书法艺术，从远古的殷商算起，经历了秦汉的辉煌、魏晋的风韵、隋唐的昌盛、宋元的情意、明清的神态，跨过了三千多年的光荣历程。历代各书体的产生，皆是因由追求便捷而发展演变的，在我国书法史上都产生过巨大的影响。而今，即使是较古老的字体，虽已失去实用价值，但仍经久不衰，艺术生命常青，与其他常用的字体一起，在艺术领域中共同大展英姿。随着岁月的流逝和时代的发展，中国书法艺术，必将会迎来更加缤纷灿烂的春天。

诗歌文化

抒情言志皆有感　吟花诵月总关情

　　诗歌是最古老的一种文学样式，它常常通过生动的语言形象、鲜明的节奏和韵律，反映广阔的社会生活，表达作者强烈的思想感情。诗歌的这些特点，正契合了中华民族注重抒情言志、善于形象思维的民族传统。正是由于这个原因，诗歌成为古代最发达、最突出的文学样式。中国被称为诗歌的王国，几千年的文明历史，中国诗歌在中华民族特有的民族文化土壤中萌生、发展，走过了一条复杂曲折而又光辉灿烂的发展道路。

诗歌的初步形成

　　诗歌的节奏和韵律是从我们远古祖先的集体劳动中产生的。远古时代，生产力极其低下，为了获取食物，他们必须组织起来打猎或进行其他形式的集体劳动，非常艰苦。为了减轻疲劳，协调统一动作，他们发现了犹如现代劳动号子的一种有节奏的呼声。这种有节奏的呼声就是诗歌韵律的源头。

　　然而，这时的劳动呼声，还只是有声无义的韵律，还不是真正的诗歌。原始人类在长期的历史发展中，由于大脑和发音器官的逐渐发达，才逐渐产生了思维和语言。这时候如果在呼声的间歇添加一些语言，即便是最简单的语言，也能成为有意义的诗歌。

　　《吴越春秋》载有这样一首原始诗歌："断竹，续竹，飞土，逐宍（古肉字）。"这显然是渔猎时代生活的反映。两字一句，虽然朴素简单，却构成了一幅生动的狩猎图画，充满了狩猎者对生活的热爱之情。中国古代其他一些古籍，如《周易》《礼记》《吕氏春秋》等，都记载了这样的原始诗歌。值得注意的是，中国的原始诗歌，从一开始，就带上鲜明的民族特色：注重抒情、关注现实。这种特点，正为中国古代的诗歌创作所继承，形成中华民族特有的诗歌传统。

中国远古诗歌，流传下来的很少，从流传下来的为数不多的远古诗歌来看，在艺术上还很不成熟，实际上是萌芽阶段。中国诗歌的历史，严格地讲，应是从《诗经》开始。

《诗经》是中国最早的一部古代诗歌总集。原称《诗》，汉以后才称《诗经》。保存了西周初年到春秋中期的作品，共三百零五篇，分《风》《雅》《颂》三部分。《风》主要是各地的民歌，广泛地反映了当时的社会生活面貌。《雅》和《颂》多是王室庙堂的颂歌。《诗经》中的诗歌已由最初原始型的二言诗体，发展到以四言为主的诗体，普遍地运用了赋、比、兴的表现手法。（详见本书《诗经》篇）

《诗经》奠定了中国诗歌的基本风格和艺术特点，它鲜明的抒情特点，"饥者歌其食，劳者歌其事"的现实主义精神，对后世中国诗歌的进一步丰富和发展，产生了很大的影响。

诗歌的丰富和发展

大约在《诗经》成编后二百年，即公元前4世纪，中国南方的楚国一带出现了一种新的诗体——"楚辞"。楚辞和《诗经》在艺术上风格上截然不同。它是在独特的楚国地方文化的基础上发展起来的，远在周初，楚地就兴起一种南方声调的民歌，这种民歌常常在每隔一句的末尾用一个"兮""思"之类的语助词，后来便成为楚辞的主要形式，对楚辞影响最大的还是楚国民间的巫歌。楚国巫风盛行，民间祭祀之时，必使巫觋"作歌乐鼓舞，以乐诸神"，充满了原始的宗教气氛。楚辞就是这种带有巫音色彩的诗歌。楚国本有自己的文化传统，后来又接受北方文化的影响，二者融合为一，汇为文化的巨流。就在这优越的文化基础上孕育了屈原这样伟大的诗人，产生了《楚辞》这样光辉灿烂的诗篇。

《楚辞》和《诗经》在中国诗歌发展的最初阶段，形成两个高峰。《楚辞》所开创的积极浪漫主义传统，一直为中国各代诗人所继承、所发扬。

西汉时代，统治阶级实行思想统治，"罢黜百家，独尊儒术"，钻研儒家经学成了许多人苦苦追求的目标。文人学士除了皓首穷经以外，角逐于散文、大赋之间，诗坛显得十分冷寂。而在民间，一种被后世称为"乐府"或"乐府诗"的民间歌谣却发展迅速，取得了辉煌的成就。汉代仍然延续周代的做法，通过官方采诗收集和保存民歌。汉代官府管理音乐的机构叫乐府。魏晋六朝时，把乐府所唱的诗都叫乐府，乐府一变而成为带音乐性的诗体。现存汉乐府民歌共约四十首，多数保存在宋代郭茂倩所编的《乐府诗集》里。汉乐府中许多民歌，如《孔雀东南飞》《陌上桑》《十五从军征》《上邪》等，都是历代称颂的优秀作品。《孔雀东南飞》是我国古代最长的叙事诗，它叙述了一个完整的反封建礼权的故事，塑造了刘兰芝、焦仲卿等栩栩如生的人物形象，对后世产生很大影响。

汉乐府民歌虽然留存下来的不多，但在思想内容上却可以和《国风》比美。它们多是劳动人民的"街陌谣讴"，表现的也是劳动人民"感于哀乐，缘事而发"的思想感情，与《国风》"饥者歌其食，劳者歌其事"的现实主义精神一脉相承。在诗体形式上，汉乐府民歌创造了以五言为主的杂言形式，使中国诗歌在《诗经》（四言）、《楚辞》（骚体）的基础上，向前发展了一大步。

东汉时代，由于受乐府民歌五言诗体的影响，一些有见识的文人开始模仿和运用乐府诗形式，作起五言诗来。从《诗经》到东汉末年，经历了几百年的时间，五言诗的形式才算基本成熟了。东汉文人五言诗数量不多，在艺术上成就最高的当数无名氏的《古诗十九首》。"古诗"本是魏晋南北朝时期对古代诗歌的统称，梁萧统编《文选》时，把已失去主名的十九首五言古诗选编在一起，题为《古诗十九首》，于是成为专门名称。《古诗十九首》作者不是一人，所以它反映的思想内容相当复杂。但有一个共同的特征，就是对人生易逝、光阴如流的感伤，大有汲汲惶惶、如恐不及的忧虑。这正是失意士人正当东汉末年社会大动乱的前夕，对于现实生活和内心要求的矛盾、苦闷的反映。《古诗十九首》的艺术特色，是抒情手法多种多样，善于用自然、平淡的语言表达委婉、深挚的感情，具有一种言浅意深、语短情长、含蓄蕴藉的艺术魅力。历来批评家对它的评价都极高，甚至有过誉为"惊心动魄，一字千金"的。例如"迢迢牵牛星"一首：

迢迢牵牛星，皎皎河汉女。
纤纤擢素手，札札弄机杼。

终日不成章,泣涕零如雨。
河汉清且浅,相去复几许。
盈盈一水间,脉脉不得语。

《古诗十九首》的出现,不仅奠定了五言诗的基础,而且由于它的卓越艺术成就,对后来抒情诗的发展产生很大影响。

东汉末年的农民大起义,从根本上动摇了东汉政权的统治,此后在军阀混战中逐渐形成了魏、蜀、吴三分天下的局势。汉魏之际的社会动乱,动摇了儒家的统治地位,思想界比较活跃和解放,各种学术思想,特别是道家思想较为流行起来。再加上统治者热爱和提倡文学,文学创作,特别是诗歌创作空前繁荣,成为我国文学史上的一个黄金时代。

建安诗歌,主要是以曹操父子为中心的建安文人集团的创作。以"三曹"(曹操、曹丕、曹植)、"七子"(孔融、王粲、刘桢、阮瑀、徐干、陈琳、应玚)、女诗人蔡琰为代表的诗人,大都亲身经历了社会的动乱,因此,他们的诗歌能直接继承汉乐府民歌的现实主义传统,深刻地反映这一时期的社会生活,对人民的苦难表示一定同情,并抒发了他们要统一天下的豪情壮志,调子慷慨悲凉,形成了后世所称道的"建安风骨"。

曹植是历来公认的当时最优秀的作家,建安诗篇流传下来不足三百首,其中曹植的约八十首。曹植无论古诗还是乐府诗,都很有成就。曹植从自身的坎坷经历中真切地体会到被压迫的哀伤和人生的痛苦,因此诗中充满了对自由的渴望。五言诗在曹植笔下达到了无所不写的程度。他的诗歌"骨气奇高,词采华茂",深得后世赞许。

魏晋南北朝,是中国封建社会多种思想、各种社会矛盾交错的时代。自汉末以来就在酝酿着学术思想的变化,到了魏晋之际已经进一步过渡到道家的玄理化,新的思维理论体系的建立,具有反传统的味道,从而助长了魏晋人那种离经叛道、蔑弃风雅的精神,促进了思想的活跃和解放。老庄自然主义哲学,有力地冲击着两汉以来"天人感应"的神学观念,有助于唤起人的"自觉",从而使置身于动乱、险恶环境中的诗人对自己生命的意义、命运有了新的思索和追求。

建安之后的正始时期;文坛上产生了"竹林七贤"(阮籍、嵇康、山涛、向秀、阮咸、王戎、刘伶等),他们"相与为善,游于竹林",号为"七贤"。"七贤"中阮籍、嵇康的诗作比较有成就。他们的诗作贯穿着老庄思想，与建安诗歌明显不同，但仍然反映了这一时期的社会现实。阮籍是"七子"之一阮瑀的儿子，他在行动上佯装放荡，内心却十分痛苦，并把这种无法发泄的内心痛苦用曲折的形式在诗歌中倾泻出来。这就是他的著名的八十二首《咏怀诗》。嵇康与阮的思想倾向是一致的，但性格却不相同，他对现实的反抗比阮激烈，锋芒毕露，因而遭杀身之祸。他的诗歌往往表现出愤世嫉俗之情和清逸超脱的境界。

诗歌发展到两晋开始明显地转变。两晋的士族制度使士族文人远离社会和人民，他们的创作缺乏现实内容，就只能追求形式的华美。晋初傅玄、张华已经表现出这样的倾向，到了陆机、潘岳遂发展到了严重的阶段。这一时期只有左思、刘琨等个别作家在诗歌上表现了较为突出的成就。

两晋时期，魏代正始时兴起的玄学又有了进一步发展，到了两晋末年兴起了玄言诗。东晋时期，士族清谈玄理的风气更盛，对诗歌的影响也更大。这种诗歌在思想上严重脱离现实，在艺术上失去了艺术的形象性和生动性。直到东晋末年的陶渊明，才给文坛带来了富于现实内容，具有独特风格的创作。

陶渊明一生屡仕屡隐，这与他从小受儒家思想影响，又受当时盛行的老庄思想影响有关，陶渊明的诗作留存下来一百多首，他的诗歌主要描绘恬淡的田园风光、农家生活及处于这种生活之中的恬静心情。陶渊明田园诗的主要艺术特点是平淡自然。看似平淡，却寄意深远、境界开阔，读来余味无穷。陶渊明是中国诗史上第一个大量写作田园诗的诗人，他开创了田园诗一体，为古典诗歌开辟了一个新的境界。

在陶渊明大加吟咏田园风光的同时，山水诗也悄悄地在玄言诗中孕育。晋宋时代，江南的士族文人在优裕的物质条件下和佳丽的江南山水环境中过着清谈玄理和登临山水的悠闲生活。他们或为环境感发，或借自然山水来表现老庄哲理，于是在玄言诗中出现了山水诗句。沿着这条道路发展，诗中的山水成分逐渐增加，到了南朝宋初，便出现了谢灵运这样专以山水为诗的诗人。谢灵运的作品多为悠游园林、倘佯山水的记游写实之作，他特别善于运用富丽精工的语言刻画山水的美景，读来有令人耳目一新之感。尤其是那些散见在各篇中的"名章迥句"，如"野旷沙岸净，天高秋月明"，"池塘生春草，园柳变鸣禽"，"白云抱幽石，绿筱媚清涟"等，更给人留下深刻的印象。谢灵运是扭转玄言诗风，开创山水诗派的第一个诗人。自他以后，南朝的谢朓、何逊，唐朝的孟浩然、王维等许多山水诗人相继出现，他们以优美的山水诗篇丰富了诗歌的园林。

诗歌发展到齐永明年间，沈约、谢朓开创了所谓"永明体"。他们提倡作诗要注意声律和对仗，特别是沈约更讲究四声格律。这种主张标志着中国诗歌开始从比较自由的"古体"走向格律严整的"近体"，对唐代近体诗的发展有着促进作用。但过于讲究"四声八病"，也助长了当时诗歌绮靡柔弱的倾向。这一时期，谢朓的诗歌还有些特色，他作诗虽然也力求声韵和谐，但并不拘泥于四声八病和在声律上过于苛求。他的山水诗文体明密省净，诗风清新流丽，对唐代诗人影响很大。

在魏晋南北朝时期，随着五言诗的产生、发展、丰富和成熟，七言诗也逐步孕育出现了。七言诗句虽在先秦两汉歌谣中就曾使用，但作为诗体形式，直到建安时代才开始出现。现存最早的七言诗是曹丕的《燕歌行》。自曹丕后，学作七言诗的人逐渐增多，而到南北朝时期发展成势。号称元嘉三大家之一的鲍照，就写了许多七言歌行体诗，鲍照的《拟行路难》是一组非常杰出的乐府诗。思想内容丰富深切，感情也强烈奔放，所用的七言、杂言形式，音节激昂顿挫，富于变化，更使这种思想感情焕发了新的光彩。

在魏晋南北朝诗歌中，除了文人创作外，值得我们重视的还有南北朝的乐府民歌。它继承了汉乐府民歌的优良传统，而又有所发展，形成了自己的独特风格。南朝乐府民歌大多是写男女爱情的恋歌，《西洲曲》标志着南朝民歌在艺术上的最高成就。北朝民歌数量上远远不如南朝，但所反映的社会生活比较广阔，风格也与南朝有显著的区别。它真实地反映了游牧民族的生活状况，展现了辽阔壮丽的景色，从各个方面表现出北方民族的刚强爽直的性格。《木兰诗》是北朝民歌的代表作。

中国诗歌的高峰

中国的古典诗歌，从周代春秋战国到汉魏两晋南北朝，经历了长久的历史发展之后，到唐代终于形成了波澜壮阔的高峰。（本书《全唐诗》《李白》《杜甫》等篇已对唐诗作了全面详细的介绍，这里仅概括叙述唐诗的发展脉络和主要特点。）

唐朝是我国诗歌史上的黄金时代，在不到三百年的时间里，诗人辈出，流派众多，各种诗体都得到蓬勃的发展。仅就《全唐诗》来看，就收进了两千二百多位诗人的近五万首诗歌，其数量超过了从《诗经》到隋朝一千多年的诗歌总量的几倍，而且在诗坛上涌现了像李白、杜甫、白居易这样具有世界影响的伟大诗人。

初唐诗歌深受齐梁诗风的影响，代表人物是虞世南、上官仪。后来王绩和"初唐四杰"提出轻"绮碎"、重"骨气"的主张，开始创作反映现实生活及抒发个人抱负的诗歌，对改变齐梁诗风起了重要作用。但真正自觉倡导诗歌革新运动，在理论和实践上都作出成绩的是陈子昂。陈子昂的诗歌革新运动，为盛唐诗歌高潮的到来打下了基础。

盛唐是唐代诗歌发展的顶峰时期。以高适、岑参、王昌龄、王之涣、高颀为代表的边塞诗派，用诗歌描绘雄奇壮丽的边塞风光，抒发边塞战士不畏艰苦、英勇报国的英雄气概，为唐诗增添了新鲜壮丽的色彩；以王维、孟浩然为代表的山水田园诗派，歌颂山水田园的静谧，抒写隐逸生活的逸趣，在艺术上却取得了很高的成就。

李白被后世誉为"谪仙""诗仙"，一生写了九百多首热烈追求光明理想，极度蔑视封建权贵，猛烈抨击黑暗现实的光辉诗篇，具有一种充塞天地的大胆的叛逆精神。"兴酣落笔摇五岳，诗成啸傲凌沧洲"。他的诗风壮浪纵恣，摆脱拘束，丰富多彩，千变万化。李白是继屈原之后又一个伟大的浪漫主义诗人。

杜甫生活在唐代社会由盛而衰的时代，一生穷困潦倒，却始终关注国家的命运，人民的苦难，写了一千四百多首惊心动魄的诗篇。杜甫作诗，"落笔惊风雨，诗成泣鬼神"。他被后世誉为"诗圣"，他的诗被称为"诗史"。宏深博大的思想内容，才华横溢的艺术才力，"转益多师"的学习态度，"毫发无遗憾"的严肃创作精神，使他成为中国现实主义诗人的伟大代表。

安史之乱是唐代社会由盛而衰的转折点。安史之乱后，元结、顾况等揭示社会矛盾的诗歌，成为杜甫的同调。中唐时代，白居易、元稹、张籍、王建等继承杜甫的传统，进一步提出"文章合为时而著，歌诗合为事而作"的主张，掀起新乐府运动，把中国诗歌的现实主义传统推向一个新的高峰。大历年间，刘长卿、韦应物的山水诗，李益、卢伦的边塞诗，都是盛唐的余响。贞元、元和之际，韩愈、孟郊以横放杰出的诗笔，开创了奇险生新的新风格。直接受到韩孟影响而又能大胆创新的李贺，更以其激越险怪的艺术风格，独树一帜，放出异彩。刘禹锡学习巴蜀民族，柳宗元借山水以抒幽愤，也在中唐诗歌史上占有重要的地位。

晚唐诗歌，随着国势的衰危动乱，风格面貌也有很大变化。杜牧、李商隐的诗歌在艺术上有新的发展，但无论写忧国忧民或写爱情生活，都有浓厚的伤感情调。皮日休、杜荀鹤、聂夷中等人继承新乐府运动的现实主义精神，写出了一些尖锐揭露社会黑暗的诗篇，在晚唐诗坛上发出光彩。

需要特别说明的是，唐代完成了我国古典诗歌各种形式的创造，尤其是出现了具有中华民族特色的唐代声律近体诗。这些形式，上承风骚，下启词曲，成为我国文学史上流传最普遍、影响最深远的诗体。

唐代诗歌的繁荣鼎盛，是由当时社会政治、经济、文化的特定历史条件以及文学自身的发展规律促成的。唐朝是当时世界上最强大的封建帝国，国家的统一和国力的强盛为诗歌的发展准备了必要的物质条件，南北、中外的文化交流也提供了深厚的文化基础，唐统治者的开明政治和"以诗取士"的科举制度则更为直接地刺激了诗歌的迅猛发展。唐代诗歌在中国文学史上的贡献和对后世的影响都是不可估量的。

诗风唐韵、绵延不断

宋代，词最流行，但诗也并未衰歇。虽然总的成就，宋诗比不上唐诗，但诗人、作品数量不减唐代。宋诗进一步拓展了唐诗的题材，风貌也和唐代存在明显不同。

北宋初年，生产有了一定发展，社会呈现了繁荣的景象。为了粉饰太平，宋王朝有意提倡诗赋，并常在宫廷赏花钓鱼，君臣彼此唱和，形成风气。这个时候，首先出现在诗坛上的是以杨亿为代表的"西昆派"。西昆派诗歌形式上追踪晚唐李商隐，讲究对偶，多用典故，雕章丽句，但缺乏实际内容。这种内容空虚，徒具形式的诗风，由于适应了宋初歌舞升平的需要，在诗坛上风靡了几十年。

为了扭转西昆派的形式主义诗风，柳开、王禹偁、梅尧臣、苏舜钦、欧阳修掀起了宋初诗文革新运动。王禹偁是宋代最早提倡继承杜甫、白居易的现实主义传统，反对宋初浮华诗风，并在创作上付诸实践的优秀诗人。但真正显示出北宋诗文革新的实绩，并取代了西昆体在诗坛上的统治地位的是梅尧臣、苏舜钦和欧阳修。

梅尧臣主张诗歌必须写实，要有兴寄，创作是为了"刺"与"美"。宋诗的工巧和散文化、议论话的特点，在梅尧臣的诗中已露出了端倪。苏舜钦的诗和梅尧臣齐名，时称"苏梅"。但苏诗粗犷豪迈，在揭露统治阶级罪恶、反映民生疾苦上，比梅更加大胆直率。他们在艺术上都有失之粗糙的缺点。

在"苏梅"稍后的欧阳修，一面鼓吹"苏梅"的诗歌，说"自从苏梅二子死，天地寂寞收雷声"，另一面通过《六一词话》来阐明自己的主张。欧阳修作诗，力矫西昆体的浮艳诗风，"以气格为主"，在"平易流畅"上下功夫。在表现手法上，他接受韩愈的影响，常以散文为诗，有议论化、散文化的特点，却避免了韩诗造语险怪和生僻的弊病。但有时过分散文化，也使他的某些诗歌缺乏生动的形象，缺乏音乐美。

继欧阳修而起的，有王安石、苏轼等人，继续扫荡西昆体的不良影响，巩固和发扬宋诗革新运动的成果，并以卓越的才能从事创作，使宋诗进一步形成了自己的艺术风格：散文化、议论化、冲淡自然。

王安石，字介甫，江西临川人。自宋神宗熙宁二年，任参政知事后，积极推行新法，但由于旧党的不断反对，屡次罢相，屡次起用，晚年退居江宁，王安石一生为实现自己的政治理想而斗争，他把文学创作和政治活动密切地联系起来。他反对西昆体文人"杨刘以其文词染当世"，认为"文者，多为有补于世用而已矣"。他的诗歌如《感事》《河北民》《明妃曲》《商鞅》等不仅具有充实的政治内容，而且造诣很高，具有独特的风格。王安石晚年罢相后，生活和心情的变化，引起诗风的变化，创作了较多的描写湖光山色的小诗，更多地注意对诗歌艺术的锤炼，写出了不少名篇。如《泊船瓜洲》：

京口瓜洲一水间，钟山只隔数重山。
春风又绿江南岸，明月何时照我还。

诗中第三句是中国古诗炼字炼句的名例，一个"绿"字境界全出，表现了王安石深厚的艺术功力。另外像《书湖阴先生壁》《江上》等也都是这样的绝妙好诗。苏轼是"唐宋散文八大家"之一，又是宋词豪放派词祖，他的诗歌创作也代表着北宋诗歌的最高水平。苏轼才高学富，思想自由奔放，写诗也往往不受格律限制，又常常以禅理入诗。诗歌流畅自然，挥洒自如，有着比较明显的浪漫主义色彩。

苏轼稍后的诗坛上出现了"江西诗派"，它的领袖人物是"苏门四学士"之一的黄庭坚。黄庭坚同他的前辈一样，不满意西昆体的浮靡诗风。他主张学习杜甫、韩愈，"点铁成金""无一字无来处""脱胎换骨"。然而，他只是在形式上刻意追求，并没有很好地继承前人的精神。因此，他的诗歌创作太偏重文字技巧，故意追求新奇峭刻，结果使作品生硬晦涩，内容空泛。当然，作为一个开创诗歌流派的艺术巨匠，当他受到真情实境的激发，也写出了一些清新流畅的诗篇。黄的诗歌创作及其主张反映了当时诗坛脱离现实，以才学相高，以议论相尚的倾向。自黄之后，一般诗人就趋向于在字面技巧上下功夫，形成了"江西诗派"。其主要人物有：陈师道、徐俯、洪炎、韩驹、吕本中等二十多人，几乎占据了北宋末年至南宋初年的整个诗坛。

正当"江西诗派"流行诗坛的时候，金兵入侵的鼓声震撼了所有诗人。从此，反映抗敌救国的爱国主义精神就成了整个南宋诗坛的主调。南宋前期，曾是江西诗派的陈与义、曾几，和以描绘田园山水著称的杨万里、范成大，都创作了充满激情的爱国诗篇。杰出的爱国主义诗人陆游，更以激昂悲壮的歌声，表现了广大人民的强烈爱国思想，成为南宋诗歌的高峰。

陆游现存诗歌九千三百多首，一条爱国主义的红线贯穿了所有诗篇。在艺术上，陆游诗歌多体俱工，语言晓畅平易，精练自然。陆游唱出了那一时代最高亢的歌声。

陆游和杨万里、范成大、尤袤号称"中兴四大诗人"。杨万里和范成大都写过不少忧国忧民的诗作，但更能代表他们特色的是他们晚年弃官归隐以后创作的那些表现劳动人民生活和崇尚自然的山水田园诗。杨万里的"诚斋体"诗歌幽默诙谐、想象新颖、语言自然活泼，形成了自己的独特风格。他的《晓出净慈寺送林子方》就是这样的名作：

> 毕竟西湖六月中，风光不与四时同。
> 接天莲叶无穷碧，映日荷花别样红。

范成大的田园诗像一长卷生动的农村风俗画，富有浓郁的生活气息。如《夏日田园杂兴》之七：

> 昼出耘田夜绩麻，村庄儿女各当家。
> 童孙未解供耕织，也傍桑阴学种瓜。

  诗歌描绘了辛勤而宁静的农家生活，流露出诗人的赞美之情。
  南宋后期，随着宋金对峙的渐趋稳定，出现了"永嘉四灵"和"江湖诗派"。他们都公开反对江西诗派，但由于这些人对现实大都取逃避态度，诗的成就不高，但其中"江湖诗派"的诗人刘克庄、戴复古等，没有完全忘怀世事，写出了一些较有现实意义的作品。南宋灭亡前后，随着宋元之间民族矛盾的激化，文天祥、谢翱、林景熙、郑思肖、汪元量等，写出了一些表现民族正气和爱国主义精神的诗歌，为宋代诗坛增添了最后的光彩。
  宋代的诗歌在中国诗史上占有重要地位。在思想内容上，宋朝积贫积弱，民族矛盾尖锐复杂的时代条件，使宋诗表现了比唐诗更为炽烈的爱国主义精神。在艺术风格上，宋诗在达到顶峰的唐诗之后必须另辟新路，而尚禅、重理的现实土壤，又不能不使宋代诗人受到禅、理之学的濡染。历史和现实的两种合力，造成宋诗"以文字为诗，以才学为诗"，以议论为诗"的特点。这种特点，既显示了宋诗的独特艺术成就，也反映出宋诗"终非古人之诗"的弊病。
  元代文学以曲为主，诗歌退居次要地位，虽然诗人不少，但都成就不大。元代诗人，比较重要的有刘因、赵孟頫、虞集、杨载、王冕、杨维桢，以及少数民族诗人萨都剌、揭傒斯、耶律楚材等。元初诗人刘因、赵孟頫等，多为宋金遗民，亲身经历了改朝换代的亡国之痛，内心充满了矛盾和苦闷，作品具有较强的民族意识，反映了一定的社会现实。中期以后，风气渐变，提倡诗以唐人为宗，但大都追求词采华丽，对仗工整，很少创作变化。这时期号称元代四大家的虞集、杨载、范梈、揭傒斯等人的诗，多为歌咏升平、描绘山水、题画赠答之作，实际成就不高。元代后期随着社会矛盾的尖锐化，一些诗人用诗歌反映人民疾苦、揭露现实黑暗，具有较强的现实意义。王冕、杨维桢是这时期诗坛的代表，王冕的诗风比较朴直豪放，和元后期纤细柔弱的一般诗风很不相同。如《墨梅》：

> 我家洗砚池边树，朵朵花开淡墨痕。
> 不要人夸好颜色，只留清气满乾坤。

这样的诗诗风接近李白，颇能表现诗人豪迈孤傲的性格。

明代，社会多半时间处于表面升平的状况，诗坛歌功颂德的风气较浓，形式主义比较严重。明初，刘基、高启等人由于经历过元末的社会动乱，创作了一些反映现实的作品。而当时占据诗坛统治地位的却是以杨士奇、杨荣、杨溥为代表的"台阁体"，他们多是官僚显贵，写诗的目的在于歌功颂德、粉饰现实。民族英雄于谦不受"台阁体"的束缚，写出了一些富有现实内容的诗歌，显得非常可贵。稍后出现的以李东阳为代表的"茶陵派"，自称宗法杜甫，实际追求典雅声律，也没有什么成功之作。明朝中叶，为反对"台阁体"，先后出现了以李梦阳为代表的"前七子"和以李攀龙为代表的"后七子"的诗歌复古运动。他们提出"文必秦汉，诗必盛唐"，对扭转台阁体诗风起了一定作用。但他们对古代诗歌句拟字摹，又走上了另一条形式主义道路。万历时期，李贽和受他影响的三袁"公安派"，向前后七子的复古主张进行了猛烈攻击，并提出了文艺要表现"童心"，要"独抒性灵，不拘格套"的主张，对诗歌发展起到了一定作用。这时期，还出现了以钟惺和谭元春为代表的"竟陵派"。在明末的抗清斗争中，一些诗人捐躯赴难，壮烈牺牲，他们写的充满爱国主义的诗篇，成为明末衰落诗坛上最有价值的作品，其代表诗人是陈子龙和夏先淳。

清代阶级矛盾和民族矛盾都非常尖锐，作为反映现实生活的诗歌也比较活跃，成就虽不及唐宋，但比起元明却大有发展，呈现出一种复兴的形势。清初，以顾炎武为代表的遗民诗人，多写国家民族兴亡大事，托物寄兴，吊古伤今，充满了深厚的民族感情和爱国思想。屈节降清的吴伟业、钱谦益，也反映了明清之际的变化，艺术性较高。清中叶以后，随着清政权的巩固和中原经济复苏，统治者尊崇提倡理学，实行高压的文化政策，新起的诗人作品，多重形式技巧，尊唐宗宋，派别门户众多。影响大的主要有王士禛的"神韵"、查慎行的"宗宋"、沈德潜的"格调"、翁方纲的"肌理"、袁枚的"性灵"等。袁枚反对复古，主张性灵的理论，继承了明末公安派的传统而有所发展。郑燮的诗歌不仅能突破复古主义束缚，而且写出了一些同情人民疾苦的诗篇。

从清仁宗嘉庆元年到鸦片战争发生，是中国封建社会日薄西山的阶段。真正打破清中叶以来传统文学的腐朽局面，首开近代文学风气的人物是龚自珍。龚自珍以敏锐的眼光和批判的态度，向腐朽的清王朝和官僚士流社会进行了大胆的揭露和抨击,并提出了改革内政、抵抗外国侵略的主张。他的诗歌的最大特点是政治思想和艺术概括的统一。他依靠丰富奇异的想象,瑰丽多彩的语言,创造出奇丽壮观的意境,表现出鲜明的浪漫主义色彩。《己亥杂诗》中的"青词"体现了龚自珍的思想艺术特点:

> 九州生气恃风雷,万马齐喑究可哀。
> 我劝天公重抖擞,不拘一格降人才。

自鸦片战争以后,中国被帝国主义瓜分的局面,大大刺激了一部分具有资产阶级思想的知识分子变法图强的强烈要求。作为资产阶级改良主义运动的有机组成部分,黄遵宪、梁启超等发起了诗歌改良运动,即"诗界革命"。黄遵宪最早从理论和实践上给"诗界革命"开辟了道路。他倡导"我事写我","诗之外有事,诗之中有我"。他的诗歌反映了一系列近代史上的重大事变,表现了强烈的爱国主义精神。在诗歌形式上,黄遵宪是"新诗派",提倡"以旧风格含新意境",因而成为"诗界革命"的一面旗帜。

辛亥革命时期,诗歌成为资产阶级革命的斗争武器,一些革命领导人和同情革命的作家,如孙中山、黄兴、章太炎、邹容、陈天华、秋瑾,以及柳亚子等南社诗人,都用诗歌抒发革命情怀,产生了许多爱国诗歌作品。其中有的诗人在风格上也形成了自己的特点。

新民主主义革命时期,尽管新诗发展浪潮汹涌,但运用旧体诗写作仍是诗坛一大洪流。许多作家诗人如鲁迅、郭沫若、茅盾、臧克家等都有旧体诗作,老一辈无产阶级革命家毛泽东、董必武、陈毅、朱德、叶剑英等,在戎马倥偬的战斗岁月,也写了大量抒发革命情怀的诗作。毛泽东是伟大的革命家,也是优秀而杰出的诗人,他的诗词创作手法精巧蕴藉,境界宏伟瑰丽,风格豪放壮阔,达到了革命现实主义和革命浪漫主义的完美统一。

和西方诗歌传统相比,中国古典诗歌有着鲜明的民族文化特点:第一,它是依靠抒情言志的特长而存在和发展的。《尚书·尧典》说"诗言志,歌永言"。我国奴隶社会把诗歌作为正人伦、美教化的工具。而西汉以后,儒家"美""刺"的诗学传统既造就了诗歌在封建文学中的正宗地位,也使其带上了浓重的道德色彩。魏晋南北朝时的"诗缘情"说和儒家的诗学传统相对立，也是中国古人对诗歌抒情特征的一种基本认识。第二，注重意境创造运用"比""兴"手法是中国古典诗歌的重要特征。"比兴"手法从《诗经》开始，经过屈原的开拓，成为诗歌创作的基本手法。比兴手法的广泛运用和深入发展，形成了中国古典诗歌幽深含蓄、意境深远的独特风格。第三，诗歌是有节奏的，而诗歌的节奏必须符合语言的民族特点，汉字的特点是一个字一个音节，每个音节又包括声、韵、调三个部分。古代诗人不仅自觉地运用民族语言中富有音乐性的节奏，而且总结出一套美化诗歌节奏的规律——格律，讲究声韵格律成为中国诗歌的又一个重要特点。

中国诗歌在中国民族文化的土壤里萌生、发展、鼎盛，同时，也对民族文化产生了巨大的影响。今天，我们走进祖国诗歌的历史，去感受古代先贤诗的传统、诗的风格、诗的精神，带给我们的仍然是无尽的遐思，无限的启迪。

词曲文化

前仆后继两诗碑　　各领风骚数百年

词和曲是继唐诗之后，中国诗歌发展史上两块特殊的里程碑。

诗歌产生于劳动。最早的诗即是人们劳动时同声协作的口号。《诗经》中的诗大多是披乐歌唱的。乐曲都有特定的旋律和格调，也就有比较固定的曲调名称。随着文人创作队伍的不断壮大，诗成为一种纯观赏性的案头创作，就大多用于吟诵，而不用于歌唱了。即使这样，凭着诗歌固有的节奏和韵律，其音乐性也不言而喻。词曲大致也如此情形。

词的产生是诗歌发展规律的必然结果。从诗歌体裁来看，历史上有"齐言"和"杂言"之分。齐言从四言、五言到七言，一直占据优势，统治诗坛1200年之久。杂言诗也在发展，但从未占据主要地位。中唐以后，随着语言、音乐、社会生活、人文背影等的发展变化，格式僵化的诗歌不免限制内容的表达，像词那样博采五言、七言、骚体及至四六骈文句式的杂言诗体，势必受到诗人的欢迎，在诗歌舞台上唱主角。

从词与乐的关系来看，以往先有诗，后再谱曲，而词曲是"倚声填词"，"由乐以定词，依曲以定体"。西晋后，民族大融合，西域音乐大量传入内地，与传统的汉乐相结合，便产生了"燕乐"，即所谓"新声"。唐代出现了许多繁华的都市，在都市里，有很多靠演唱为生的乐工歌女，他们便配合这种"新声"创作了便于歌唱的参差不齐的歌词。这样，词这种文学体裁便最初从民间产生了。近代所发现的敦煌曲子词大多是盛唐至五代的作品，绝大部分是民间的歌唱，具有朴素率直的风格。如《菩萨蛮》：

枕前发尽千般愿，要休且待青山烂。水面上秤锤浮，直待黄河彻底枯。

白日参辰现,北斗回南面。休即未能休,且待三更见日头。

词由民间转入文人手中经历了较长时间。最初吸取民间曲子词加以保存和加工仿制的可能是唐代的"教坊"(为宫廷演奏的音乐机关)。它出于制曲演奏革新的需要,做着大量收集各种乐曲的工作。唐《教坊记》中所列曲名就有《拾麦子》《摸鱼子》《拨棹子》等民间曲调。民间曲调、曲词进入教坊,实际上也就被引入社会上层,从而引起文人注意,影响他们的创作。他们凭借自己的文学素养,依曲填词,便使曲子词的文学色彩愈加浓厚,据说诗仙李白所作的《菩萨蛮》和《忆秦娥》开词之先河,但不少古今学者称这是无名文人假托。因而,人们通常认为稍晚些的张志和所作《渔歌子》是最早的文人词:

西塞山前白鹭飞,桃花流水鳜鱼肥。
青箬笠,绿蓑衣,斜风细雨不须归。
……

中唐时,大诗人白居易、刘禹锡写过不少漂亮的小词,如《忆江南》《长相思》《竹枝词》等。

当然,这些文人词多是短小的篇什,整齐的句式,大概是文人最初只习惯于写五、七言律诗,而倚声填写小令,不过是把整齐的七言律诗在结构上稍加变化而已,终不能与日行中天的唐诗相比。当时的词确如古人所说,是诗人偶然为之的"诗余"。

总之,词这种新兴的音乐文学,经过在民间的首先流行,又经过盛、中唐诗人的试作,逐渐在文坛上发展起来。至晚唐五代时,作者已多,并开始出现了词的专门作家和专门的词集。如温庭筠是第一个大力填词人的,后蜀赵承祚曾把唐五代的词编成《花间集》,共收作者十八人,词五百首,这就是文学史上最早的"花间派"词,温庭筠是当之无愧的花间派领袖。尽管温词多是"红香翠软"之类,但自温词起,词与诗的分界才日渐清晰,词才开始走向意境"尖深曲巧",语言"纤秾绮丽"的传统婉约风格。这一风格几乎一直是词创作的主流。所以,后人称温为"文人词宗"。

宋词就是沿着花间派的发展道路,经过错综复杂的矛盾演变,逐渐成长壮大的。发展变化的轨迹主要有两条：创制新调，要求歌词与音乐紧密配合；恢张词体，革新歌词抒写的内容。

宋初词人范仲淹、宋祁、王安石、晏殊、晏几道等，仍以创制短曲小令为主，词风仍有残唐五代的婉约气。即使以庄凝峻肃冠盖当时文坛的欧阳修，作起词来也极为轻柔秾丽，不仅忘情于山水之中，也宣泄出自己的浪漫情事。当时小令制作最有成就者就是晏几道。他形成了一种"凄迷深挚"的词风，深为饱谙人情世态的落魄文人所青睐，如《临江仙》（"梦后楼台高锁"）。

词到了柳永手中，又有一大进展。这位早年浪迹青楼的落第才子，从乐工歌妓中汲取民间艺术的力量，把词的创作引上更高的境地。据说当时"有井水处皆歌柳词"，可见其雅俗共赏，流传很广。柳永最大的贡献是发展了词的体制结构，以市井新声、俗词白语入词，开创了鸿篇巨制的慢词时代。如《雨霖铃》一词，运用慢词长调，深入揭示出人物细微曲折的心底波澜：

> 寒蝉凄切，对长亭晚，骤雨初歇。
> 都门帐饮无绪，留恋处，兰舟催发。
> 执手相看泪眼，竟无语凝噎。
> 念去去，千里烟波，暮霭沉沉楚天阔。
> 多情自古伤离别，更那堪，冷落清秋节！
> 今宵酒醒何处？杨柳岸，晓风残月。
> 此去经年，应是良辰好景虚设。
> 便纵有千种风情，更与何人说！

如果说柳永、张先一流慢词作家多注重形式上的改革，风格仍未脱晚唐五代气，那么苏轼则是"一洗绮罗香泽之态"，打破了婉约词的一统天下，对词风进行了全面的改革。苏轼独树"豪放风流"的大旗，"登高望远，举首高歌，逸怀浩气，超乎尘垢之外"。苏轼提高了词品，扩大了词境，以诗为词，把词家的"缘情"与诗人的"言志"结合起来，使文章道德、儿女情长并见于词，将报国伟业、理想与哲学、山川与历史、桑麻农事、离愁别绪无不入词，所以其词气势恢宏，跌宕多姿。南宋有人记录了这样一个故事：东坡在玉堂日，有幕士善歌，因问："我词何如柳七？"

对曰："柳郎中词，只合十七八女郎，执红牙板，歌杨柳岸，晓风残月。学士词，须关西大汉，铜琵琶，铁绰板，唱'大江东去'。"① 东坡为之绝倒。这个故事生动地说明苏轼、柳永词的不同，也说明两派词风的区别。这方面的代表作首推《念奴娇·赤壁怀古》。就连那些写儿女情长、离愁别绪的词，也显得高远清雄，与此前的婉约词不能同日而语。这方面的代表作首推《水调歌头·丙辰中秋》：

> 明月几时有？把酒问青天。
> 不知天上宫阙，今夕是何年。
> 我欲乘风归去，又恐琼楼玉宇，高处不胜寒。
> 起舞弄清影，何似在人间！
> 转朱阁，低绮户，照无眠。
> 不应有恨，何事长向别时圆？
> 人有悲欢离合，月有阴晴圆缺，此事古难全。
> 但愿人长久，千里共婵娟。

苏轼门下有一批出色的作家，个个作得好词，其中佼佼者是被誉为"词中美少年"的秦观，他的《踏莎行》（"雾失楼台"）、《满庭芳》（"山抹微云"）和《鹊桥仙》（"纤云弄巧"），凄婉绵恻，意蕴含蓄，音韵和美，颇得词须"意细言长"的要旨。

北宋最后一位堪称大师的词人是周邦彦。周精通音律，做过大晟府（国家音乐机关）的主管。他致力于词的定型研究和词的抒情结构的完善，不仅使词的格律严整化，而且令其结构多样化，成为"格律派"词的代表。宋词在周邦彦手中成熟定型，趋于整个结构的稳定。这种形式上的成熟，有助于使南宋词转向内容的开掘。

公元 1126 年靖康之变，带来了民族的奴役和国家的分裂。国仇家恨，流离之苦，强烈地震撼着词人多愁善感的心灵，艰难世事的阴影投射在婉转多情的词体中，使这艺术的结晶放射出更加深沉、凄丽的光彩。

因此，北宋与南宋之交，出现了古代最杰出的女作家李清照。

她早年曾撰《词论》，第一个提出"词别是一家"，强调词与其他文

---

① （南宋）俞文豹：《吹剑续录》。

体的根本区别。在创作实践上，她以女性的细腻心理进一步开掘出曲折深细的婉约派词境。金人南侵后，国破家亡，加上爱侣暴亡，李清照的词由少女般的明快风格转为痛哀入骨的深沉，比如《声声慢·寻寻觅觅》：

> 寻寻觅觅，冷冷清清，凄凄惨惨戚戚。
> 乍暖还寒时候，最难将息。
> 三杯两盏淡酒，怎敌它，晚来风急？
> 雁过也，正伤心，却是旧时相识。
> 满地黄花堆积，憔悴损，如今有谁堪摘？
> 守着窗儿，独自怎生得黑！
> 梧桐更兼细雨，到黄昏，点点滴滴。
> 这次第，怎一个愁字了得！

这首词，起句排列14个叠字，笔力、胆量过人，全词竟用57个舌齿音字，表现沉郁的心绪，具有强烈的音韵审美效果。

南宋前期，爱国词人辈出，陆游、陈亮、张元幹、刘过等，慷慨高歌，忧国忧民。当时词坛主将是辛弃疾，他是苏轼之后豪放词的集大成者。辛弃疾之所以被称为"古今第一词人"，是因为他以英雄豪杰的气概写词，却表现出词的传统特色：曲折含蓄之美。他既能择用民间俗语，又善于用典，融会前人的诗、文、赋、事于新鲜多变的语境中。《永遇乐·京口北固亭怀古》脍炙人口，只引《沁园春》一词：

> 叠嶂西驰，万马回旋，众山欲东。
> 正惊湍而下，跳珠倒溅；小桥横截，缺月初弓。
> 老合投闲，天教多事，检校长身十万松。
> 吾庐小，在龙蛇影外，风雨声中。
> 争先见面重重。
> 看爽气，朝来三数峰。
> 似谢家子弟，衣冠磊落；相如庭户，车骑雍容。
> 我觉其间，雄浑雅健，如对文章太史公。
> 新堤路，问偃湖何日，烟水蒙蒙。

这首词更能体现辛词"以文为词"的"博大峭奇"的本色,曲折含蓄地表现了词人忧国忧民时的心境和渴望挥麾中原的壮志。

在辛弃疾的影响下,爱国词派的队伍不断壮大,前有陈亮、刘过等,后有刘克庄、刘辰翁、文天祥等。他们喜用四六句居多的慢词《沁园春》《贺新郎》《念奴娇》等抒发豪情,把词进一步推向散文化、议论化。

南宋中叶以后,偏安江南的局面已定,词人慷慨悲歌的豪情逐渐淡化。于是兴起了姜夔、史达祖、吴文英、张炎、周密等人代表的文雅词派。他们上承周邦彦格律词派,研辞炼句,选色协音,使词更具精琢的形式美。其中以姜夔的"清峻峭拔",吴义英的"温丽细密"最为突出,明清词人多宗此二家。

南宋末年,词人崇高雅,严音律,流于士大夫的孤芳自赏,使词走入文学的象牙之塔,严重地脱离开实际生活,与民间兴起的新声、新曲断绝了联系,终于使词走上了衰微的道路。

这时,蒙古人横扫江南,已经发达起来的元曲随着统治势力的稳固,很快占领了文艺舞台。曲担负起了新的时代赋予它的新的使命。

金元时,虽然词渐退于次要地位,在艺术上也难以达到宋词的高度,但写词的人和词作却大量增加。据唐圭璋先生编辑的《全金元词》收录,金元词人达282家,词作7293首,比较有成就的作家有吴激、蔡松年、元好问、白朴等。

吴激为金初词坛领袖,与蔡松年齐名。他们的词清切婉丽,号称"吴蔡体"。如吴激的《诉衷情》:

> 夜寒茅店不成眠,残月照吟鞭。
> 黄花细雨时候,催上渡头船。
> 鸥似雪,水如天,忆当年。
> 到家应是,童稚牵衣,笑我华颜。

此词意境恬淡优美,在轻灵自然的语句描写中,词人久别将归的欢愉之情随处可见。

元好问是金代著名文学家,有《遗山集》四十卷,存词370余首。他的词深于用典,精于炼句,乐章雅丽,情致幽深,为金代词林高手。如他的《水调歌头》("空濛玉华晓")。

白朴是元代杰出的戏剧家,也是著名的词人,有词集《天籁集》二卷,其词清隽婉逸,调式和谐。如《沁园春·金陵凤凰台眺望》:

独上遗台,目断清秋,风兮不还。
怅吴宫幽径,埋深花草;晋时高冢,销尽衣冠。
横吹声沉,骑鲸人去,月满空江雁影寒。
登临处,且摩挲石刻,徒倚阑干。
青天半落三山,更白鹭洲横二水间。
问谁能心比,秋来水净?渐教身似,岭上云闲。
扰扰人生,纷纷世事,就里何偿不强颜。
重回首,怕浮云蔽日,不见长安。

透过此词苍凉、清旷的意境和令人伤感的笔调,人们感受到了一个时代的悲剧。

明代作词者也不少,但无大家,内容和艺术上均无长足发展。明词多率意之作。明末陈子龙可算是明词之冠军。清代不同了,词又呈蓬勃发展的趋向,词人词作大量涌现,格调高亢激越。据《全清词钞》记录,词作者3196人,词作8260多首,且词派纷起,名家不少。

清初较有影响的词家是纳兰性德(1655—1685),原名成德,字容若,满族正黄旗人。他是一个贵公子。其词自然流畅,直抒胸臆,风格颇近李煜。因任康熙帝的侍卫,故多次奉命出塞,有部分词写边塞生活。

清初"云间(上海松江区古称)词派"是一个与清词发展关系极大的文学流派,"西泠(杭州的古称)词派"受明末陈子龙影响较大,实际是"云间词派"在浙江的一个分支。"柳州词派"是清初顺治年间的一个词派,以曹尔堪成就最大。"阳羡词派"是以陈维崧为宗主的文学流派,主张词反映社会大事,反对把词当作吟花弄月的"小道"。"浙西词派"是清词流派中绵延时间最长、影响遍及海内外的一个词派。其词师法姜夔、张先,标举"清空"风格。"吴中七子"分前后两个"七子",实际都属"浙西词派"。"常州词派"是清后期影响最为深远的一个词派。主张词要有"内意",推崇比兴寄托手法,师法温庭筠,追溯词体本源。"清末四大家"是王鹏运、朱祖谋、郑文焯和况周颐,实是"常州词派"的余波。

这些词派的作家中，有不少还主动汇刻、编辑前人及当代的词作，且留下了大量的词学遗产，为词的研究提供了有利条件。王国维《人间词话》就是这种整理研究风气下的产物。

1919年五四新文化运动以后，白话创作日盛。于是，不受旧体诗格律限制的用白话写成的新诗，如雨后春笋般地出现于文坛。但一些文学大家，在白话创作的主流外，仍创作了不少旧体诗词；许多革命老前辈，在戎马生涯的间隙，用旧体词这种短小的形式抒情言志。毛泽东就是首屈一指的大词人。

毛泽东一生写过50多首旧体词。这些词，从"看万山红遍，层林尽染；漫江碧透，百舸争流"的工农革命高潮，写到"雄关漫道真如铁，而今迈步从头越"的二万五千里长征；从"百万雄师过大江"的解放战争，写到"一桥飞架南北，天堑变通途"的社会主义建设，真实而又形象地描绘了中国革命和建设时期波澜壮阔的历史画卷。毛泽东的词，既有"到中流击水，浪遏飞舟"的大无畏斗争精神和英雄气概。又有"不管风吹浪打，胜似闲庭信步"的伟人气度和胸怀；既有"数风流人物，还看今朝"的热情肯定，又有"宜将剩勇追穷寇"的深刻否定，从多层次、多角度地展现了一位革命领袖坚韧不拔、坚不可摧的精神品格。

像词的兴起一样，曲也来自民间。曲和词同源于敦煌所发现的民间曲子词，所以在调式、调名、韵律上有相似之处。如《点绛唇》《清平乐》等词牌，皆有相类的曲牌。

散曲的产生，还得追溯鼓子词、大曲、诸宫调和杂剧的产生。在宋辽时代，我国北方流传着一种具有少数民族特点的民间歌曲，即"胡夷之曲"。相传当时的百姓踏着"蓬蓬"的鼓声节奏来歌唱这些民歌，具有质朴粗犷流畅的特点。

明人王士祯《曲藻序》说："自金元入主中国，所用胡乐，嘈杂凄紧缓急之间，词不能按，乃更之为新声以媚之。"流行于当时的讲唱文学、鼓子词、大曲和"诸宫调"，大约就是新更制的歌曲演唱形式。鼓子词吸收了北方蕃曲合鼓而歌的特点，把原来的词调连续叠用，叙述一个完整的故事。大曲也是在词的基础上，兼歌兼舞。排演多遍，叙述一个较完整的故事。这二者的出现，都为散曲的出现准备了条件。特别是诸宫调的出现，直接孕育了散曲的形式。宋元时期，讲唱文学盛行。这种讲唱文学的样式，主要以多种宫调曲子联套而成，以繁多的音节变化，说唱广大群众喜爱的故事。到了元代，诸宫调的曲词特点，就融入了杂剧曲文之中，形成了杂剧中的"曲"。由此可见，"散曲"是从诸宫调中发展起来而又脱离了舞台表演的韵文样式。它同杂剧中的曲词比较相同的是：杂剧曲词是根据剧情变化、人物性格特点来写的。小令则是取一单调独立成章，或者把原来的词调改成新韵。正因为散曲与杂剧有这种密切的联系，所以许多杂剧作家同时又是散曲作家。

散曲与词的最大区别在于抒情风格的不同。散曲除了服从于曲牌的规则外，还要受曲"调"的制约。

散曲包括小令和套曲两种主要形式。小令是单调的独立曲子，近于词的小令。如关汉卿《南吕一枝花·不伏老》。"南吕"宫调名称，表示这首小令所属的宫调。"一枝花"，曲调名称，表示在"南宫"这一宫调统摄之下的一个谱式。"不伏老"是题目。套曲就是把属于同一宫调的若干曲子连缀起来，它用来描述较为复杂的故事，表达较为复杂的情感。介于小令和套曲之间的小令也叫"带过曲"。

散曲有南曲、北曲之分，南曲是起于江南民间村坊的俚曲，北曲是元初在北方胡乐的基础上形成的。此曲刚健激越，是散曲的特色，也是元代诗歌的主流。据记载，元曲共有440余个曲牌。

须注意的是，散曲大多出自知识分子之手，却是不折不扣的俗文学，这在古代是罕见的。它以口语白话为"本色当行"，以平民生活情趣为主要内容。元曲的出现，是古代诗歌走向大众欣赏层次的一次质变，虽然后期曲家有将散曲高雅化的倾向，但活泼明快的风格终为曲的本色。

元代社会一百多年中，有人十年废除科举，知识分子学无所用。当时又把知识分子列为第九等，处于娼妓与乞丐之间。低下的地位，困苦的生活，使他们的心态与平民乃至倡优相近，自然不以作俗文学为耻。散曲活泼自由的形式极宜于他们发泄内心的苦闷和憎恨。

大致看来，元散曲作品有小令3800多首，套曲400余套，作家可考者200余人。由于散曲或狂放疏朴，或泼辣显露，或诙谐尖巧，有悖于温柔敦厚，讲究含蓄美的诗歌传统，有悖于统治阶级的思想意识，散佚未著者当不在少数。

元散曲创作可分为前后两个时期。前期代表作家有关汉卿、白朴、王实甫、马致远等，他们同时又是著名的戏剧家，被称为"书会才人"。他们与杂剧艺人同甘苦，共患难，开创了我国戏曲史上的黄金时代，他们又是最能体现散曲本色的诗人。

关汉卿是中国文学史上最伟大的戏剧家,他的套曲《南吕一枝花》是散曲《狂放》之作的代表。

以杂剧《汉宫秋》传世的马致远,代表了散曲的另一种风格。最著名的是《天净沙·秋思》:

　　枯藤老树昏鸦,
　　小桥流水人家,
　　古道西风瘦马。
　　夕阳西下,
　　断肠人在天涯。

这首小令仅用二十八个字,就把九种景物巧妙地结合在一起,再配置一个"夕阳西下"的大背景,形成了一种天地人浑成的大境界:时空似乎凝固不动了,宇宙间无处不弥漫着枯寒、凄凉、破落的悲伤!从而表现了一个游子漂泊天涯的深而广的愁思。无怪前人盛赞此曲为"秋思之祖",定评为"元人小令第一"。

王实甫善以细腻直露的笔调写男女爱情。

白朴擅长良辰美景的工笔描绘。

后期的散曲家,渐渐走向典雅工丽,丧失了曲的明快疏放本色。但睢景臣的套曲《高祖还乡》以富于讽刺幽默的色彩突出了散曲戏剧性的特色。张养浩的小令《山坡羊·潼关怀古》则以散曲博比繁喻的风格推导出"兴,百姓苦;亡,百姓苦"的历史性的结论。

后期成就最高的词曲家要数比较讲究雅趣的张可久和乔吉。

张可久是元代少有的专业散曲作家。他的《小山乐府》有六卷之多,计八百余首,占元散曲的五分之一多。他那清丽幽远的调子很合文人的口味,因此当时极负盛名,明清以来他一直被词曲家所偏爱。如小令《黄钟·人月圆·山中书事》:

　　兴亡千古繁华梦,诗眼倦天涯。
　　孔林乔木,吴宫蔓草,楚庙寒鸦。
　　数间茅舍,藏万卷书,投老村家。

山中何事，松花酿酒，春水煎茶。

《太和正音谱》评他的作品说："其词清而且丽，华而不艳……"

乔吉号称"江湖状元"，终身不仕，混迹江湖、烟柳，颇有柳永之风。他有散曲 200 余首，风格与张可久相近，贵在能于华美中见深意，艳丽中求尖新，如《水仙子·为友人作》和《水仙子·嘲少年》。

可以看到，像宋末的词一样，文人极力在形式上下功夫，促成了散曲结构形态的封闭与稳定和内容的贫乏。

词与曲前仆后继，各领文坛数百年，充分显示了中国诗歌由简到繁，由短到长，由俗到雅，由无序到有序，在变中求生，在异中发展的规律。

小说文化

风骚之霸主　文学之上乘

小说，作为文学艺术的一个门类，是指与诗歌、散文、戏剧相并列的一种文学体裁。它包括人物、环境、情节三大要素。小说不受时空限制，能够深刻、细致地反映广阔、复杂的社会历史风貌，展示人物性格。读者可从中受到启迪，增加知识，提高审美能力。小说千百年来深得广大人民群众的喜爱。

"小说"一词最早见于《庄子·外物篇》："饰小说以干县令，其于大达亦远矣。"但这里的"小说"是指一些片断的"残丛小语"，与现代意义上的小说有很大距离，因而《汉书·艺文志》上说："小说家者流，盖出于稗官，街谈巷语，道听途说者之所造也。"我们试举一例："玉山，是西王母所居也。西王母其状如人，豹尾虎齿而善啸，蓬发戴胜，是司天之厉及五残。"

中国古代，人们注重文学的言志功能和抒情特征，因而诗歌、韵文长期在文坛上占据统治地位，"小说"则被看作是"君子弗为"的"末技"，所以历来被排除在正统文学之外，没有形成独立的文学体裁。但是，小说毕竟是一种富有表现力的文学样式，它随着社会文化的发展演变而顽强地生长着。

纵观中国小说史，它的形成、发展、繁荣，从量的积聚到质的飞跃，大致经历了三个阶段。

远古到魏晋南北朝——小说的孕育及成型

小说的源头，最早可以追溯到上古神话传说。神话传说是早期人类对于自然界和社会现象自觉的解释。中国最早的神话故事集《山海经》中

《夸父逐日》《精卫填海》《大禹治水》等故事，从盘古开天辟地、黄帝大战蚩尤一直到夏商西周都反映了早期文明人类的本源意识。这些神话孕育了小说的胚胎，其中蕴含着的那种上天入地、征服自然的浪漫主义精神及神异的题材，显示出永久的魅力，对后世小说的形成和发展有积极深远的影响。

到了春秋战国时期，诸子百家著作中大量使用的寓言则是促使小说形成发展的另一个重要因素。诸子百家为了形象地说明深奥的哲理，往往采用寓言故事来譬喻。这些寓言，大部分采自于民间流传的口头文学，精辟、深刻、浅显易懂，经过诸子的再创造更具有艺术魅力。如《孟子》中的《学弈》《揠苗助长》；《庄子》中的《庖丁解牛》；《列子》中的《愚公移山》《杞人忧天》；《韩非子》中的《守株待兔》《自相矛盾》《滥竽充数》，等等。这些想象丰富奇特、语言精练简洁、概括力极强的寓言，不仅丰富了我国的语言，而且在叙事、写人、夸张、虚构等方面，为后世小说的形成发展积累了十分宝贵的经验。

先秦两汉时期，大量的史传文学更直接促进了中国小说的形成与发展。当代中国小说史家多数认为中国古代小说脱胎于史传文学。史传文学不仅为我国古代小说提供了大量丰富生动的素材，积累了一系列叙事和刻画人物形象的艺术经验，还影响了中国古代小说的结构形式。早在春秋战国时期出现的《左传》就以描写复杂的历史事件，特别是对战争场面和战争中人物活动的描写，为古代小说反映战争场景积累了丰富的经验；《战国策》则为后人提供了用渲染铺陈描写事件的方法；被誉为"史家之绝唱"的《史记》所开创的"以人系事"的纪传体文学，更为史学与文学的交融开辟了广阔的前景。《史记》对我国小说的形成发展，特别是对古代小说形成民族特色的影响是不可估量的。它在我国史学史、文学史上，为我们树立起一座规模宏伟的历史人物画廊。司马迁还从人物性格角度去探索历史事件的真正原因；在艺术上运用对比、映衬等方法，刻画了一个个翔实丰满、栩栩如生的历史人物，促使一大批杂史杂传的兴起，为小说创作提供了大量的素材，在艺术形象的创造方面积累了许多经验。

中国古代小说正是在这样的文化基础上孕育产生的。

从东汉末年到魏晋南北朝时期，文学观念和文学创作有了突破性发展。一方面，长年的动乱，社会动荡不安使人们对儒家的传统思想产生怀疑。东汉末年以后，道教、神仙之说兴起，巫风大盛。南朝时，佛教盛行,谈禅之风又为小说提供了新的视角;另一方面,随着文学观念的转变,人们越来越注意文学的写实功能,一些文人把产生于民间的谈神说鬼故事加以搜集整理,寓情理于具体故事之中,小说终于正式形成了。

魏晋南北朝时期的小说,从内容上大致可分为两类:一类是以干宝的《搜神记》为代表的谈鬼神怪异的"志怪小说";另一类是以刘义庆的《世说新语》为代表的记录人物逸闻琐事的志人小说。作为一种新的文化载体,小说一出现便显示了它在社会历史容量、生动形象、蕴含深厚等方面的优越性,呈现出勃勃的生机。这一时期创作出大量的作品,现在还可见到的只有《搜神记》《世说新语》及《博物志》等少数几部作品。

但就小说的艺术而言,这时的作品只是初具人物情节等基本特征,还只能说是中国古代小说的雏形。

唐传奇——中国小说的成熟

古典小说发展到唐代,就如鲁迅先生所说:"小说亦如诗,至唐代而一变。"文人开始有意识地独立创作文言短篇小说——传奇,在人物形象、环境、情节、主题等方面,使小说以全新的文学风貌,在文坛上占有了一席之地,达到了艺术上的初步成熟。

中国封建社会发展到唐王朝,政治、经济、文化都获得空前发展。出现了许多商业发达,人口众多的大都会,如长安、洛阳、扬州、成都等,市民阶层迅速生成。丰富多彩的社会生活,要求文学作品对其进行更精微细致的反映,而且也为小说等艺术创作提供了大量的素材。另外,唐王朝注重文治,文人地位大大提高,举子们常通过写传奇向主考官显示自己的才华,"温卷"风气大盛,在某种程度上也促进了传奇的产生和繁荣。

其他文学样式的艺术成果,也为唐传奇提供了大量的借鉴。一方面,唐诗优美的语言,丰富的想象,旺盛的现实主义和浪漫主义精神都给传奇创作提供了丰富的滋养;另一方面,韩柳古文运动对文体的解放,把作家从骈体文的形式主义枷锁中解放出来。可以自由地使用语言,致力于内容的选择,真情实感的抒发和事件的生动叙述,反映广阔的社会生活,直接促进了唐传奇的发展与提高。

有这样的社会、文化基础,唐传奇在继承魏晋南北朝志怪小说及其他历史文化遗产成就的基础上,开始达到高度的繁荣。

传奇，是小说在唐代的名称，因晚唐裴铏的《传奇》一书而得名。唐传奇从初唐偏重于怪异题材的《古镜记》《补江总白猿传》《游仙窟》等作品，到盛唐《枕中记》《柳毅传》《霍小玉传》《李娃传》《莺莺传》等反映现实题材的作品，再到晚唐《玄怪录》《传奇》等作品集的出现，大致经历了兴起、繁荣发展、衰落三个阶段。

唐传奇在内容上冲破了六朝志怪的束缚，开始面向现实生活本身，塑造了一大批鲜明生动的，来自于市民阶层的艺术典型，如霍小玉、李娃、崔莺莺、柳毅等。社会上也出现了一些从事传奇创作的文人作家，如白行简、牛僧孺、李朝威等人。文人直接参与小说创作，促进了小说在艺术上的提高。

在艺术上，唐传奇注重通过曲折生动的情节，把一个人前后完整的一段生活，甚至一生的经历都描绘下来，形象地揭露社会矛盾，表现出人物微妙的思想感情和性格特征。在语言上，唐传奇既有美妙的意境，又有细致的刻画；既有丰富的想象，又有如实的描绘，形成了以诗歌与散文艺术相融会、抒情叙事相结合的独特风格。

明代胡应麟说："变异之谈，盛于六朝，然多是传录舛讹，未必尽没虚语；至唐人乃作意好奇，假小说以寄笔端"，从唐传奇开始，文人开始有意识地虚构创造，不拘泥于事实的创作。从此，小说以其完备的形式正式成熟。

从宋元话本到明清小说的全面发展与繁荣

宋元时期，随着城市经济的繁荣发展，市民阶层进一步壮大，俗文化兴起。据孟元老《东京梦华录》、周密《武林旧事》等书记载，当时的一些大城市出现了许多规模很大的游艺场所，当时人称之为"瓦子""瓦肆"或"瓦舍"。北宋时的汴京有"桑家瓦子""中瓦""次里瓦"等，其中大小勾栏有50余座，"说话"便是其中很重要的一类项目，类似于我们现在的说书，分为小说、讲经、讲史、合生四家，说话艺人所用的底本经文人加工、整理、提高，写定为专供人阅读的书面文学作品，即话本小说。当时短篇话本叫小说，长篇叫讲史，到了后来，无论长短篇，都一律称为小说。宋元短篇小说，据《醉翁谈录》等书记载，有一百四十多篇，按内容分为烟粉、灵怪、传奇、公案等十多种。但现在传下来的只有

《京华通俗小说》《清平山堂话本》和《三言》中保存的《碾玉观音》《闹樊楼多情周胜仙》等四十余篇。长篇讲史话本，保存下来的有《武王伐纣平话》《前汉书平话》《三国志平话》及《大宋宣和遗事》《新编五代史平话》等少数几种。

宋元话本在艺术上有了长足的进步。

首先，使用通俗的口语、谚语、成语、歇后语、方言等"白话"创作小说，大量的市井人物出现于作品之中，在小说向大众化方面迈出了具有决定性意义的一步，开创了白话小说的新纪元。而话本中入话、正文、收场诗三部分的结构形式，则直接决定了后来长篇章回体小说的形式。宋元话本在情节的铺叙中为吸引听众而运用的悬念、伏笔、误会、巧合等方法，形成了中国小说在情节上委婉跌宕的美学特征，确立了中国小说的民族特色和民族传统。

其次，宋元话本不仅为后世小说创作提供了大量的素材，而且在小说的情节安排、结构形式、语言、人物形象塑造等诸多方面为明代小说提供了借鉴，直接影响了元末明初《三国演义》《水浒传》两部巨著及《三言》《二拍》等短篇小说的产生。在明代，小说家们还创作了大量拟话本小说，反映了普通人的生活和思想感情。

明清时期，小说创作达到了空前繁荣发展的阶段。这一时期，一方面手工业、商业进一步繁荣发展，市民阶层力量迅速壮大，人文主义思想开始产生；另一方面，长期的异族统治及元末长年的战乱使得人们对儒家"存天理、灭人欲"的正统思想产生怀疑。追求个性解放、个性自由的民主思想逐渐成为一种社会思潮。作家们挣脱了传统观念的束缚，开始大量创作小说。

印刷业的发达，书坊的大量出现，刊刻图书盛行一时，也为小说的广泛传播提供了有利条件。

从小说反映社会生活的广阔性和深刻性及小说艺术本身的发展轨迹来看，明清时期的小说创作可分为前后两个阶段。

明清前期的小说，在反映社会生活和艺术技巧两方面都获得了重大突破。在内容方面，作家们从历史、世情、神话等多角度切入生活，展示了丰富多彩的社会画卷，寄托了鲜明而深刻的社会思想和理想追求。《三国演义》站在历史的高度，融入时代精神和作者的主观思想，为读者展示了一幅恢宏的历史画卷；《水浒传》通过描绘英雄们的传奇经历，结合家庭生活，世情风貌为我们塑造了一百〇八个鲜明、生动的草莽英雄的典型；而《西游记》则以孙悟空上天入地，西天路上降妖伏怪的神奇故事，曲折地反映了腐朽黑暗的社会现实，为我们塑造了一个追求个性解放、绝对自由的神话英雄，鲜明地反映了明代中叶的民主思想。

这一时期的小说，思想上是一个由渐变到突破的过程，《三国演义》还停留在忠义、仁厚爱民、宣扬儒家思想的阶段，但"义"已经占了上风，有了新的内涵。《水浒传》则从探究农民起义的原因出发，对"乱自上作""官逼民反"的民主思想有了深刻的认识。到了《西游记》更上升到了个性解放，绝对自由的追求。通过对封建礼教，佛、道思想的嘲弄讽刺，民主思想在《西游记》中更加明确地表现出来。比起以往的作品，在思想上有了突破。

明清前期小说创作的另一成就是在艺术上，特别是在人物形象的塑造及情节的设置上取得了令人瞩目的突破。

首先作家们在艺术虚构上进行了初步的探讨。《三国演义》"七分真实，三分虚构"；《水浒传》大部分虚构；《西游记》则上升到了神话的虚幻世界。

在人物形象的刻画方面，《三国演义》通过惊心动魄的政治、军事斗争，塑造了诸葛亮、关羽、刘备、曹操等一系列鲜明生动的人物形象。其中动用夸张、对比、烘云出月的手法描绘人物，标志着中国古典小说在人物塑造上的新发展。但《三国演义》中的人物缺乏纵横的变化，往往是某一概念的化身，仍停留在类型化的阶段。

《水浒传》则在人物性格典型化方面，作出了历史性的超越，突破了传统人物类型化的局限，塑造了李逵、石秀、鲁达、林冲、武松等众多的典型化、个性化的人物形象，注意了共性与个性的统一，做到了"人有其性情，人有其气质，人有其形状，人有其声口"，对中国小说塑造典型形象做出了卓越的贡献。《西游记》则侧重通过人物展示社会理想。

在小说情节结构上，《三国演义》以蜀汉为中心，抓住三国矛盾斗争的主线，井然有序地展开故事情节，既曲折变化，又前后贯穿，宾主照应，脉络分明，构成了一个基本完美的艺术整体，《西游记》则首开以单个人物为中心，结构全书的模式。

《水浒传》中情节第一次不再是单纯的叙述故事，而是主要服务于人物形象的塑造，表现人物性格。特别是一些细节描写更生动地刻画了人物心理。作者还赋予情节自身的审美价值，注意了壮美情节与优美情节的错落衔接。

文学语言方面，这一时期的小说创作大量使用口语、白话，特别是从《水浒传》开始实现了由文言向白话的转变，在语言上实现了小说的通俗化。

这一时期的小说以其高度的思想性、艺术性在中国小说发展史上形成了第一次高峰。

明清小说后期，思想家们更多地注意到了人的自身价值，强调了人的个性特征。李贽提出"心即欲"的观点，认为"穿衣吃饭就是人伦物理"，而且大胆地对封建君主专制制度进行了相当深刻的批判。他们不仅肯定了小说自身的社会、审美价值，而且在艺术虚构与反映现实的关系、典型形象的塑造、小说的形式美及通俗化等方面都给予小说以理论探讨和指导。在小说的真实性上，李贽、叶昼主张作家要面对老百姓普通的生活，提出了"逼真、肖物、传神"的美学标准。特别是叶昼进一步指出了小说的真实性就在于写社会生活的"真情"，写出"人情物理"，同时对小说的真实性与生活实录作了严格的、区分。冯梦龙则提出了"天下文心少而俚耳多"的著名论点，引导作家在小说通俗化方面狠下功夫，对小说的普及与繁荣起到了巨大的作用。

这一时期的小说，题材范围进一步扩大：世情、英雄、爱情、公案、武侠、暴露……出现了《西游补》《水浒后传》《封神演义》《醒世姻缘传》等大量作品。小说文体更加丰富多彩：文言笔记体、白话短、中篇小说、长篇章回体小说，形式多样。创作方法则更是异彩纷呈：中国古典式浪漫主义、现实主义、自然主义等，虽没有提出明确的理论，但已经在众多作家的作品中体现出来。小说的意识结构也日益深刻和广阔，各种社会问题、文化思潮、审美意识都在作品中得到充分的展示与表现。特别是《儒林外史》《聊斋志异》《金瓶梅》《红楼梦》《三言》《二拍》等几部作品，把各种体制的古典小说艺术发展到了顶峰。

《三言》《二拍》是拟话本小说集，是冯梦龙、凌濛初在明人创作的拟话本小说及少量宋元话本的基础上整理、加工而成的。冯梦龙的《三言》分别题名为《喻世明言》《古今小说》《警世通言》《醒世恒言》。凌蒙初创作、整理的《二拍》是指《初刻拍案惊奇》和《二刻拍案惊奇》两部作品。《三言》《二拍》真实地反映了城市市民的生活和思想感情，表现了传统的道德观念和美好的理想追求。不论是表现爱情婚姻，还是揭露官僚地主的贪婪、狡诈、淫荡、残暴都有许多精彩的篇章。如《杜十娘怒沉百宝箱》《玉堂春落难逢夫》《乔太守乱点鸳鸯谱》都是难得的精品。

吴敬梓创作的《儒林外史》首开讽刺小说的先河。作者不以揭发隐私为目的，而是以严肃的态度，冷静的笔触再现生活；透视人的灵魂，既尖锐辛辣，又蕴藉深刻地揭露和讽刺了社会制度的腐朽和道德意识的堕落。

在文言小说上，则有蒲松龄在搜集民间鬼怪故事基础上整理创作的《聊斋志异》，以其辉煌的思想艺术成就，富有诗意的风格，把文言小说发展到顶峰。

从《金瓶梅》《红楼梦》两部巨著开始，中国古典小说进入了文人独立创作的阶段，作家把目光深入到家庭日常生活这个更细微丰富的角度去反映社会。在思想上，把批判的笔触直接指向封建制度本身，在塑造人物的手法上，上升到了用内心世界审美化的方法来塑造展开形象的阶段。

《金瓶梅》是中国第一部文人独创的世情小说。作者从家庭日常生活这个角度，"由一家而及天下国家"，对整个封建社会进行了揭示。《金瓶梅》通过对西门庆之流荒淫无耻、私欲横流的日常生活的描绘，把批判的笔触直接指向封建统治阶级的意识形态，对整个腐朽衰败的封建制度进行了深刻的揭露。

在人物性格的刻画上，《金瓶梅》第一次上升到了内心世界审美化的阶段。作者把笔触探入人物的心灵深处，从他的处世观点、人际交往、家庭矛盾等方面多层次、多角度地塑造了西门庆这个恶淫的典型。不仅揭示了人物性格深厚的思想底蕴和精神内涵，而且还进一步表出现社会的意识潮流。

《红楼梦》对日常生活加以选择、提炼，抛弃了自然主义的因素，使之具有典型性。

中国古典小说从唐代开始，经过千年的曲折发展，到《红楼梦》终于以其高度的艺术性、思想性达到了顶峰。至此，小说奠定了文学霸主地位，成为最受读者欢迎的艺术形式。

19世纪40年代，帝国主义的坚船利炮轰开了满清政府的大门，中国沦为半殖民地半封建社会，民族灾难、社会危机空前深重，外国资本主义势力的侵入某种程度上也刺激了中国资本主义经济的成长和发展，一些资产阶级改良派思想家开始把目光投向西方。龚自珍、魏源、严复、康有为、梁启超等人以敏锐的目光、批判的态度，对腐朽的清王朝和官僚上流社会进行了大胆的揭露和抨击。

改良派思想家非常重视小说的社会功能和美学价值，认为它是"文学之上乘"。在梁启超等人的倡导下，文学上进行了"小说界革命"，引进西方理论改良小说，把改良小说作为改良社会的第一步。在"小说界革命"的影响下，创作翻译的小说作品大量涌现，还创办了《新小说》《绣像小说》《月月小说》《小说林》等30多种小说杂志，小说创作进入一个高潮。

这一时期的小说主要以暴露社会黑暗、揭露政治腐朽为主。代表作品为李宝嘉的《官场现形记》，吴趼人的《二十年目睹之怪现状》，刘鹗的《老残游记》，曾朴的《孽海花》等谴责小说。作家们继承和发展了《儒林外史》的讽刺艺术，通过对清末政治、经济、军事、外交及社会生活方方面面落后、丑恶现象的揭露，对腐朽的封建统治、封建道德伦理的沦丧以及帝国主义的侵略野心，进行了深刻的批判。

这一时期的小说在艺术成就上总体来说并不很高。比起明清小说的成就明显地衰落了。

五四运动以后，小说创作以全新的面貌出现在现代文坛。鲁迅先生是中国现代小说的奠基人。1918年5月，《狂人日记》发表，这是中国第一篇现代白话小说。小说以消解故事和情节为突破口，通过十三则日记，运用联想、梦幻等现代意识流手法展示人物的心理活动，揭露了几千年封建礼教制度吃人的本质。紧接着《呐喊》《彷徨》两部短篇小说集问世。鲁迅先生第一次将小说创作与反帝反封建的思想革命联系起来，以笔"画出沉默的国民的灵魂"，以小说沟通人们互相隔膜的心灵，唤醒麻木的灵魂，促进民族的自我反省与批判，确立了全新的现代小说观念。也正是从鲁迅先生开始，占民族大多数的普通人的平凡社会人生成为小说的表现对象，农村与知识分子题材成为现代小说的两大基本题材，表现"理想的人性"与揭示批判国民性的弱点，探索病根成为两大基本主题。《阿Q正传》是鲁迅先生的杰作。小说以其"精神胜利法"蕴蓄的改造国民灵魂的深刻内涵及熔现实主义、浪漫主义、象征主义手法于一炉的艺术成就成为现代小说的经典之作。

在这一时期，大批作家对现代小说艺术进行了多方面的探索。由于不同的倾向，艺术上不同的追求，形成了一些各具特色的文学流派。如叶圣陶、冰心、王统照、许地山等人探索社会与人生的"问题小说"；以郁达夫《沉沦》为代表的浪漫主义"自叙传"抒情小说；骞先艾、许钦文、王鲁彦等人的"乡土小说"；以及《新潮》作家群，等等。

20世纪30年代，中国社会殖民地化迅速加剧，引起了从中心城市到一切穷乡僻壤社会生活的急剧震荡。中国革命的历程由思想革命转向以土地革命为中心的社会革命。"中国社会向何处去"成为时代意识的中心。

社会、政治、思想的变化，推动着小说的发展，出现了大量的作家作品。这一时期的小说创作，题材空前规模地开拓，表现角度多种多样。初期出现了一大批表现个人走向社会的历程的作品。如茅盾的《蚀》《虹》，叶圣陶的《倪焕之》，丁玲的《一九三〇年春在上海》等，着重反映了这一过程的艰难与苦痛。在反映社会问题时，随着"中国社会半殖民地化"成为作家关注的焦点，关于这一过程中社会各阶层（农民、工人、城市小资产阶级、小市民、民族资产阶级……）的历史命运及心理、道德、情感等方面的变迁成为最重要的题材与主题。这一时期最杰出的作家如茅盾、巴金、老舍、丁玲、张天翼、沙汀等都为这一时代的中心主题与题材所吸引，并在此基础上建构起自己独特的艺术世界。如茅盾的飘摇中的民主资本家及都市生活世界，老舍的破产中的北京小市民社会，巴金"热情忧郁的青年世界"，沈从文的"湘西边域世界"，等等。

在小说艺术形式上，长篇小说以其能够容纳广阔的社会历史内容的特点，成为最有成就的文学样式。描写"典型环境的典型性格"的现实主义创作方法成为第二个十年中后期左翼作家的自觉追求，取得了可观的成绩。在小说创作中，心理刻画艺术得到特别的重视与发展，社会剖析与心理结构剖析的统一成为这一时期小说心理刻画的重要特色。茅盾、丁玲是这一时期心理小说最杰出的代表，特别是茅盾的《子夜》等作品标志着革命现实主义的高峰。

这一时期的穆时英、施蛰存、刘呐鸥等人还借鉴了日本川端康成的新感觉派小说，运用弗洛伊德潜意识理论，通过心理分析的方法创作了《公墓》《春阳》《白舍的女体塑造》等一系列新感觉派小说（心理分析小说）。作品逼视人物的内心世界，从内部开掘人的无意识领域，包括梦幻与变态心理等，标志着相当完整的中国现代派的形成。

抗日战争时期和解放战争时期，中国社会处于战乱动荡的非常时期，同时也是我们民族从血火中走向新生的历史转折时期，特殊的历史环境要求文学肩负起特殊的使命，形成了不同于前两个阶段的另一种文化风貌。

在国统区，小说创作突出了批判暴露的主题，如茅盾的《腐蚀》、巴金的《寒夜》、张恨水的《五子登科》、张天翼的《华威先生》、沙汀的《在其香居茶馆里》，等等。作家们以冷峻苦涩的喜剧形式进行讽刺揭露，无论是对阻碍民族进步的民族痼疾的批判，还是对社会黑暗的暴露都达到了新的深度。

反映知识分子的苦难历程，探讨知识分子历史出路的小说也有所发展，如路翎的《财主底儿女们》。特别是钱锺书的《围城》第一次对整整一代接受了西方文化熏陶的知识分子的命运遭遇进行了描述，艺术上取得了卓越的成就。

解放区的小说创作在毛泽东《在延安文艺座谈会上的讲话》精神的指引下，在民族化方面取得了很大成就。作家们真正把目光转向自己赖以生存的土地，努力表现中国农民的思想、情感、心理、生活与命运，认真研究农民的审美趣味、习惯、心理，刻苦钻研中国民族文化传统和民间文艺形式，创造出具有民族风格、为中国老百姓（首先是农民）所喜闻乐见的艺术形式，形成了一个自觉的文学潮流。小说创作发生了翻天覆地的变化。在这个潮流中涌现了赵树理、孙犁、柳青等一大批新型的人民艺术家，产生了《小二黑结婚》《荷花淀》《太阳照在桑干河上》《暴风骤雨》等一大批优秀的具有民族特色的小说作品。全面、深刻地反映了像土地革命这样的翻天覆地的社会大变革，以及变革中中国农民摆脱愚昧落后走向民主进步的崭新思想意识和社会风貌。

中国小说经过一千多年的发展，与本民族的思维习惯、认识方式、价值取向、社会心理、道德观念等国情民情的各个方面紧密地交融在一起，形成了自己独具特色的民族风格，积累了丰富的创作经验，取得了辉煌的成就。纵观中国小说发展的历史，不难看出，只有立足民族传统，汲取民族文化的精华，不断探索小说创作的规律，创作具有民族特色的作品，中国小说才能进一步发展，走向世界。

戏剧文化

梨园千载耀环宇　优孟衣冠属中华

戏曲是中国特有的融合了歌唱、舞蹈、表演、美术、音乐等多种艺术手段的综合性的舞台艺术，中国戏曲与古希腊悲喜剧和印度梵剧并称为人类三大古老戏剧，并且至今还有着旺盛的生命力，为其他两种所不及。戏曲艺术是中华文明的重要组成部分，对塑造中华民族的性格发挥着重大作用。

三流汇合长江源

中国戏曲源远流长，正像祖国的长江源头是由三流汇聚一样，戏曲也有三个源头：原始歌舞、说唱艺术和优人滑稽表演。

《尚书·舜典》上说："予击石拊石，百兽率舞。"这是先民们舞蹈场面的真实记载。《吕氏春秋·古乐》也说："葛天氏之乐，三人操牛尾，投足以歌八阕。"这里有歌有舞，有道具，已可见到后世戏曲的影子，但它毕竟是以歌舞抒情为主，还没有叙述的成分存在。到了商周时期的"傩舞"表演，就有了角色分配，一人为方相氏，头戴面具，身披熊皮，手执干戚，率领装扮成野兽的表演队伍跳跃舞蹈，驱逐恶鬼。如今，在中国一些地区，还保留着这种原始的宗教仪式，但多已削弱了原来的宗教色彩而变成娱神娱人的民间艺术活动了。原始傩舞对中国戏曲的表演、舞蹈、脸谱均产生了深刻的影响。

民间说唱艺术在音乐和剧本创作上对戏曲艺术的影响，是戏曲的又一源头。我国用音乐来演唱故事的说唱艺术，可追溯到《诗经》里的一些史诗性篇章，但真正成熟则是南北朝的大曲。大曲前面有引子叫"艳"，后面有尾声叫"乱"或"趋"，以一支曲子反复演唱多次叙述一个完整故事。唐代寺院僧人为了吸引香客，宣扬佛法，采取了一种边唱边讲的形式说佛经、叙述历史故事，称为"俗讲"或"啭变"，讲唱本子叫作"变文"。这种散韵相间的形式后来为宋代的鼓子词和诸宫调所吸收，已能完整地表达丰富曲折的内容。金代出现的《西厢记诸宫调》是说唱艺术的精品，它直接影响了元曲的伟大作品之一《西厢记》的创作。

"优"最早出现于周代宫廷，是以调笑滑稽的言行供帝王解闷的弄臣，历史上最有名的优人当推楚国优孟，他因惟妙惟肖地模仿了楚国故相孙叔敖而名垂青史，以至于后世将戏曲表演径称作"优孟衣冠"了。唐代"参军戏"的表演发展为"参军"和"苍鹘"两个角色，唐末五代，改称"杂剧"，宋代角色分工更细，有末泥、引戏、副净、副末、装孤五个角色，又称"五花爨弄"。演出场面更为热闹，情节趋向复杂。优人表演为后世戏曲的表演积累了丰富的经验，今日戏曲丑角滑稽幽默的演出还依稀可见古代优人的影子。

这样，综合了原始歌舞、民间说唱、优人表演以及民间百戏的表演技巧、音乐形式，终于在宋末出现了较为成熟的现代意义上的戏剧形式——宋元南戏。

南国檀板亦堪听

宋元南戏又称戏文，它最初产生在浙江温州（一名永嘉）地区，故又称为温州杂剧或永嘉杂剧。它萌芽于民间"村坊小曲"，"本无宫调，亦罕节奏，徒取其畸农、市女顺口可歌而已"。在它流入城市，进入当时游艺中心——瓦子勾栏演出后，吸引了一些下层文人参与剧本的编写，这些文人又称"书会才人"，如著名的《张协状元》便是由温州九山书会的才人编写，其他还有古杭书会、敬仙书会等。

宋元南戏产生于民间，其音乐多采用民间小曲，兼采宋词、北曲，并无固定的宫调。在场次的安排上也比较灵活，早期的南戏剧本《张协状元》以人物的上下场形成自然的段落，后期剧本以"出"划分，长短自由，《张协状元》长至53出，而《小孙屠》仅21出。南戏的结构颇具匠心，一般来说，南戏的主要角色之间，主角与配角的戏交替穿插，如《张协状元》，三、六出为旦戏，中间为生末戏，热闹的场子与冷淡的场子交叉分布，整个剧情的张弛、气氛的冷热、角色的劳逸、唱白的穿插都有变化。直至元末《琵琶记》，其至到了明清传奇都基本上遵循了这一原则。

南戏最早剧本《赵贞女蔡二郎》和《王魁》今已失传，现今保存下来最早的南戏剧作是《永乐大典》中的《张协状元》，这部宋代的作品也是中国现存最早的戏曲剧本，有"活化石"之誉。其他著名的南戏作品有号称"四大传奇"的《荆钗记》《刘知远白兔记》《拜月亭记》《杀狗记》和高则诚的《琵琶记》。南戏剧作题材广泛，男女爱情的悲欢离合，民族英雄的高义亮节，黑暗社会的世态炎凉、因果报应、神仙佛道，在南戏作品里均有反映。而尤以爱情悲剧为胜。患难夫妻一朝夫君显贵便抛弃了糟糠妻室，这一中国戏曲永恒的主题在最早的南戏作品《赵贞女》《王魁》中便已出现，以后的《张协状元》《琵琶记》直至今天戏剧舞台上的《秦香莲》，反复吟唱的是旧中国妇女永恒的悲剧。

高则诚的《琵琶记》是文人改编创作的优秀的南戏作品，有"南戏鼻祖"之称。它成功地塑造了吃苦耐劳、善良坚强的中国妇女形象——赵五娘。丈夫蔡伯喈赴京赶考，她一人在家侍奉公婆，时值荒年，她自食糟糠，省下粮食给年老的公婆。二老饿死，她用罗裙兜土、十指挖坟，葬了公婆，复又描了二老真容，身背琵琶，一路卖唱进京寻夫。中国妇女苦难的命运和善良的天性集中地体现在赵五娘身上，从而使赵五娘这一人物成为中国文学画廊中的典范人物。《琵琶记》的作者善于用生活中的口语描摹人物，本色的语言生动传神，于朴素中见功力，《糟糠自厌》《描容上路》等数出成为戏剧舞台上长盛不衰的剧目。

群星璀璨北杂剧

宋元南戏标志着中国戏曲艺术的成熟，而稍晚出现的北杂剧则使中国戏曲第一次进入黄金时代。北杂剧是在宋金院本杂剧的基础上融合了诸宫调以及其他艺术形式而形成的。它产生于金末，全盛于元代前期，衰于元末，几乎与元帝国的命运相始终，因此，北杂剧又称"元杂剧"。

元杂剧的曲调直接来源于宋、金时的诸宫调，形成了联套体的戏剧音乐，即一折采用一个套曲，一套曲词由几十支同一宫调的曲子组成，一韵到底。元代流行的宫调有九种：仙吕宫、南吕宫、正宫、中吕宫、黄钟宫、双调、越调、商调、大石调，统称"五宫四调"。不同的宫调表达了不同的感情色彩。

元杂剧一般都是四折加一楔子。基本上与故事的发生、发展、高潮、结局相对应。楔子的应用较为灵活，或在开头起交代作用，或在剧中起过渡作用。楔子一般都较短，只有一两支曲子。楔子是为了弥补元杂剧一本四折过于谨严刻板的结构形式而创造的。

元杂剧一折用一套曲，由主要角色一人主唱，其他角色只有科、白而无演唱，这种严格的演唱形式很少有突破。这种"一人主唱"的形式虽然能够突出主要角色的形象和演员的演唱水平，但有时一出戏有多个主角时，往往对刻画其他人物的深度不利，这也是日后元曲衰落的原因之一。

元杂剧以延祐为界，分为两个时期。元代前期，废除科举制度，知识分子沦为社会最底层的人物，他们成为杂剧创作的主要力量，一时群星璀璨，佳作纷呈，是元杂剧的鼎盛时期。这时期以大都、真定、平阳为中心，出现了一大批伟大的作家和不朽名作。著名作家如"元曲四大家"关（汉卿）、王（实甫）、白（朴）、马（致远）和杨显之、纪君祥、康进之等，佳作则有《窦娥冤》《望江亭》《救风尘》《单刀会》《西厢记》《墙头马上》《汉宫秋》《潇湘夜雨》《赵氏孤儿》《柳毅传书》等。后期，元杂剧演出中心迁往临安，作品的数量和质量都大不如前期，作品反映的生活面也狭窄了许多。这一时期代表作家有郑光祖、宫天挺、秦简夫等，其代表作为《倩女离魂》《范张鸡黍》《破家子弟》等。

关汉卿是最著名的元杂剧作家，也是中国古代最伟大的剧作家。他沉沦于社会最底层，出入于酒肆歌楼，深刻了解百姓们的疾苦。一腔郁闷，发而为歌，一生创作了大量杂剧和散曲，现存杂剧16种、残曲3种、散曲73首。是元曲作家中最多产者。

关剧可分为公案剧、爱情剧、历史剧。公案剧代表作有《窦娥冤》《蝴蝶梦》《鲁斋郎》。《窦娥冤》在前人笔记的基础上融入了对元代社会现实的深刻批判。塑造了窦娥这样一个不畏权势、不畏鬼神而又善良贞孝的古代妇女形象。

"地也，你不分好歹何为地？天也，你错勘贤愚枉做天！"

朴直本色的语言产生了震撼人心的艺术效果。《窦娥冤》成为中国最伟大的悲剧之一。

关汉卿爱情剧多为喜剧，代表作有《救风尘》《望江亭》。这些爱情剧并不是孤立地描写爱情，而总是将爱情与社会矛盾、现实生活紧密结合，反映了种种突出的社会问题。在这些剧里，作者塑造了几个机智聪慧、光彩照人的女性形象。《救风尘》里妓女赵盼儿机智泼辣，用自己的智慧解救了身陷无赖之手的姐妹，并惩罚了无赖浪子。《望江亭》中的谭记儿不畏强权，乔扮渔妇，利用杨衙内贪杯好色的弱点，智赚势剑金牌，保得了丈夫性命，维护了自己自由选择爱情的尊严。

关汉卿的历史剧最著名的当推《单刀会》，此剧写鲁肃设宴邀请关羽催讨荆州，席间埋伏甲士，欲行强讨。关羽临危不惧，安然脱险。曲白慷慨雄壮，《驻马听》一曲尤其脍炙人口：

> 水涌山叠，年少周郎何处也？不觉得灰飞烟灭，可怜黄盖转伤嗟。破曹的樯橹一时绝，鏖兵的江水犹然热，好教我情惨切！（白）这也不是江水，二十年流不尽的英雄血。

关汉卿以质朴本色见长，另一位伟大的元曲作家王实甫则以文采华丽取胜，他的《西厢记》刻画人物心理细致贴切，曲词风致婉约，既秀丽华美，又通晓流畅，千百年来广为流传，至今越剧《西厢记》几乎全用王实甫原词。这在戏剧史上是不多见的。

白朴的《墙头马上》写大胆追求爱情的李千金；《梧桐雨》写深秋雨夜，思念杨妃的唐明皇；马致远《汉宫秋》写与爱妃生离死别的汉元帝，都词采优美，是元曲中的佳作。

其他如纪君祥的《赵氏孤儿》、康进之的《李逵负荆》、郑廷玉的《看钱奴》、无名氏《陈州粜米》，均为元曲佳构。

元代后期，元杂剧中心由北方转到南方的临安。离开了北方的语言土壤；一人主唱，一本四折的固定模式；作品现实性的降低，都使北曲难以抵挡南戏的竞争终于走向衰微。郑廷玉的《倩女离魂》是这一时期的优秀作品。

明清两代，杂剧更见衰微。康海的《中山狼》、徐渭的《四声猿》《歌代啸》、杨潮观的《吟风阁杂剧》有继绝兴衰之势，但已成案头之作，终于难以挽回颓势了。

梨园雅乐四百载

北曲杂剧渐渐衰微的同时,另一种戏剧形式——传奇,渐渐兴盛起来。明清两代传奇取代杂剧,成了戏曲创作和演出的主要形式。

明清传奇是用南曲各种声腔演出的戏曲的总称。它源于宋元南戏,而摒弃了南戏音乐上的某些缺陷,并吸收了北曲的优点。传奇结构自由,篇幅较长,通常二三十出,多则五六十出,每本第一出必有"副末开场"叙述全剧提纲,这是宋元南戏开场的精简。传奇音乐不限于一个宫调,或南曲,或南北合套,视剧情需要而定。每个上场角色都可以演唱。比北杂剧的演唱方式灵活了许多。

明清传奇从明初到清中叶大约400年的历程,明初(洪武至嘉靖前期),由于受帝王的影响,出现了《伍伦全备记》《香囊记》等宣扬忠孝节义等封建纲常伦理的说教作品。这一时期,海盐、余姚、弋阳、昆山四大声腔兴起,至嘉靖、隆庆年间,渐渐布及全国。嘉靖年间戏曲音乐革新家魏良辅等人对昆山腔的音乐进行了改革,新腔"尽洗乖声,别开堂奥,调用水磨,拍捱冷板,声则平上去入之婉协,字则头腹尾音之毕匀;功深熔琢,气无烟火。启口轻圆,收音纯细"。新腔以其典雅赢得了士大夫们的青睐,使昆腔压倒了其他声腔,在明清之际剧坛上独领风骚。梁辰鱼的《浣纱记》首次运用新腔,获得了极大成功。从此昆山腔的影响日趋扩大,文人学士纷纷用新腔写作传奇。昆山腔传入北京,迅速取代了当时活跃在北京的弋阳腔,成为明末第一大声腔和全国性的大剧种。

这一时期,传奇的创作形成了一个高潮。汤显祖的《牡丹亭》是其中杰出代表。《牡丹亭》运用浪漫主义的创作手法,写闺阁女子杜丽娘为了爱情生而死,死而复生,塑造了一个追求个性自由、爱情至上的艺术形象。《牡丹亭》的语言自然真切中蕴含着含蓄空灵,本色与词采得到了完美的结合。

　　　　却原来姹紫嫣红开遍,
　　　　似这般都付与断井颓垣,
　　　　良辰美景奈何天,

>   赏心乐事谁家院?
>   ……

　　《红楼梦》中林黛玉听得痴了,现实生活中的冯小青、娄二娘读《牡丹亭》断肠而死,可见其艺术感人之深。

　　与汤显祖的临川派并列的另一流派为以沈璟为代表的吴江派。吴江派认为写作传奇,必须讲求格律,宁可缺少文采,也不可荒腔走调,另一主张就是崇尚本色,反对过于雕琢的语言。但是他的创作实践成就并不太高,以《红蕖记》《义侠记》较为成功。吴江派其他作家作品如袁于令的《西楼记》也是影响较大的作品。

　　明末清初,苏州地区一批剧作家形成了一个人称"苏州派"的艺术流派,代表作是李玉的《清忠谱》,该剧描写明代天启年间苏州人民与魏党斗争的时事,塑造了颜佩韦、周顺昌等艺术形象。

　　清代初期,中国复又陷入社会动荡之中,民族矛盾加剧,这些都反映到剧作之中,孔尚任的《桃花扇》和洪昇的《长生殿》是这一时期的优秀剧作,号称"双璧"。

　　《长生殿》写唐明皇和杨贵妃的爱情。同一题材的作品前人已有许多(对同一历史题材以个人的风格进行再次加工,是中国戏曲史上的一个很有意思的现象)。但孔尚任的《长生殿》无疑取得了更大成功。他对李杨的爱情并不是简单的肯定或否定。他既从"情"的角度将二人的爱情写得十分真挚,又对这爱情给人民带来的灾难进行了无情的揭露。《长生殿》的结构合理,人物心理刻画十分细腻,宫调曲牌讲究妥帖,曲辞优美抒情。"爱文者喜其词,知音者赏其律,以是传闻益远。"

　　《桃花扇》写南明小朝廷覆亡的历史悲剧,并把名妓李香君与复社名士侯方域的爱情悲剧与社会悲剧联系起来。塑造了出淤泥而不染、爱憎分明的名妓李香君的艺术形象。她不是须眉胜过须眉,并非名士不让名士。对魏党余孽的重金拉拢,她严词拒绝,权势威逼,她挺身怒骂,并不惜以死保存自己的凛凛之志、清白之躯。《桃花扇》的成功之处还在于作者把侯李二人的爱情放到了社会大背景下,个人的悲欢与国家的兴亡紧密地结合在一起,增加了作品的深度。同时也塑造了柳敬亭、史可法等一批忠贞之士的形象,并借他们之口表达了作者对故国兴亡的感慨。一些明朝遗民故臣,竟至观剧后"唏嘘而散"。

花部魁首说皮黄

　　清代乾隆年间，号称"花部"的各种地方戏剧兴起，与号称"雅部"的昆山腔进行了激烈的竞争，历经三个回合，昆腔一败涂地，被文人士大夫所不齿的地方戏获得了巨大成功，最终形成了以皮黄腔为主、集中国戏曲大成的京剧，中国戏曲史又翻开了新的一页。

　　花部兴起于民间，沿着水路、商路进入城市。乾隆年间，北京和扬州两大戏剧中心，形成了诸腔杂陈的局面。

　　"花雅之争"的第一个回合在昆腔与京腔之间进行。京腔是弋阳腔进入北京后用北方方言演唱的新剧种，又称"高腔"。乾隆后期，京腔出现了"六大名班，九门轮转"的局面。清宫演戏离不开昆、弋二腔。由于皇族对京腔的规范，使京腔丧失了民间那种淳朴、健康的特色，渐趋衰落。"花雅之争"的第二回合在秦腔与昆、弋间进行。乾隆四十四年（1779），著名秦腔演员魏长生进京，秦腔大盛，京腔六大班几乎无人问津，为了维护昆曲的"正声"地位，清政府下令禁止秦腔戏班在京演出。第三回合由三庆、四喜、春台、和春四大徽班先后进京，终于取得了决定性的胜利。道光初年，徽班又与汉调结合，形成了皮黄戏，即现在我们所说的京剧。

　　京剧在形成过程中，出现了许多做出过重大贡献的著名演员。皮黄戏时代的"老三鼎甲"程长庚、张二奎、余三胜对于皮黄戏的改造、统一都做出了贡献。同、光年间，皮黄戏极盛，生有程长庚、徐小香、谭鑫培、汪桂芬、孙菊仙等；旦有梅巧玲、余紫云、田纪云、陈德霖、王瑶卿；净脚何桂山、金秀山；老旦郝兰田、龚云甫；丑角王长林，名家辈出。谭鑫培和王瑶卿二人在继承前人艺术成果的基础上，大胆革新，成为京剧史上又一代代表人物。

　　20世纪二三十年代是京剧进入繁荣的顶峰，出现了杨小楼、余叔岩、梅兰芳等影响巨大而深远的代表人物。尤以梅兰芳对京剧旦角艺术的贡献最大。他在音乐、化装、舞台布景、剧本、唱腔各个方面都做了大量改革，排演了传统戏、时装戏、新编古装戏数十出，并多次赴日本、美国、苏联演出，为中国的传统艺术走向世界做出了贡献。使"梅兰芳体系"即中国戏曲形式成为世界三大戏剧体系之一。

新中国成立后，国家对京剧传统剧目进行了整理加工，同时大量编演新戏，《将相和》《赵氏孤儿》《野猪林》《杨门女将》等成为思想性、艺术性完美结合的佳作。1960年初，提出了"传统戏、新编历史剧、现代戏三者并举"的方针，京剧舞台出现了前所未有的繁荣局面。《芦荡火种》《红灯记》《智取威虎山》《黛诺》等优秀剧目出现，受到观众的欢迎。

"文化大革命"期间，传统文化受到严重摧残，京剧舞台百花凋零，只有几个"样板戏"轮换演出，传统剧目销声匿迹。直到80年代初期，戏曲舞台才又恢复了原来的繁荣局面。但是，京剧艺术形式的陈旧，青年观众的流失，都使传统戏曲不复昔日光彩，一些有识之士，大声疾呼保护国粹，并且在剧目、音乐上大胆探索，出现了《曹操与杨修》等优秀剧目。

各种地方剧种也有着与京剧大致相同的兴衰过程。

戏曲，作为深深影响着中国人的思想、生活的艺术形式，终将再次焕发出青春。

古典音乐文化

琴瑟友之　钟鼓乐之

　　《论语·述而》记载了这样一则故事：孔子在齐国听到"韶乐"以后，为之陶醉，激动不已，竟好几个月尝不出肉的美味，不禁感叹："没想到这动人的音乐，能使人达到如此的境界！"早在几千年前，音乐就能产生如此令人陶醉而久久不能忘怀的效果，可见音乐作为一种看不见、摸不着的听觉艺术，它具有极其特别的吸引人、感染人的艺术魅力，它可以通过各种声音的交织变化，来表达人们的喜怒哀乐，来沟通人们的心灵，陶冶人们的性情。

　　我们古老的中华民族，素有"礼乐之邦"的美称。中国古代的音乐艺术同古老的中华民族一样，历史悠久，源远流长。远在多少万年以前，我们的祖先就在这片广袤的土地上繁衍生息，并开始孕育着原始的音乐文化。经历了极其漫长的岁月，创造了令人瞩目的光辉成就。虽然许多原始形态的音乐早已随着远古先民群体的消亡而消逝，但通过大量古代音乐文献和出土的远古乐器实物，我们不难了解到：我们的祖先为人类留下了光辉灿烂的音乐文化遗产，中华民族在几千年的历史长河中所创造和积累的音乐文化财富，为人类的音乐艺术增添了奇异的风采。它足以使我们每一个华夏子孙引以为自豪。

　　音乐是用有组织的乐音来表达人们的思想感情，反映社会生活的一种艺术。《吕氏春秋·音初篇》中记载：大禹因治水不能与恋人涂山氏女相会，涂山氏女在期待中深情地吟唱出"候人兮猗！"其意思是"等待你啊！"这是迄今有记载的最早又最短的四言情歌。虽然其唱词极其简洁，除"候人"的实际意思外，就是表示感情的"兮猗"二字，但它却揭示出音乐是人们用以宣泄内心情感的重要手段的内涵，也印证了古人"情动于中，故形于声"的论述。

音乐作为一种艺术，其基本要素是节奏和旋律。同其他艺术一样，音乐起源于人类的生产劳动。中国的原始音乐大多与部落的生产、祭祀活动密切相关，同时也与当时的舞蹈、诗歌相交融。《吴越春秋·弹歌》中的"断竹、续竹、飞土、逐宍（肉）"相传就是黄帝时期的一首原始猎歌。《吕氏春秋·古乐》记叙的"昔葛天氏之乐，三人操牛尾，投足以歌八阕"不仅是描写出原始乐舞的壮观场景和热烈情绪，同时也表现出原始乐舞中人们投足以歌，踏地击节的原始音乐的节奏感。而且所歌八阕《载民》《玄鸟》《逐草木》《奋五谷》《敬天常》《建帝功》《依地德》《总禽兽之极》，也都反映了原始生产劳动和祭祀活动。《尚书·舜典》中"击石附石，百兽率舞"反映的也是原始乐舞的早期形态，先民们在石制的原始乐器敲出的节奏中，装扮成百兽翩翩起舞，为我们展示了原始狩猎生活中的音乐舞蹈艺术。

原始社会的乐舞主要有"葛天氏之乐""云门""咸池""大韶"等，这些乐舞分别表现了远古先民们的劳动生活和祭祀活动，歌颂了远古帝王的丰功伟绩，同时也反映了我国原始音乐的基本情况。除了这些乐舞歌词以外，我们还可以从现代考古发掘出的许多远古音乐实物看出，远古乐器的制造和使用也反映着我国原始音乐的产生和发展过程。

中国浙江余姚市河姆渡和江苏吴江市梅堰新石器时代遗址出土的"骨哨"，就是原始社会最早的吹奏乐器之一。它用兽禽肢骨制成，每管开2—3孔，能吹奏出简单的音调，其声与鸟兽鸣叫相似，可见它是由先民们用来模拟兽禽鸣叫，引诱动物的狩猎工具演化而来。与骨哨相类似的另一骨质吹奏乐器"骨笛"，距今也已有7000余年的历史。还有"埙"也是一种古老的吹奏乐器。陶土烧制，形似鹅蛋。浙江河姆渡、西安半坡村等遗址出土的一孔埙，距今有六七千年历史。陶埙音色圆润、深沉，三孔埙能吹出"1、3、5"三声音列，到商代就发展有5孔埙，能吹出8个连续的半音。

另外，中国远古先民们最早使用的乐器中有一些打击乐器。相传原始打击乐器是在劳动或娱乐中人体自身拍打节奏而诱发产生的，有很多都是由石制的劳动工具或生活器皿演化而来。远古时期的鼍鼓、土鼓、陶缶、石磬等，都是迄今所发现的最早的打击乐器。远古先民们所遗留下来的这些原始乐器，虽然简单粗糙，但却富于节奏，有简单的旋律，具有初步的音乐性能，它不仅使我们能在几千年之后领略到原始音乐的质朴、纯真，而且也让我们真实地感受到华夏祖先的聪明才智和创新精神。

奴隶社会时期，音乐受到历代统治者的推崇，同时也成为奴隶主享乐的工具。夏朝的桀纵情声色，拥有乐舞奴隶三万余人，歌舞奏乐时声震四方。商朝的纣残暴腐化，沉浸于"酒池""肉林"和"靡靡之乐"中。周王朝统治者"制礼作乐"，极其重视音乐的教育作用和政治作用，设立音乐教育机构和乐官，并把礼乐同政治上的等级制联系在一起，"礼乐"成为维护奴隶主统治秩序的两大支柱。由此，奴隶社会的宫廷音乐很受器重，所谓"钟磬之声，礼乐之邦"就是当时宫廷音乐生活的写照。当时最著名的宫廷音乐是"六代之乐"，即夏商周三代赞颂帝王功德的"大夏""大蒦""大武"和尧、舜时代的"云门""咸池""大韶"合并而成。"六代之乐"是宫廷雅乐，演出仪式隆重而排场，所奏音律也有定制。其中周代的"大武"反映武王伐纣的全过程，情节连贯，结构完整，气势磅礴，武王的威武形象和朱盾玉斧刺击冲杀之声，寓于舞姿舞容和乐曲旋律的变换之中，代表了当时宫廷乐舞的最高水平。

奴隶社会的民间音乐主要反映在中国最早的诗歌总集《诗经》中。《诗经》是由宫廷采诗官搜集的各地民间歌谣选择整理而成。其中大都是可以用乐器伴奏来吟唱的歌曲作品。《诗经》分"风""雅""颂"三部分。"风"主要是反映地方民情风貌的歌曲，其中有不少民俗音乐生活特写。"雅"主要是祭祀、礼仪歌谣和歌舞曲，其中包含有丰富的音乐祭祀内容。"颂"大部分是祭祀乐歌，主要反映商周时代以音乐祭祀天地神灵和祖先的内容。现存的《诗经》只有文字，音乐已不可耳闻，但从字里行间仍可了解到当时丰富的民俗音乐生活。

随着生产力的发展和音乐艺术水平的提高，奴隶社会的乐器也增多而且制作精良了。《诗经》中就涉及不少古代乐器，如《关雎》中"琴瑟友之""钟鼓乐之"，《宛丘》中所唱"坎其击鼓""坎其击缶"等。据统计，文献记载的周代乐器就达70余种。人们将乐器按制作材料归为八类，称为八音：金、石、土、革、丝、木、匏、竹。其中金石类打击乐器常作为宫廷贵族祭典音乐中的"重器"受到特殊重视，而丝竹类管弦乐器则在士阶层和民众中得到广泛传播，逐渐发展为表现力很强的伴奏或独奏乐器。

到春秋战国时，中国的音乐艺术无论是歌唱、器乐演奏或音乐理论方面都有较大发展，而且达到很高水平。在民间歌唱艺术中，出现了许多有影响的歌唱家，这在许多成语典故中可见。战国时韩国女歌手韩娥，歌声哀婉动人，人耳不消，每每歌完离去，人们仿佛还听到她绝妙的歌声在梁上缭绕回荡。所谓"余音绕梁，三日不绝"的成语便出自于此。"声振林木，响遏行云"[1]的典故说的就是战国时秦国的秦青到郊外为学生薛谭饯行时，放开歌喉悲歌一曲，歌声悠扬婉转，清新嘹亮，林间树木为之震动，天上白云也为之驻足。不仅歌唱艺术如此，当时的器乐演奏技艺也已相当精湛了。相传，战国时古琴家俞伯牙常为自己弹奏的琴曲技艺娴熟、意境深远而自赏独乐。一日，樵夫钟子期听到他演奏《高山》后，不禁赞叹"善哉，峨峨兮若泰山"，当他再奏一曲《流水》，钟子期又赞叹"善哉，洋洋兮若江河"，俞伯牙为遇上如此的知音而惊喜万分，二人结为生死之交。从此，"知音难觅"的故事广为流传，"高山流水"一词也常使人联想到那美妙的乐音。[2]

说到战国时期的乐器，不能不提到震惊中外的湖北随州曾侯乙墓中出土的音乐文物。在那灿烂辉煌、美妙绝伦的地下音乐宫殿中，有中国古代各种乐器124件，分东、中两室合理陈设，东室的"丝竹乐队"代表了士大夫阶层的"竽瑟之乐"，中室的"钟鼓乐队"反映出王公贵族的"钟磬之声"。尤其是一套规模宏大的编钟更是举世瞩目的奇珍。全套编钟共64件，按其大小和音阶为序，悬挂于曲尺形铜木结构的三层钟架上，气势宏伟，蔚为壮观。更令人叹为观止的是，每件铜钟上都铸有错金篆体铭文，共2800字，分别记录着战国时曾国音律与其他部分国家音律的相对应关系，每钟能敲出两个乐音，皆呈三度谐和音程，铭文对每个音的名称和发音部位都有明确的记载。全套编钟音色优美，音律准确，其音阶结构与现今国际通用的C大调七声音阶相同。这套大型编钟代表了战国时期乐器制造的先进水平和音律科学的高度发展，是我国古代乐器史上的一块丰碑，在中外音乐史上都具有划时代意义。

春秋战国时期，我国还出现了许多优秀的音乐作品，屈原的配乐歌词

---

[1] 语出《列子·汤问》："（秦青）饯于郊衢，抚节悲歌；声振林木，响遏行云。"南朝宋·盛弘之《荆州记·临贺郡》："冯乘县有歌父山，传云有老人不聚室而善歌，匿者莫不洒泣。年八十余而声逾妙。及病将困命，乡里六七十人舆上山穴中，邻人辞归。老人歌而送之，声振林木，响遏行云，余音传林，数日不绝。"

[2] "高山流水"是俞伯牙弹的琴曲，后世遂以此比喻知音难得或乐曲的高妙。宋代的文天祥说："高山流水，非知音不能听。"王安石说："高山流水意无穷，三尺空弦膝上桐。"李好古也说："流水高山调不徒，钟期一去赏音孤。"

《九歌》、民间通俗歌曲《下里》《巴人》、曲高和寡的《阳春》《白雪》，同源分流，雅俗异趣。此外，一些音乐理论专著《乐记》《乐论》也相继问世，并有师襄、师旷、高渐离等音乐家后世留名。

这一时期，我国已形成较完整的音律理论。"五音"即古代五个基本音级的总称，当时用汉字表示为"宫、商、角、徵、羽"，相当于现代音阶的"哆、唻、咪、嗦、啦"。人们常言"五音不全"，即指此五音。五音理论一直是中国音乐的基本形态，后来进一步发展为七音，即在角、徵、羽、宫之间各出一个偏音，相当于现代音乐中的两个半声音阶"发、西"，同其他五声音级一起构成七声音阶。另外，古代确定音律的"三分损益法"和音乐中的"十二律"制也都是在这一时期形成，这分别在《管子·地员篇》和《吕氏春秋·音律篇》中有记载。

自秦朝建立中央集权制国家，中国的封建音乐文化便由此开始。在封建社会的前期秦汉魏晋南北朝时，中国古代音乐经历了重要变化，为隋唐音乐的繁荣奠定了基础。秦朝开始设立音乐机构"乐府"，汉代在此基础上进一步扩充，形成了我国历史上大型音乐机构——汉乐府。汉乐府集中和培训各类音乐人才，收集民间音乐，进行填词编曲等音乐创作，编配器乐伴奏及表演，这一系列音乐活动促进了当时我国传统音乐的迅速发展，并对后世音乐构成产生了深远影响。当时担任"协律都尉"音乐官职的李延年，为乐府音乐的繁盛和发展做出了重大贡献。

汉乐府音乐影响最大的是"相和歌"。"相和歌"来源于汉代民间，最早是无伴奏的清唱，再由加帮腔的"一人唱三人和"的形式发展成"丝竹相和"的带伴奏歌唱形式。魏晋南北朝时，南北混战带来的民族融合也促进了各族音乐文化的大融合，流行在北方的"相和歌"又与南方民间俗乐"吴歌""西曲"相融合，一起形成带伴奏的艺术歌曲，统称为"清商乐"。在"相和歌""清商乐"的基础上，又出现了融歌唱、舞蹈和器乐为一体的大型歌舞音乐"相和大曲"和"清商大曲"。"清商乐"在各族音乐文化的交流中，作为始终保持中原正宗音乐传统的"华夏正声"一直延续到唐代，成为唐"燕乐"的重要组成部分。

在乐府音乐中，常使用排箫、笛、笙、琴、瑟、筝、琵琶、箜篌等丝竹类乐器为相和歌伴奏。其中箜篌和琵琶都是秦汉时兴起或从外族传入的弦乐器。这些新型弹弦乐器的兴起，促进了当时民族器乐的发展，也促使器乐演奏水平日益提高。秦汉时，相继出现了《广陵散》《胡笳十八拍》

等著名的琴曲作品。《广陵散》流行于东汉，现存最早的明代古琴曲集《神奇秘谱》收有此曲。它表现的是"聂政刺韩王"报仇雪恨的故事。全曲分45段，有悲戚怨恨，有激昂愤慨，对比强烈，层次分明。魏晋时的古琴家嵇康就因善弹此曲而闻名于世。相传，嵇康在遭司马氏杀害时，还索琴弹奏一曲《广陵散》，以示自己置生死于度外的精神境界，更为这传世杰作增添了悲壮的感染力。《胡笳十八拍》据说是汉末蔡文姬所作。她将自己一生的不幸遭遇和哀怨痛楚融于胡音汉声之中，创造出一种结合胡笳与古琴特点的新曲。此琴曲以其强烈的艺术感染力于汉末一直流传至今，经久不衰。另外，汉代张骞通西域后，西北游牧民族传入的横笛、胡笳、角等吹奏乐器同鼓、铙等打击乐器组合成的"鼓吹乐"，也在礼仪场合和军旅生活中逐渐兴起并广泛使用。

秦汉魏晋南北朝时期，"散乐百戏"作为官僚富豪和平民百姓普遍喜好的艺术表演形式盛极一时。而百戏表演的节目都有器乐伴奏和歌唱，其音乐优美雄壮。伴奏乐队有鼓吹乐形式、丝竹乐形式及钟磬乐形式，这些在各地百戏乐舞壁画、石刻画像中都有表现。

在经济强大兴盛的隋唐时代，中国古代音乐艺术也呈现出空前繁荣。各代统治者非常重视宫廷的音乐活动，在音乐机构方面，除隋朝的太常寺所属大乐署、鼓吹署之外，唐代还新设置教坊和梨园。教坊专门负责培养音乐舞蹈人才和教习、排练歌舞散乐。梨园是唐玄宗在内廷设置的音乐歌舞教习场所，因其设在宫廷禁苑果木园圃"梨园"而得其名。据说唐玄宗酷爱音乐，而且洞晓音律，经常亲自训教梨园弟子，凡"声有误者"，他"必觉而正之"。唐代的教坊和梨园培养了一大批优秀的音乐舞蹈艺人，这对盛唐宫廷乐舞的繁荣和民间世俗音乐的发展都起到了极大的推动作用。

"丝绸之路"的开通和各族文化的交流，更促使隋唐音乐艺术的发展。隋朝宫廷在整理"中原旧曲""华夏正声"的基础上，大量吸收兄弟民族和外国的音乐，并按音乐来源和乐队编制，设置了"七部乐"，后调整为"九部乐"。到唐贞观年间又形成了以"燕乐"总称其名的"十部乐"，即《燕乐》《清商乐》《西凉乐》《天竺乐》《高丽乐》《龟兹乐》《安国乐》《疏勒乐》《康国乐》《高昌乐》。除前两部是中原传统音乐外，其他各乐部都保持着明显的异域风格和异族情调。到唐玄宗时"燕乐"又改按演出形式分"立部伎"和"坐部伎"两种。白居易曾作诗"太常部伎有等级,堂上者坐堂下立;堂上坐部笙歌清,堂下立部鼓笛鸣"。可见坐部伎就是堂上坐着演奏的乐伎,其音乐抒情典雅,水平稍高一筹;立部伎就是堂下立着演奏的乐伎,其音乐粗犷热烈,水平略低一等。唐燕乐后来也发展为声乐、器乐、舞蹈相结合的大曲形式。大曲规模宏大,由"散序""歌""破"三部分组成。"散序"是节奏自由的序曲或引子,一般是用乐器演奏的纯器乐曲;"歌"是节奏规范的歌唱,速度较慢,有器乐伴奏;"破"是节奏急拍的结束部,用乐器伴奏,有时也加入歌唱。当时,源于宗教音乐的法曲和燕乐大曲一起代表了大曲艺术最高水平。由唐玄宗创作的《霓裳羽衣曲》就是唐代法曲中最优秀的作品,此外,《破阵乐》《绿腰》《雨霖铃》《拓技》《玉树后庭花》等也都是当时著名的燕乐大曲作品。

同宫廷燕乐齐名,代表隋唐音乐文化成就的还有曲子和变文。曲子是配词演唱的歌曲,是隋唐民间音乐的新形式,"歌者杂用胡夷里巷之曲",配以长短句的歌词,以通俗流畅的语言和活泼多样的节奏,演唱于歌楼舞榭之间,赢得王孙贵族和平民百姓共同喜爱。当时主要曲调有《风归云》《浣溪沙》《西江月》《菩萨蛮》《倾杯乐》等。变文是一种说唱艺术。由于隋唐时期佛教的进一步深入,庙会宗教活动频繁,音乐与佛教的联系也更为密切。佛教常取民间说唱形式宣扬佛经,从而形成变文这种新的说唱音乐形式。变文内容有故事情节,表演有说有唱,演唱时讲究音律节拍,很受人们欢迎,而逐渐由寺院走向民间,后来发展为宋元时的诸宫调。

在唐代繁盛的音乐艺术中,器乐演奏技艺的发展也是十分引人注目的,尤其是琵琶表演的精湛技艺更令人赞叹不已。在唐代大量文人墨客的诗文中,都可寻到那感人至深的乐声。

> 轻拢慢捻抹复挑,初为《霓裳》后《六么》。
> 大弦嘈嘈如急雨,小弦切切如私语。
> 嘈嘈切切错杂弹,大珠小珠落玉盘……
> 银瓶乍破水浆迸,铁骑突出刀枪鸣。
> 曲终收拨当心画,四弦一声如裂帛……

这就是著名诗人白居易在《琵琶行》中,对沦落天涯的琵琶女高超娴熟的弹奏技艺的具体描写。从中人们似乎看到琵琶女那复杂而熟练的指法，似乎听到那错落有致、清脆圆润、婉转流畅、激越雄壮的乐声。无论是琵琶女的乐声还是白居易的诗句，都具有那么强烈的艺术震撼力和引人入胜的艺术魅力，这充分说明当时琵琶表演艺术已达到相当高的水平。白居易这只是描写的一位不知名的琵琶女，而著名的曹善才、裴兴奴、段善本、康昆仑、曹纲、雷海青等琵琶高手的演奏技艺也在许多流传后世的史书和音乐诗篇中可见。

对隋唐的音乐文化，我们还可以从举世闻名的敦煌石窟那一幅幅壁画中看到大量极其生动具体的音乐舞蹈形象。390窟的隋代乐舞图、220窟北壁下端的初唐乐舞图、112窟中唐的反弹琵琶图以及156窟南壁的晚唐张仪潮出行图等画面中所描绘的乐舞形象生动逼真，乐舞场景规模宏大，富丽堂皇，整个隋唐时期的乐舞情景和音乐盛况也就可以窥此一斑而见全豹了。

音乐艺术的繁荣发展，也培育了一大批音乐人才。除前述琵琶高手外，还有许多著名歌唱家、作曲家，如何满、许和子、白明达、李龟年等。当时的音乐著作也大量涌现，在《隋书》中可考见的音乐专著有42部142卷，《唐书》中38部257卷，流传至今的较重要的音乐著作有《乐书要录》《羯鼓录》《教坊记》《乐府杂录》等。此外，这一时期记谱法有了新的发展，燕乐半字谱广为流行，晚唐曹柔等人创立的琴谱的减字谱代替了烦琐的文字谱。

宋元时期，由于市镇经济的繁荣，市井音乐生活也随之活跃起来。设在市镇的"瓦市""勾栏"为闲散乐伎卖艺谋生创造了条件，而民间说唱音乐艺术也由此趋于成熟并得到发展。当时的说唱艺术较有代表性的乐调系品种是"唱赚""鼓子词"和"诸宫调"。唐代的曲子词到宋代发展为词，宋人作词唱曲蔚然成风。有的利用原曲调填上新词来歌唱，有的根据新作词谱上新曲调。南宋婉约派词代表人之一姜夔就是当时又能填词又能谱曲的词坛乐界名家，他创作的词曲、歌曲、琴曲合编为《白石道人歌曲》，是中国现存最早的歌曲集，具有宝贵的音乐史料价值。曲子发展到元代，被散曲所替代。散曲是城市生活与民间音乐相结合的抒情歌曲新形式。关汉卿的《南吕一枝花·不伏老》，马致远的套曲《北双调夜行船·秋思》，小令的《天净沙》以及张养浩的《山坡羊·潼关怀古》等都是当时著名的散曲作品。

明清时期，由于城乡经济文化交流的频繁，大量乡村民歌进入城镇，形成通俗易唱的俗曲小调。明清的俗曲小调曲调优美婉转动听，歌词通俗朴实含蓄，具有深厚的群众基础和广泛的艺术影响，而且受到许多文人学士的关注和推崇。明末冯梦龙曾编辑《山歌》一册，首次出版了民间山歌小调专集。清代蒲松龄编著的《聊斋俚曲集》，配用俗曲50多种，有的流传至今。另外，在继承宋元说唱音乐艺术的基础上，明清时涌现出鼓词、弹词、牌子曲、道情、琴书等大量说唱音乐新曲种，形成了明清音乐的又一大特点。许多文学、绘画作品对这些艺术形式都有描绘。清代刘鹗《老残游记》中对鼓词艺人王小玉的演唱艺术那生动精彩的描写，就足可见当时说唱音乐水平是何等高超。后来北方的鼓词和南方的弹词分别演变成京韵大鼓、梨花大鼓、单弦、苏州弹词、扬州弹词、渔鼓等各种地方曲艺形式。

中国古代音乐中的器乐艺术，在宋代以后有了新的发展。宋元时期，说唱音乐和戏曲音乐的崛起，使得弹弦乐器三弦成为说唱音乐的重要伴奏乐器，拉弦乐器嵇琴、轧筝也开始在民间广泛使用，由此构成了中国传统乐器的"吹、拉、弹、打"四大格局。同时也促进了小型器乐合奏的兴盛和独奏艺术的提高。明代画家仇英临摹的《宋人奏乐图》，画面上六个人使用箜篌、琴、筝、笛、笙、筚篥等乐器在演奏，就是描绘的一个小型丝竹乐队。古琴曲《潇湘水云》和琵琶曲《海青拿天鹅》是当时著名的器乐独奏作品。这两部作品都流传至今，成为我国古代音乐及器乐独奏艺术领域中的宝贵遗产。

明清时的器乐合奏开始呈现"鼓吹乐""吹打乐""丝竹乐"等乐种分类演奏的局面。由于各类乐器演奏水平的普遍提高，器乐独奏也逐渐走红。特别是琵琶演奏技艺的进一步发展，明清两代出现了不少琵琶名曲和演奏家。明代的《楚汉》《洞庭秋思》，清人华秋萍编订的《琵琶谱》中收集的《十面埋伏》《霸王卸甲》《将军令》等都是明清琵琶的传世之作。描写刘邦垓下之战击败项羽的《十面埋伏》，规模宏大，层次分明，两军激战场景的人喊马嘶，刀枪撞击、金鼓齐鸣之声尽现于琵琶弹指之间。整个乐曲波澜起伏，感人至深。明代琵琶高手汤应曾，人称"汤琵琶"，会弹奏古典曲目100余首，自然社会，天籁人声，无不在他的琵琶声中表现得淋漓尽致。明代张雄极擅演奏《海青拿天鹅》，乐声变化万端，其技令人叫绝。

在宋元明清几代中，中国的音乐理论和曲谱保存取得了丰硕的成果，如宋代陈旸的音乐百科全书《乐书》，元代芝庵研究声乐的《唱论》，明代朱权编辑的七弦琴曲集《神奇秘谱》，万历年间徐上瀛所著古琴演奏理论《溪山琴况》，清代周祥钰等选编的传统歌曲集《九宫大成南北词宫谱》等。尤其是明代乐律学家朱载堉，1581年在律历学著作《律历融通》中创造性地发表了与12平均律相通的"新法密率"，用精确的数学方法解决了黄钟不能回归本律的难题。这一重大成就不仅使中国古代音乐律学研究处于世界领先地位，而且在世界物理学史16世纪声学理论方面也具有划时代意义。朱载堉的主要音乐理论著作有《乐律全书》《嘉量算经》《律吕正论》《律吕质疑辨惑》等。

中国是一个多民族国家。56个民族分布在祖国的四面八方。不同的地域、不同的文化背景、不同的风俗习惯，形成了各民族独特的音乐传统。维吾尔族的"木卡姆"，藏族的"囊玛"，壮族瑶族的对歌和歌圩，苗族的飞歌和跳月，彝族、白族的打歌和跳弦，朝鲜族的长歌民谣，蒙古族、鄂伦春族的牧歌、狩猎歌，土族、回族、东乡族、撒拉族、保安族、裕固族等的花儿会，等等，都是各民族历代音乐艺术的积累和传统的音乐活动，它们充分显示出各民族特有的音乐艺术风采。几千年来，各民族那不计其数的乐种，灿若星汉的曲目，琳琅满目、丰富多彩的民族器乐共同汇成了中华民族音乐文化的海洋。

今天，当我们沿着历史的长河去追寻那古代音乐文化的旋律，去采撷那音乐文化海洋中的一朵朵浪花，仍会被原始陶埙那深沉哀婉的乐音所感染，仍会被韩娥、秦青那悠扬清亮的歌喉所打动，仍会为浔阳江头的琵琶声而潸然泪下，仍会为享誉世界的"新法密率"而拍手叫好。中国古代音乐文化是如此浩瀚而又深邃，中国古代音乐文化遗产是如此灿烂而又辉煌。我们相信，在这个基础上，我国的现代音乐艺术，会有更多、更新、更美的旋律，会有更加波澜壮阔的新乐章。中华民族这古老的"礼乐之邦"将永远以其独特的神韵，屹立于世界音乐之林。

舞蹈文化

歌以咏言　舞以尽意

舞蹈是通过有节奏的、经过提炼和组织的人体动作和造型，来表达一定思想感情的艺术。著名的《毛诗序》中说："情动于中，而形于言，言之不足故嗟叹之，嗟叹之不足故永歌之，永歌之不足，不知手之舞之足之蹈之也。"这就相当精辟地说明了舞蹈是人们在内心的激情难以言传的情况下萌发出的一种形体表达方式。

中国的舞蹈艺术源远流长，它伴随着古老的中华民族的起源和演进而产生、发展，经过了几千年漫长的文明旅程，在历代劳动人民的创造和培育下，成为中华民族百花盛开的文化园地中一枝绚丽多姿、异彩纷呈的奇葩。

探寻中国舞蹈的历史踪迹，直至远古。岁月流逝，时代变迁，以流动姿态为表象的舞蹈艺术虽然没有给我们留下原始的真迹，但大量古文化遗迹和历史文献、经书诗赋却给我们保留下来一些珍贵的历史线索和实物，从中我们不难寻觅中华民族古代灿烂的舞蹈文化。

1973年，在青海省大通县上孙家寨的一座墓葬里，出土一件新石器时代的彩陶盆。陶盆内壁绘有三组结队跳舞的画面：在清凌凌的水边，五人一组的舞者面向一致，排列整齐，头上小辫子似的装饰和腰下小尾巴似的装饰摆向都整齐一致，他们手拉着手，迈着统一整齐的舞步，踏着音乐的节奏欢快地跳着。那体态鲜活、生机盎然的舞姿生动地表现出原始人的生活内容和生活情趣，也充分证明，早在原始社会时期，我们的祖先就已创造了这种群舞形式。据考古学家鉴定，这个彩陶盆距今已5800—5000年，这是迄今为止所发现的最古老的原始舞蹈形象。但是，中国舞蹈的产生，绝不是以此为起点。舞蹈作为一种以形体动作来表达一定思想感情的艺术，它的发生几乎是与人类的形成同步的。从某种意义上说，当人类前后肢的分工，正式告别动物界时，就逐渐具备了"手舞足蹈"的基本条件，随后，在漫长的征服自然，谋求生存的劳动中，产生了最古老的表现劳动生活的舞蹈。所以，从一定意义上说，舞蹈起源于劳动。

原始社会中，狩猎是人们最主要的劳动方式。人们狩猎归来，为猎获了食物和遮身的兽皮而欢乐，他们聚集在一起，有轻有重地敲击着类似磬一样的石器，有节奏地模仿鸟兽的动作和形态而舞蹈。《尚书·益稷》中所言"鸟兽跄跄""凤凰来仪""击石拊石，百兽率舞"正是对反映狩猎生活舞蹈的描写。从远古到今天，我国各族民间都有很多模拟鸟兽情态的舞蹈，如狮舞、龙舞、孔雀舞、鸤鸰舞等。在传统的舞蹈术语中，也有很多是用鸟兽动态命名的，如雁翅儿、龟背儿、双飞燕、大鹏展翅、虎跳、蝎子步等。这些都说明舞蹈的起源与狩猎生活密切相关。

随着人类生活领域的逐步扩大，原始人的劳动生活范围也更加广泛。而反映劳动生活的歌舞也随之丰富起来，有了许多反映农耕劳动的舞蹈。这些都能从关于远古的神话传说和至今尚保留着一些原始文化痕迹的民族生活中去考察。云南楚雄哀牢山彝族有"送祖灵"的隆重仪式，当葫芦笙吹起的时候，巫人翩翩起舞，双手表演采葫芦，两脚蹦跳表演追野兽，捡起木棍表演锄地，这种舞蹈通宵达旦，表演着一部从狩猎、采集到农耕的历史。广西瑶族传统的盘古舞，表现先民在盘古王带领下，攀山越岭，披荆斩棘，生火取暖，掘土点种等，也是用舞蹈表现的一部原始农业史。相传炎黄子孙的祖先炎帝神农氏发明了农具耒耜，教民农耕，并且还教他的臣子创作了一部乐舞"扶犁"，舞蹈时敲着"土鼓"，歌唱丰收之乐。

原始社会的人类，逐渐产生了朦胧的原始宗教意识。他们常以动物或其他自然物作为本氏族的图腾崇拜。当时的歌舞，也反映出先民们的原始宗教意识。每个氏族都有他们代表性的乐舞，用以歌颂本氏族的英雄或祭祀天地祖先。相传起源于原始社会的几个祭祀舞蹈中，"云门"是黄帝时代的乐舞；"大章"是尧时祭上帝的乐舞；"咸池"是尧时人们祈求五谷丰收的乐舞；"大韶"是舜时的乐舞；"大夏"是歌颂夏禹的乐舞。

原始社会后期，即新石器时代，随着生产力的进步，人们已能制造出陶埙、石磬等乐器，先民的舞蹈艺术也更加丰富多彩。除了上述青海大通彩陶盆上的舞蹈图，考古学上还发现了不少岩画，描绘着远古的舞蹈形象。如甘肃嘉峪关西北黑山发现的岩画中，有一幅30人的舞蹈图；内蒙古狼山地区发现的岩画中舞蹈场面随处可见，有单人舞、双人舞，也有集体舞,有一幅四人队舞,舞蹈者勾肩搭背,连成一排,双腿微屈,似乎是踏地顿足,有人系着头饰和长长的尾饰,其步法和队形虽不如青海出土陶盆上所画的那样整齐,但可能更接近早期原始舞蹈的自然状态。

古时候,人们对许多自然现象无法理解,认为在冥冥之中,有神在主宰一切,因此在遇到灾难或疑难时就要求神占卜,随之产生了大量的祭祀巫术活动。到奴隶社会商王朝时,巫风弥漫。巫作为鬼神和人之间的中介,在巫术和原始宗教祭祀活动中扮演着极为重要的角色,以歌舞娱神。唱歌跳舞是巫的专长,巫舞成了殷商时代舞蹈的代表。商代著名的乐舞,"大濩"就是由歌颂商朝第一个君主汤亲自到祖灵所在地桑林去求雨的巫舞"桑林"整理而成的。汤死后,其后代把此舞作为祭祀祖先的乐舞。此外,还有商朝祭祀的乐舞、"雩"和"戁"以及拿着五色羽毛祭祀四方神的"羽舞"等。[①]

由于一些原始宗教仪式的延续,巫风到周朝仍然盛行,许多祭祀的乐舞和巫舞也一直延续到周朝,而且有的发展成全民性的风俗性舞蹈。"蜡"是庆丰收、谢神灵的民间祭典,"雩"是求雨的祭典,"傩"是驱逐疫鬼的巫仪,这几种祭典都是商周盛行的全民性习俗,其中都有丰富多彩的巫舞。巫舞也保留下一些而成为民间传统舞蹈,如东北的单鼓舞(也叫太平鼓),原先就是巫舞的一种,后来在长期发展中成为节日里跳的民间舞蹈。

周朝是奴隶社会的兴盛时期,最高统治者仍很重视乐舞祭祀,同时,与政治上的宗法制、等级制相结合,建立了严格的礼乐(舞)制度。当时最有代表性的礼仪乐舞是"六代舞"和"六小舞"。"六代舞"是把中国古代的祭祀乐舞,包括黄帝、唐、虞、夏、商、周六个时代,由周王室整理,又称六乐或六舞。它开中国古代雅舞之先河,包括《云门大卷》《大章》《九韶》《大夏》《大濩》和《大武》。"六代舞"的演出礼制和用途都有严格规定。作为华夏礼教的正统仪典,历代帝王无不因袭制作用以祭天祀祖歌功颂德,一直传到清末。其演出仪式隆重,所奏的音律,所祭的神祇,都有定制:舞云门时,奏黄钟,歌大吕,祀天神;舞大章时,奏太簇,歌应钟,祀地神;舞大韶时,奏姑洗,歌南吕,祀四方神;舞大

---

① 李福顺、刘晓路:《中国全史》之4《中国春秋战国艺术史》,人民出版社1994年版,第104页。

夏时，奏蕤宾，歌函钟，祭山川；舞大濩时，奏夷则，歌小吕，祭祀先妣（女性祖先）；舞大武时，奏无射，歌夹钟，祭先祖。"六小舞"① 是贵族少年子弟跳的六种祭祀舞，其中"帔舞"舞者手执全羽或五彩丝绸而舞，祭祀社稷；"羽舞"舞者执羽而舞，祭祀宗庙或四方神；"皇舞"舞者戴羽帽穿羽衣执五彩羽而舞，祭四方神或求雨；"旄舞"舞者执牦牛尾而舞，祭辟雍；"干舞"舞者执盾牌而舞，祭山川；"人舞"舞者徒手舞袖，祭祀星辰和宗庙。"六代舞"和"六小舞"都是周王朝施行乐舞教育的典范，是王室贵族子弟的必修科目。

如果说周王朝极其重视乐舞的"治人"作用，把乐舞作为一种政治工具的话，那么整个奴隶社会时期，历代统治者都还把乐舞作为他们恣意享乐的宫廷艺术。无论夏桀、商纣，都拥有大量的乐舞艺人。因此，到奴隶社会末，许多自娱、自发性的群舞，发展成娱人、表演性的乐舞，同时也使中国舞蹈逐渐进入表演艺术领域。随着西周王室的衰落，封建制度的兴起，奴隶社会的礼乐制度也"礼崩乐坏"，而被称为"世俗之乐""郑卫之音"的民间歌舞，却逐渐兴盛起来。

《诗经·陈风·宛丘》中有描写民间歌舞诗句："坎其击鼓，宛丘之下，无冬无夏，值其鹭羽。"其意是说：在宛丘山下，人们不分冬夏，随着咚咚的鼓声，拿着鸟羽，尽情地舞蹈。

春秋、战国时代兴盛的民间歌舞，培养了不少优秀的歌舞艺人，同时也为汉代"百戏"及舞蹈的发展准备了条件。

汉代是中国舞蹈繁荣的时代，当时的许多历史文献和诗赋中都有关于舞蹈的记述和描写，一些出土的汉代文物中也有舞蹈场面的刻画。汉代舞蹈的繁荣，与其社会风气息息相关。当时举国上下从君主到臣民，不论皇帝还是百姓，人人都会歌舞，随时都可歌舞。据《史记·高祖本纪》载，汉高祖刘邦平定了黥布的叛乱，胜利归来，在沛郡举行盛大宴会，与父老乡亲举杯痛饮。酒酣之际，刘邦击筑引吭高歌："大风起兮云飞扬，威加四海兮归故乡，安得猛士兮守四方！"然后又随节奏跳起舞来，以至"慷慨伤怀，泣数行下"。可见堂堂汉代高祖亦是擅以歌舞抒情的能手。又据《拾遗记》说，汉成帝刘骜常爱在黑夜中"静鼓，自舞而步不扬尘"，一

---

① "六小舞"一般以《周礼·春官·乐师》中记载的这段文字为依据："掌国学之政，以教国子小舞。凡舞，有帔舞，有羽舞，有皇舞，有旄舞，有干舞，有人舞。"

个人静悄悄地摸黑跳舞，舞步轻捷而不扬尘土。另《西京杂记》载："高帝戚夫人善鼓瑟击筑……夫人善为翘袖折腰之舞。"汉成帝宠爱的赵飞燕更是舞艺高超，身轻若燕，据说能作掌上舞。

统治者的喜好和提倡，加上宫廷歌舞活动的风靡豪华，对当时社会风气影响很大。王符的《潜夫论·浮侈》说，汉朝民间女子"多不修中馈，休其蚕织，而起学巫祝，鼓舞事神"。她们放弃家务劳动和桑麻纺织，而去学跳舞当巫女。这样更促进了两汉时期宫廷乐舞及民间杂舞的蓬勃发展，由此形成了漫长封建社会中舞蹈艺术发展的第一个高峰。

汉代最流行的舞蹈是"袖舞"。中国各地出土的汉代画像石上的乐舞图，有很多都是以长袖作舞，舞袖造型千姿百态。有的是上下一样的窄长袖，如北京丰台大葆台西汉墓出土的玉雕舞人，长裙，左手高扬甩长袖，绕身于后，姿态非常优美；有的舞袖又宽又长，如西安汉墓出土的拂袖舞俑和拱手舞俑；还有很多是细腰长裙，宽袖齐手腕处延伸出一段窄长的舞袖，如江苏留城汉画像中，有舞者翻卷长袖舞蹈，浙江绍兴墓出土的田氏车马人物铜镜，有一舞女细腰长裙，亭亭玉立，手臂舞姿类似"顺风旗"双袖飘曳，舞姿优美。这种袖舞后来发展成"巾舞"，挥巾而舞更加方便。

汉代舞技高超的代表当数鼓舞。张衡《七盘舞赋》中"历七盘而纵蹑"，就是描写盘鼓舞表演时，舞者的脚步既要在地上摆好的盘和鼓上腾踏纵跃，奏出有节奏的鼓声，又要完成高难度舞蹈动作。盘鼓舞是舞蹈与杂技的巧妙结合，需要力度、柔度以及极好的控制力，表现出我国古典舞蹈的独特风格。河南南阳汉画像石上有一幅描画盘鼓舞表演的舞图：七盘分两行排列地上，还有一鼓放在盘前，舞者似正从盘上纵身飞跃而下，右腿"登弓"，左腿伸直贴地，足近鼓边，挺身回头，长袖舞衣和帽带随势飘起。矫健优美的姿势令人赞叹。

另外，由"角觝"发展而成的"百戏"是汉代舞蹈艺术高度发展的体现，也对中国舞蹈艺术的发展产生了深远的影响。"百戏"融合了音乐、舞蹈、杂技、武术诸多门类，很像当今的综合文艺晚会演出形式。现代舞蹈中常见的高难度技巧，如折腰、倒立、旋转、翻滚、腾跃等，都可以从"百戏"中寻得其渊源。

两晋、南北朝是动乱的年代，同时也是各民族逐渐融合以及各种乐舞艺术相互交流、影响的时代。南北战争使大批舞伎流落民间，客观上造成了舞蹈文化的普及和民族文化的交融。

两晋、南北朝虽然战乱频繁、动荡不安，但上流社会崇尚乐舞的兴趣依旧盎然。"清商乐"就是当时最流行的乐舞。"清商乐"是中原地区的传统俗乐舞的总称，后经发展，其内容逐渐扩大，它包括了南、北方许多民间，歌舞，其中最著名的舞蹈是"白纻舞"。"白纻舞"起源于汉末，本是江南民间舞，因舞衣为白纻制成而得名。在《乐府诗集》中，可以看到许多文人为"白纻舞"所写的歌词。晋《白纻舞歌》中描写：

> 轻躯徐起何洋洋，高举两手白鹄翔。
> 宛若龙转乍低昂，凝停善睐容仪光。
> 如推若行留且行，随世而变诚无方。
> ……

南朝宋人刘烁《白纻舞词》写道：

> 仙仙徐动何盈盈，玉腕俱凝若云行。
> 佳人举袖耀青娥，掺掺擢手映鲜罗。
> 状似明月泛云河，体如轻风动流波。

这些生动的描写中，我们可以想象到："白纻舞"舞女身着"质如轻云色如银"的长袖舞衣，双袖高举，随着徐缓的节奏，迈着轻盈的舞步，像白鹄飞翔，舞袖拂动像白云飘浮，时而折腰转身，低昂翻转，如蛟龙漫游；时而脚步轻移，舞姿飘逸，好像被无形的手推引着行进，光彩照人，似明月浮动在云河；体态轻盈，如微风吹动了流波……多么优美动人的表演啊！可以和"白纻舞"相提并论的另一舞蹈是"前溪舞"。另外，还有许多风格不同的民族民间乐舞，在中原地区流传，大大丰富了中国的舞蹈艺术，为唐代舞蹈的高度发展奠定了基础。

唐代是中国古代经济、文化繁荣的鼎盛时期，其舞蹈艺术也有着高度发展和辉煌的成就。唐代舞蹈可谓集历代乐舞之大成，并在此基础上大量吸收各民族民间舞蹈及外国舞蹈不断发展创造，使中国古代舞蹈艺术达到最繁盛的高峰。

唐代宫廷设置了各种乐舞机构，有专管礼仪祭祀雅乐的太常寺；有专管雅乐以外的音乐歌唱、舞蹈、杂技等百戏的教习和排练演出事务的宫廷乐舞官署教坊；还有专门训练歌舞艺人的梨园。

唐代的礼仪乐舞，主要是在隋朝的"七部乐""九部乐"基础上发展起来的宫廷燕乐"十部乐"，即"燕乐""清乐""西凉乐""天竺乐""高丽乐""龟兹乐""安国乐""疏勒乐""康国乐""高昌乐"。这十部乐中，只有"燕乐"和"清乐"是汉族乐舞，其余八部都是来自中外各地的其他民族民间乐舞。太常寺对这些乐舞的乐制和舞制的名称、化装、曲名、乐器等都作了整理和规范，或用于外交，或用于庆典，或用于宴会，使其具有了鲜明的礼仪性。

唐代宫廷乐舞演出分为两类，即"坐部伎"和"立部伎"。"坐部伎"在厅堂内演出，规模小，人数少，3—12人不等，舞蹈比较精致，表演者技艺水平较高。"立部伎"在堂下立奏，在广场庭院中演出，规模大，人数多，常是64—180人，舞蹈讲究排场，气势雄伟。"坐部伎"有"燕乐"（包括"景云乐""庆善乐""破阵乐""承天乐"四部）、"长寿乐""天授乐""鸟歌万岁乐""龙池乐""破阵乐"六部，"立部伎"有"安乐""太平乐""破阵乐""庆善乐""大定乐""上元乐""圣寿乐""光圣乐"八部。歌颂唐太宗统一国家武功的"破阵乐"是坐立二部中最著名的舞蹈，驰名中外，曾传到印度、日本等国。据说，此舞是按李世民亲自绘制的《破阵乐图》编排。舞者披甲执戟，队形左圆右方，有种种变化。舞分三段，每段要变四个阵势。伴奏用"龟兹乐"，擂大鼓气势雄浑。整个舞蹈具有强烈的战斗气息和粗犷的阳刚之美。

上述礼仪乐舞，从政治与乐舞的关系来看，代表了唐王朝的国家水准，但从艺术欣赏价值来看，不免有些程式化。而更具艺术表现力和感染力的，应该说是一批表演性舞蹈。唐代表演性舞蹈按风格特色分"健舞"和"软舞"两大类。"健舞"动作敏捷刚健，节奏明快；"软舞"动作优美柔婉，节奏舒缓。

健舞中以"剑器""胡旋""柘枝""胡腾"最为著名。"剑器舞"是由民间剑术发展而来，著名舞伎公孙大娘最擅长此舞。杜甫曾描写道：

> 昔有佳人公孙氏，一舞剑器动四方。
> 观者如山色沮丧，天地为之久低昂。
> 熔如羿射九日落，矫如群帝骖龙翔。

来如雷霆收震怒，罢如江海凝清光。
……

"柘枝舞"是从中亚传来的民间舞，舞者要有纤细的腰身和特殊的技巧及才能。白居易曾作《柘枝妓》诗，刘禹锡曾有《观柘枝舞二首》和《和乐天柘枝》，都对柘枝舞的精彩表演进行过描写。"胡旋舞"是南北朝时从中亚传入中原的，到唐代成为风靡全国的舞种。白居易及朋友元稹也都曾作诗描写过这种"急转如风"的舞蹈的高度技巧和优美的旋转舞姿。"胡腾舞"是从西域传来的民间舞，表演者大都是西部民族的男子，动作主要是脚部的跳跃和急促的蹲舞踢踏。

软舞类中以"绿腰舞"最著名。"绿腰"又称"录要""六么"，是女子独舞。唐朝诗人李群玉在《长沙九日登东楼观舞》中对此舞作了描写：

南国有佳人，轻盈绿腰舞。
华筵九秋暮，飞袂指云雨。
翩若兰苕翠，婉如游龙举。
越艳罢前溪，吴姬停白纻。
……

从诗中可见，绿腰舞女飞舞长袖舞姿轻盈，足令"前溪舞""白纻舞"逊色。在五代南唐的《韩熙载夜宴图》的画面上，有标明"王屋山舞绿腰"的场面：舞者王屋山身着袖管窄长的舞衣，背对观众，从右肩侧过半个脸来，微微抬起的右脚正要踏下去，双手背在身后，正欲向下分开，把她的长袖飘舞起来。这幅古画使我们在千年之后还能看到"绿腰舞"的一个姿态，同时也可见"绿腰舞"影响深远。

唐代的表演性舞蹈比较著名的还有"春莺啭""凌波曲""菩萨蛮"等。无论是健舞，还是软舞，都是唐代舞蹈中最重要的组成部分。它们以丰富多彩的风格和体裁，赢得了当时各阶层人民的喜爱，它们凝结了各民族人民的艺术创造精神，并产生了广泛的国际影响。这些舞蹈流传久远，至今在我国的民族民间舞蹈中，还能见到它们的踪迹和影响。

在唐代所有的舞蹈节目中，最为辉煌的莫过于"霓裳羽衣舞"。著名诗人白居易赞叹："千歌万舞不可数，就中最爱霓裳舞。""霓裳羽衣"属唐代歌舞大曲类，是由音乐、舞蹈、诗歌三者相结合的多段歌舞曲。舞蹈开始以前，由乐队奏出节奏自由、悠扬动听的"散序"六遍。进入"中序"后，舞蹈开始。白居易作诗描写此舞"飘然转旋回雪轻，嫣然纵送游龙惊；小垂手后柳无力，斜曳裾时云欲生"。可以想象，舞蹈者飘然旋转如飞雪轻盈飘旋，流畅行进中蓦然回身似游龙婉转，优美的"小垂手"后弱柳般娇柔无力，再曳裾急行，就像一片白云浮起。那飘飘欲仙的舞姿极其动人。"中序"之后，进入"曲破"，节奏加快，舞蹈者的环佩璎珞在急快的舞蹈中跳跃闪动，然后快节奏突然收住，舞蹈者像鸾鸟收起翅膀一样在"长引一声"的慢音乐中结束舞蹈。

相传"霓裳羽衣舞"的乐曲是唐明皇在吸收印度《婆罗门曲》基础上创作而成，而根据乐曲编排出的舞蹈又以杨贵妃的表演最著名。舞蹈采用了传统"小垂手"的优美舞法，又融进了西域舞蹈中精彩的旋转技巧，再加上美妙动听的音乐，确实让人如临缥缈的仙境，如见绰约的仙女。"霓裳羽衣舞"不愧为中国舞蹈史上一颗璀璨的明珠。

此外，唐代还有许多与节日习俗，宗教习俗紧密联系的民间舞蹈，许多传统节日和宗教活动中都有重大而热闹的歌舞活动，如元宵节、踏歌、庙会、赛神等。这些民间歌舞中有一些是用歌、舞、戏相结合，表现一定人物和情节的歌舞戏，如"大面""拨头""踏谣娘"等，这些歌舞戏为后世戏曲的发展奠定了基础。

唐代舞蹈在社会繁荣昌盛的条件下，广泛吸收国内外各种舞蹈的养分，大大丰富和提高了舞蹈艺术水平，创造了我国封建社会时期舞蹈艺术发展的辉煌成就。

宋代宫廷的歌舞规模远不如唐代宏大。在继承唐代歌舞大曲的基础上，宋代大曲有所发展变化。宫廷演出以"队舞"为基本方式。唐代有名的"柘枝舞""剑器舞"等，也都发展成队舞，队舞的设计安排很费心思，演出的程序有一定的格式，并加进许多歌功颂德的致语或歌唱，把大曲和诗歌、朗诵结合起来，表现一定的故事情节。这种故事性的歌舞，为中国戏曲艺术的形成铺开了道路，是舞蹈艺术在宋代的新发展。

相对而言，宋代的民间舞蹈却更加兴旺活跃。由于商品经济的繁荣，城镇的娱乐行业也日益兴盛，许多城镇出现了固定的娱乐场所——瓦子（也叫"瓦市""瓦舍"），瓦子里用栏杆围起来专门表演节目的地方，叫

"勾栏"或"游棚",这为民间艺术的剧场化创造了条件,促进了民间舞蹈向表演艺术的演进。瓦子里的演出技艺繁多,有杂剧、杂技、皮影、说唱、傀儡、散乐等,舞蹈性的节目有舞旋、舞番乐、耍大头、花鼓、舞剑、舞判、舞刀、舞蛮牌、扑旗子、扑蝴蝶等。

除了在瓦子里演出外,每逢节日,许多艺人结成声势浩大的舞队,涌上街头,游行表演。宋代这种民间舞队也叫"社火"。"社火"舞队表演的节目很丰富,其中舞蹈性较强的主要有:扑蝴蝶、鞑靼舞、旱龙船、竹马儿、村田乐、鲍老等。这些舞蹈生活气息浓郁,生动活泼,对后世民间歌舞影响很大,有的流传至今。

元明清时期,舞蹈作为独立的艺术形式似有衰落之势,取而代之的是戏曲的兴起。但是舞蹈作为戏曲艺术的重要构成因素,始终与戏曲保持着密切的关系,许多戏曲中都有舞蹈表演。如元杂剧《梧桐雨》中就有杨贵妃登盘舞霓裳的表演;明代传奇《浣沙记》中西施歌舞的场面也很精彩;明清盛行的昆曲,更是进一步把舞蹈融合在歌唱和戏剧的表演中,凡是成功的戏曲演出,都要求演员具备扎实的舞蹈功夫。戏曲舞蹈在长期的发展过程中,继承了古代舞蹈的优秀传统,融汇了民间舞蹈、杂技、武术之精华。经过各代艺人的千锤百炼,舞蹈的动作渐渐地形成了一定的格式,形成了一整套程式化的戏曲舞蹈表现手法和训练、表演体系。

元朝时,蒙古贵族封建统治者,把舞蹈作为宫廷的专门享受,宫廷乐舞极其铺张。"十六天魔舞"为当时最著名的宫廷舞蹈。而民间舞蹈在元朝不仅得不到扶植和发展,反遭受禁锢和打击。由于某些宗教活动和一些无法禁止的习俗,才使有些从宋代流传下来的民间舞蹈得以传衍到后代。

明清两代的封建统治者对民间舞蹈仍采取种种压抑和禁锢,但由于中国民俗的强大力量和中国老百姓对舞蹈艺术的酷爱与执着的追求,许多民间舞蹈仍然流传于民间,而且表演的技艺不断精进,表演的项目也不断创新。当时在南北各地流行的汉族民间舞蹈主要有:各地的秧歌舞、各种各样的鼓舞、各式灯舞、龙舞、狮舞、扇舞、高跷等。这些民间舞蹈的流传,为现代舞蹈工作者创作出更多的富有中国民族特色的舞蹈作品留下了宝贵的文化遗产。

中国是一个统一的多民族的国家,在中国源远流长的舞蹈文化传统中,少数民族的舞蹈是极其重要的源流。各少数民族乐舞的传播和流传,客观上促进和推动了中国舞蹈艺术的发展。早在周代,就有宫廷设置的

"四夷裔乐"，就是四方各兄弟民族的乐舞，而且历代宫廷都沿袭下来。汉代张骞出使西域以后，西域乐舞杂技传入内地，新疆的"于阗乐"深受汉族人民的喜爱。还有西南少数民族的"巴渝舞"，在汉代影响就更大了。两晋南北朝是各族乐舞大交流的时代，也是各族舞蹈相互影响交融的时代。唐代乐舞大量吸收兄弟民族及外国乐舞的优点。宋代的"舞番乐""鞑靼舞"以及从唐代流传下来的"柘枝舞"都是兄弟民族乐舞在汉族地区的流传结果。

56个民族都有各自独特的民族舞蹈风格，每个民族都有一部自己的民族舞蹈文化史话，它们共同构成了中华民族的舞蹈文化。各民族的舞蹈与他们的劳动、生活和风俗习惯有极密切的联系，具有浓厚的民族特色和生活气息。中国的维吾尔族、蒙古族、藏族、苗族、朝鲜族、傣族、瑶族等素以能歌善舞著称。至今许多民族都保留着本民族经千百年流传下来的传统舞蹈。如"歌舞之乡"新疆维吾尔族古老的大型歌舞曲"十二木长姆"，据说已有1300多年的历史；抒情优美、婀娜多姿的"赛乃姆"也历史悠久。如果说新疆维吾尔族舞蹈节奏欢快，热情奔放，那么蒙古族舞蹈则气势磅礴，雄健有力，同时也有一些优美的抒情舞蹈，"安代舞""筷子舞""灯舞""盅碗舞"都是其传统舞蹈。藏族的"锅庄舞""弦子舞""踢踏舞"也都有悠久的历史，而且各具风格，有的节奏缓慢，舞姿舒展；有的节奏急促，激烈奔放；有的优美柔和；有的矫健有力。相传苗族舞蹈起源于模拟鸟的动作，其早在《晋书》中就有记载了；"芦笙舞"也是在苗族人民中流传最广、最普遍的一种舞蹈，《广舆胜览》中即载有苗族"芦笙舞"图。"巴拉莽式"是满族最有原始遗风的舞蹈，它与清代流行的"莽式"具有直接的源流关系。另外，朝鲜族的"长鼓舞""农乐舞"，傣族的"孔雀舞"，瑶族的"鼓舞"，黎族的"钱铃双刀舞"，壮族的"扁担舞"，彝族的"阿细跳月"，高山族的"杆舞"，土家族的"摆手舞"等，都是各民族具有悠久历史的传统舞蹈。

中国五千年的文明史，孕育了灿烂的舞蹈艺术，中国古代舞蹈艺术的发展，又更加丰富了中国的古代文化。回首几千年来中国古代舞蹈艺术发展的踪迹，我们深感中国的舞蹈艺术源远流长。从各时代、各民族绚丽多彩的舞蹈艺术中，我们更加感受到中华民族舞蹈传统的博大深厚。它不仅仅为当今我国舞蹈艺术繁荣兴盛打下了坚实的基础，而且更为我国舞蹈艺术走向更加瑰丽灿烂的明天创造了条件。

绘画文化

水墨丹青画空灵　点线泼染着意趣

　　中国画，以它悠久的历史，特有的形式与技巧、表达了东方人的思想情感和审美情趣。以中国画为主的东方绘画与西洋绘画形成了东西方两大艺术体系。从绘画主题说，古典西洋绘画以宗教题材为主，宣扬宗教教义，而中国画侧重于对自然的情感写照；从绘画方式说，古典主义的西洋绘画强调对物象的纯客观的描述，而中国画更注重画家的主体感受和笔墨意趣。因此，东、西方绘画的技法便产生了非常明显的差异，西洋画一般采用焦点透视，而中国则采用多点透视法；西洋画构图追求充实，而中国画注重空灵，西洋画注重用色块来表现光的明暗，而中国画则用线条和墨彩来体现物的质感。

　　中国绘画的源头可以追溯到上古岩画和原始彩陶，但是有据可考的开始具备国画特点的绘画作品应从战国的两幅帛画算起。1949年长沙楚墓中出土的一幅《人物夔凤图》和1973年的一幅《人物龙舟图》，虽然对绘画的主题尚有不同的见解，但是，其流畅的线条、准确的造型无疑已经开创了中国画以线条来表达主题的先河。马王堆出土的汉代帛画的构图更繁复，技法更成熟，天上、人间、地狱、神灵、鬼怪、异兽、珍禽，婉转绵长的线条和绚烂鲜亮的色彩表达了汉代人的宇宙观。

　　魏晋南北朝是中国历史上一个动荡的年代，也是追求个性解放和精神自由的时代。反映在绘画上，一方面是佛教题材的繁荣，另一方面是追求"神""意"的人物画的巨大成功。佛教绘画以现存敦煌壁画为代表，《萨埵那太子舍身饲虎》《鹿王本生》等本生故事连环画以质朴、强烈的色彩向苦难的世人昭示佛法的伟大。以顾恺之为代表的人物画家用灵动飘逸的线条塑造了超脱尘世的人物形象。现存的《洛神赋图》《女史箴图》《列女仁智图》虽然都是后人摹本，但还是能从中体味到六朝人那种空灵、含蓄之美来。

六朝时代出现了关于绘画的理论。谢赫在他的《古画品录》中提出了著名的"六法论"：气韵生动，骨法用笔，应物象形，随类赋彩，经营位置，传移模写。"六法论"奠定了中国绘画理论的基础。

隋代历时虽短，绘画创作却已出现向新的高峰发展的迹象。出现了一批承上启下的画家，如展子虔、董伯仁、杨契丹、郑法士等。展子虔的山水画突破了早期绘画"人大于山，水不容泛"的稚拙画风，进入了"青绿重彩，工细巧整"的新阶段，后人誉为"唐画之祖"。今传《游春图》卷是我国现存最早的一幅山水卷轴画，此图以细线勾描，没有皴笔，山水重着青绿，山脚则用金泥；大树多用勾勒，小树直接点厾；人物用笔点成，再用线条勾出衣褶。开创了后世青绿山水画的先河。

唐代据文献可查的画家近四百人，他们在人物、山水、花鸟各方面都取得了重大成就。

人物画在唐代独领风骚，为各画科之首。画家题材既有道释人物，也有现实中的人物肖像和宫廷仕女。早期的阎立本的画作多为纪实性作品，如《步辇图》《凌烟阁功臣图》《历代帝王图》。《步辇图》写唐太宗接见吐蕃松赞干布使者禄东赞的情景。李世民端坐步辇之上，九名宫女仪态多方，禄东赞谦恭谨慎而又不失使者风度。整幅作品以写实手法记录了这一重大历史事件。盛唐画家吴道子的人物画线条圆转有致，粗细变化如莼菜条，衣带飘扬，有"吴带当风"之誉。中国画人物科到了吴道子已达到一个高峰，后世称其为"画圣"，人物画莫不遵从其法。中唐张萱、周昉将人物画的视点从神佛帝王转向了宫廷仕女，其仕女画纤秾富丽，真实地反映了当时贵族妇女的情态。人物画至此，已由宗教的和政治的颂扬完全地转向了对纯粹的美的描述。晚唐孙位《高逸图》画竹林七贤中的四人列坐林间，神情孤傲高古，后世画家多有此类主题以表达中国文人固有的出世思想。五代人物画家周文矩的《重屏会棋图》、顾闳中的《韩熙载夜宴图》表现了文人雅士的雅集和官僚的声色，各臻其妙。

唐末五代花鸟画已经成为独立的画科，画家们在写真的基础上对物象进行美的加工，运用勾勒、填彩等技法，再现了现实生活中的美丽。后蜀黄筌父子和南唐徐熙均为一代宗师，今传黄筌《写生珍禽图》工笔重彩，描绘了二十多只禽鸟、昆虫，为稀世珍品。

山水画至唐开始向两个方向发展。以李思训李昭道父子为代表的北宗继承了隋代展子虔的画风，创造了金碧青绿山水一派。以王维为代表的南宗潜心于水墨渲染之法，将诗味禅意引入画中，深为士大夫推崇，为后世文人画先声，被誉为文人画之祖。五代的山水画家"荆、关、董、巨"承前启后，写北方山水则静穆雄浑，写南方景物则平淡天真，宋元山水的巨大成就无不以此为源头。

宋代一方面是宫廷画院的设立，法度谨严，写实的"院体画"得到很大发展；另一方面，寄托情意、笔墨创新的文人绘画也颇可重视。

宋代"院体画"将审美的目光更多地投向了现实世界，花鸟小品将大自然中的一枝花，一只禽鸟惟妙惟肖地表现出来，社会风俗画大为兴盛，出现了许多传世名作。张择端的《清明上河图》以长卷形式，将北宋都城汴梁早春时节的繁华景象展现了出来。李嵩的《货郎图》货郎担上上百种玩具皆清晰可辨，李成的《村医图》描绘了村医为农民动手术的一个场景。就连山水画中也更多地出现了世俗的成分，马远的名作《踏歌图》在秀美的山水中出现了踏歌而行的农者形象。其他山水大家李成、范宽、郭熙、李唐、夏珪的作品里也多有渔樵行旅。

宋代是文人的时代，文人们在花鸟画领域里开拓了以笔墨写性情的文人画风。苏东坡的竹木怪石，扬无咎的梅花，文同的墨竹，赵孟坚、郑思肖的兰花都是画家以所描绘的对象寄托个人的情思，笔墨意趣与工谨的院画大不相同。苏轼一生不得意，将满腔幽愤都寄托于枯木怪石中。米芾评其《枯木竹石图》说："子瞻作枯木，枝干虬屈无端，石皴硬，亦怪怪奇奇无端，如其胸中盘郁也。"① 郑思肖宋亡后画兰常无土露根，人问其故，说："土为番人夺去，忍著耶！"表现了自己的高洁不屈的情操。② 米芾、

---

① 米芾：《画史》，《中国书画全书》（第一册），上海书画出版社2000年版，第983页。
② 郑思肖（1241—1318），原名少因，南宋亡后改名思肖，字忆翁，号所南，连江（今属福建）人，宋末爱国诗人、画家，名列苏州贤士林。元军南侵时，曾向朝廷献抵御之策，未被采纳。以后客居吴下，寄食报国寺。郑思肖痛心疾首，孤身隐居苏州，终身未娶。南宋灭亡后，郑思肖学习伯夷、叔齐不食周粟的精神，不臣服蒙元的统治，自称"孤臣"。因肖是繁体赵字"趙"的构成部分。而赵又是宋朝国姓，所以改名思肖，又改字忆翁，号所南，以示不忘故国。郑思肖还将自己的居室题为"本穴世界"，拆字组合，将"本"字之"十"置于"穴"中，隐喻"大宋"二字。自南宋灭后，他所画的兰花根都露在外面，没有土，被称为"露根兰"。人问其故，他回答说："土地已经被人夺去了，你们都还不知道吗？"他曾画了一卷长丈余、高约5寸多的墨兰，天真烂漫，超出物表，画旁题诗："皆险异诡特，盖所以抒写其愤懑云。"郑思肖亦工墨竹，多写苍烟半抹、斜月数竿之景。其画存世者有《国香图卷》《竹卷》等。由于郑思肖的画寄托了爱憎之情，独具一格，其艺术手法也为后世文人画家所推崇。元代倪云林题其墨兰云："秋风兰蕙化为茅，南国凄凉气已消。只有所南心不改，泪泉和墨写离骚。"曹景年编著，赵学文、曹韧、续小强总主编：《忠义中国》，山西教育出版社2012年版，第31—32页。

米友仁父子的"米家山水"一改前人以线条勾皴的传统手法,用水墨点染出江南山水的迷蒙之态,更好地表现了文人的笔情墨趣。

元代,文人画大盛,其原因,一是画院制度的取消,使院体画家失去了依傍,二是元代民族矛盾下,知识分子采取不合作态度,将建功立业的雄心更多地转向自我人格的塑造上,文人绘画恰恰适应了这一需求。文人绘画在创作上重视绘画中的书法趣味和诗、书、画的结合,强调笔墨意趣,审美趣味侧重"古意"和"士气",于是,更能抒发画家情感。山水、花鸟画在元代成为绘画主流,人物画则相对寂寞了。

元代山水画初期以赵孟頫、钱选、高克恭为代表,在复古中能够形成自己的风格。后期有"元末四大家"黄公望、吴镇、倪瓒、王蒙将中国山水画推上了顶峰,以致后世画家拘囿其中,不能再有更大创新了。黄公望浅绛山水浑厚圆润,水墨山水则萧散苍秀,《富春山居图》长卷为其杰作。倪瓒首创"折带皴"法。作山水多用平远法,空屋无人,萧疏淡远,正能勾动失意文人孤独寂寞的情怀。

花鸟画继承了宋代苏轼等人风格,更多以梅、兰、竹、菊等四君子题材来表现自己的清高气节。王冕的梅花纯用墨染,自题诗说:"吾家洗砚池头树,朵朵花开淡墨痕。不要人夸颜色好,只留清气满乾坤。"反映了画家孤清高洁的品格。柯九思的竹石疏朗清润,以书法入画,"写干用篆法,枝用草法,写叶用八分法,或用鲁公撇笔法,石用金钗股,屋漏痕之遗意"。后世文人画家,每以"四君子"题材来表达自己意趣,附庸风雅者也以能撇几笔兰、竹而自我标榜。可以说、梅、兰、竹、菊的绘画题材在形成中国传统人格上起了不小作用。

元代人物画发展较缓慢,但也出现了任仁发、张渥、卫九鼎、王泽等有一定成就的画家。值得一提的是元代民间画家的道、释壁画在继承唐吴道子画风基础上创作出了辉煌的艺术品。山西永乐宫的元代壁画成为继敦煌壁画后又一杰作。

明代绘画因袭复古之风很盛,因师法不同而形成了诸多流派。"浙派"是明代前期主要画派,取法南宋马元、夏珪,其代表人物戴进所作山水雄健挺拔、纵横恣肆,《风雨归舟图》《春山积翠图》为其代表作。"浙派"另一代表人物吴伟由于吸收了民间绘画而被某些文人画家讥为"野狐禅"。嘉靖时,以沈周、文徵明、唐寅、仇英为代表的"关门派"在苏州崛起,他们师从于元四家,一改"浙派"粗豪为秀润。沈周为此派宗师，文、唐、仇皆出其名下。明后期，以董其昌为代表的"华亭派"占据了晚明画坛。董氏画作出入于宋元大家之间，能以书法的笔墨意趣融入绘画之中，平淡天真，清隽雅逸，是其文人画理论的具体实践。

明代水墨花鸟画得到了极大发展。文人画家颇以画兰竹为雅事，更有专画一种——如王绂专画墨竹，号称"国朝第一"。徐渭一生不幸，将满腔悲愤都挥洒于所画水墨花卉中。他的画作如墨荷、葡萄、石榴，水墨淋漓，开后世大写意的先河。后世画家朱耷、石涛、郑板桥、齐白石等对他推崇备至，时人却不能理解，"笔底明珠无处卖，闲抛闲掷野藤中"。

明代人物画前期仍以继承传统为主，直到明末陈洪绶的出现，才一改因袭风气。洪绶号老莲，所作人物大胆夸张，神情高古，十几岁时所作《屈子行吟图》将屈原落魄孤高，行吟江畔的形象表现得淋漓尽致。在版画艺术上，也取得了极大成就，《水浒叶子》《博古叶子》《西厢记》插图都是中国版画史上的精品。

清代画坛复古与革新两股潮流仍在继续消长。清初，以王时敏、王鉴、王翚、王原祁为代表的复古派，因袭复古，一味从古人笔墨中讨生活，由于受到皇室推崇，被尊为山水画的正宗，但是技法的熟练和笔墨的意趣掩饰不了个人生命力、创造力的消失。而号称"四僧"的石涛、朱耷、髡残、弘仁和以龚贤为首的"金陵八家"在政治上拒绝合作，在艺术上主张抒发个性，反对陈陈相因，创作了大批风格独特，感情强烈的作品。石涛山水不师从古人，转向造化中寻找奇趣，画作不拘泥于一家一法，笔法恣肆，洒脱淋漓，其名作《搜尽奇峰打草稿》墨色苍茫，直扑人面，很能代表其风格。朱耷为明遗室子孙，自署"八大山人"，暗寓"哭之笑之"之意，他的花鸟画造型夸张，构图险怪，寄托了作者孤傲苍凉的心境，惊世骇俗。

康、乾时活跃在扬州的八个画家，号称"扬州八怪"的画家群体。金农、黄慎、郑燮、李鱓、李方膺、汪士慎、高翔、罗聘、华嵒、高凤翰、边寿民等，具体确指哪八位画家说法不一，各自风格也不尽相同，但他们却都注重个性的发挥，为作品赋予了强烈的感情色彩。郑燮笔下的兰竹表现了自己高洁孤直的气节。金农的山水、人物、花鸟俱精，用笔参以金茂，笔墨稚拙古茂，别是一番风味。罗聘《鬼趣图》借鬼讽喻，开后世漫画先河。

鸦片战争以后，上海成为东南地区经济、文化中心，一批画家集聚沪上，画作适应市民阶层的审美需求，创造出了清新活泼的"海上画派"，从而打破了数百年文人画统治画坛的局面。代表人物是任伯年和吴昌硕。海派绘画能从大俗中求得大雅，为现代齐白石老人提供了丰富的营养。

中国画至现代，更是名家辈出，各具特色。古老的文化传统与现代审美意识的冲撞与结合，东西方绘画理论、技法的互相借鉴，产生了黄宾虹、张大千、徐悲鸿等一代大师。越来越多的西方人开始认识到中国画的独特魅力。中国画将会开辟新的天地。

藏书文化

源远流长文明之舟　博大精深文化宝库

五千年中华民族的发展史创造了博大精深的华夏文化。中国古代典籍之丰富居于世界之首。藏书是保存古代典籍，使文化得以流传下来的重要手段。古代藏书主要包括国家藏书（俗称官藏）、私人藏书（又称私藏）、书院藏书三种方式。从文字的产生、书籍的出现到现代图书馆的建立，我国古代藏书经历了漫长曲折的发展过程。

原始社会末期，中国产生了文字。殷商时代，古人把文字刻在龟甲兽骨上或铸刻在青铜器上，产生了我们现在见到的甲骨文与铜鼎文。这些甲骨或刻有铭文的青铜器虽被赋予图书的某些功能，但并不是严格意义上的图书，因而也谈不上藏书。

真正的藏书是从简牍与帛书开始的。古人把文字写在经过加工的竹木条（称为简）上，用绳子按顺序把简编起来成为简册。我们现在可以看到的最早简册是西汉末年在孔子住室墙壁中发现的《尚书》《礼记》《论语》《孝经》等著作，史称"壁中书"。帛书也叫缣书，是把文字写在丝织品上的图书，如1942年出土的战国缯书，但帛书造价太昂贵，古代流行的书籍还是简册。

中国最早的藏书是官藏。早期图书与档案并没有严格的区别，一般由史官保存管理。在春秋时期，已经有了图书馆的雏形——藏室。著名思想家老子就曾担任东周王室的守藏室之史。

春秋战国时代处于奴隶社会向封建社会过渡时期，思想特别活跃，出现了诸子"百家争鸣"的局面。各家出于本身学术的需要，开始收集图书，产生了早期的私人藏书。史书上关于墨子"有书三车"，苏秦"陈箧数十"及成语"学富五车"的记载都可以看出这一时期私人藏书的情况。

秦始皇统一六国后，收缴六国藏书并在咸阳设置了专门的藏书机构。

秦的藏书处叫石室，置放书册的柜子叫金匮，并有专门掌管典籍藏书工作的御史。

秦始皇统一了六国文字，另外隶书在当时社会下层也流行起来，这样克服了书写传播的障碍，书籍大量增加，私家藏书也较为普遍。公元213年，秦始皇"焚书坑儒"，将私家藏书几乎全部收缴或烧毁，古代文化及藏书经历了一次空前的浩劫。

焚书令颁布之后，不少人进行了抵制。他们将书或者深埋地下或者藏于深山或者砌于墙壁之中，对于保存中国图书做出了贡献，前文提到的"壁中书"即是一个很好的例证。

公元前207年农历十二月，项羽继刘邦之后率军攻入关中，纵火焚烧秦宫，大火三月不熄，皇家藏书也随之化为灰烬。不到六年间两把大火把远古到秦的大量典籍付之一炬，造成了文化史上永远不可弥补的损失。

汉代是中国藏书制度确立的时期。早在刘邦开国之初，萧何修建未央宫的同时也专门修建了石渠阁、天禄阁，麒麟阁三座国家藏书楼，收藏第一次进咸阳时，萧何从秦丞相府、御史府收集的书籍。三阁中用石块砌成"石室"，已充分考虑了防火、防潮的因素。到了武帝时又在宫内增设了延阁、广内、秘室三个藏书处，而且在宫外，太常、太史、博士及兰台等机构也有大量藏书。

在管理上，西汉时由御史中臣、太常、太史等兼管图书。从东汉桓帝时开始，国家藏书设置了专门管理机构——秘书监，职官有兰台令史、东观郎、校书郎以及秘书监等。从此，国家藏书的管理工作走向正规化。

两汉统治者比较重视文化。鉴于国家藏书甚少，历代帝王从民间各地进行了多次征书与献书。特别是汉武帝时期，从"罢黜百家，独尊儒术"实现思想文化的大一统出发，于公元前124年开始，开献书之路，大合天下之书。这一措施得到了河间献王刘德等人的响应。不少在秦始皇焚书时，埋藏于地窖、墙壁、深山里的书简被发掘出来，纷纷献上朝廷。一时国家藏书大量增加，"积如丘山"，只可惜王莽篡权时一把大火，宫内藏书化为灰烬。这是历史上第三次藏书大劫难。东汉时，光武帝刘秀"先访儒雅，采求阙文，补缀漏逸"，章、明两帝又"诏求亡失，购募以金"，国家藏书有了较大增长，达到6000多车，分藏于东观、兰台、石室、仁寿阁及宣明殿、辟雍及鸿都等处。

汉代私家藏书并不很多，只有少数诸侯王或一些官宦学者，如淮南王刘安、刘向父子、蔡邕等人拥有大量藏书。蔡邕是中国第一位藏书近万卷的藏书家。当时私人藏书主要是靠国家赐书或个人采购等手段。在当时适应私人购书的需要，出现了早期的书店氏——书肆。在《后汉书》中就有王充"常游洛阳市肆，阅所卖书"的记载。这一时期的献王刘德继朝廷征书之后，高价向民间征书，在先秦古文旧书的收藏方面取得一定成就。

随着国家藏书的增加，整理图书被提上日程。特别是那些从民间献上来的书简，因埋藏日久，简编断落；再加上同一种书缮本也很杂，亟须对藏书进行整理、校勘和编目。早在汉初，张良、韩信就对兵法类书进行了整理。汉武帝时出于对外用兵的需要，整理编制了军事书籍。汉成帝河平三年（前26），成帝"诏光禄大夫刘向校经传、诸子、诗赋，步兵校慰任宏校兵书，太史令尹咸校数术侍医，李柱国校方技，每一书已，向辄条其篇目，撮其指意，录而奏之"。开始了国家藏书第一次正式的大规模的整理。刘向死后，其子刘歆继续这一项工作。经过他们的长期工作，中国历史上国家书目的开山之作——《别录》《七略》产生了。

《别录》亦称《刘向别录》，是将所整理校定的图书每部写一个提要，并说明这部书的整理过程，其中包括作者生平、主要思想、内容提要及对该书的评价等内容。《别录》共校定图书13000多卷，开拓了古代藏书史的新篇章。

《七略》是刘歆在《别录》的基础上编出的图书分类总目录。它是中国第一部系统的综合性国家藏书目录。在《七略》中第一次将藏书分为六艺、诸子、诗赋、兵书、术数、方技六大类，以下又分38小类，603个细类。不仅在我国藏书史上，而且在世界上《七略》也是最早的较为系统和科学的分类。

到了东汉时期，班固撰写了《汉书·艺文志》，他从史志目录的角度，开创了我国目录学的新形式，专门记载了西汉图书的总目录。从此，"艺文志"或"经籍志"载入正史，更便于研究各时代的书籍。《别录》《七略》现已失传，《汉书·艺文志》成为我国现存最早的综合性国家藏书目录。

随着藏书的发展，汉代政府出于统一思想的目的，还对儒家经典进行了统一的解释、刊定。

从汉武帝"罢黜百家，独尊儒术"之后，儒家经典成为政治决策和解决重大问题的依据，但是社会上对儒家经典的解释并不一样，思想不能统一。汉宣帝甘露三年（前51），汉宣帝在石渠阁亲自主持召开了会议，统一了对儒家主要经典的解释并向全国颁行。

东汉时期，出于仕进考试及政治上"引经断事"的需要，汉灵帝刘宏在熹平四年（175），命蔡邕把《诗》《书》《仪礼》《易》《公羊传》《论语》七种经典用朱笔写在石碑上，让石工雕刻成碑文，历时八年完成，矗立于鸿都门的太学门外，史称《熹平石经》。

在图书的流通方面，出于巩固皇权，维护政治大一统的需要，两汉对藏书控制特别严格，除太常、太史、博士等官外，其他人员未经皇帝许可不得私借抄录，否则便给予严厉的制裁，甚至皇上的叔父也不例外。

纸张的发明是我国藏书史上的一件大事。汉简书太笨重，给收藏与阅读带来了很多不便，而帛书又太昂贵，普通人家收藏不起。纸张的发明不仅为书写提供了新材料，也便于收藏和管理。东汉元兴元年（105），蔡伦对前代造纸工艺进行了改进，造出了平整光滑适于书写的纸张，为图书形式从简、帛到纸书的转变提供了物质基础。

魏晋南北朝时期，图书的形式处于从简、帛、纸并行逐渐走向以纸书为主的过渡阶段。《三国志·魏文帝纪》注中记载，曹丕把他的著作写成帛书与纸书两套，帛书赠给孙权，纸书给了张昭，由此可见当时帛、纸并存。到了东晋元兴三年（404），桓玄废晋安帝，自立为帝，改国号为楚。桓玄帝亲下诏令废简用纸，从此，纸书取代了简牍成为主要的图书形式。

这一时期，政局动荡，社会秩序非常混乱，但文化却继续发展进步。由于楷书的通行和纸张的普及，藏书特别是私人藏书有了较快的发展。

魏晋南北朝时期的国家藏书处于旋聚旋失的局面。汉末董卓作乱，皇室藏书丧失殆尽。后来三国的曹操、晋代的司马炎、南朝的刘裕、萧赜、萧衍、萧绎、北朝的孝文帝等人在收集图书方面虽取得一定成绩，但都毁于一次又一次的战乱。特别是梁元帝萧绎在北魏破城之时，感到"读书万卷，犹有今日"，竟下令将所聚古今图籍十四万卷全部付之一炬！

值得一提的是这一时期战国汲冢书的发现与整理，大大丰富了中国的古代典籍。这一时期的藏书管理基本因袭了汉代的制度，没有大的变化，但在图书分类、编目上取得了进展。在魏时，郑默等人编著了国家书目《中经》（此书现已遗失）。晋武帝时，著名学者荀勖编著了《中经新簿》。在这部书中，第一次把图书分为甲、乙、丙、丁四类，分别代表经、史、子、集，"史"第一次被提到了与经、子相并列的地位。东晋时，李充本着荀勖的分类思想，直接以经、史、子、集为序。这种四部分类法一直被后世沿用，成为中国古代图书，编目的主要方法。

纸张的出现，使书籍便于缮写与保存，这一时期私家藏书跟两汉相比有明显的发展。涌现出王弼、王粲、白朗、张华、辛术等大批藏书家。他们的藏书少则数千卷，多则十多万卷，对于保存古代文化做出了巨大贡献。据《晋书·张华传》记载，张华搬家时"载书三十乘"，而且不少为"天下奇秘，世所稀有者"，以致秘书监选定国家藏书时也不得不靠张华藏书的一些缮本来校正。为了这些藏书，古人不知费了多少心血。史书记载，南朝时袁峻早年父母俱丧，家贫无书，但他勤奋好学，常常从别人处借来书籍，自己抄写，每日15张纸，数量不够绝不停下来。三国时，蜀国藏书家白朗八十多岁还亲手校书，"刊定谬误，积聚篇卷，于时最多"。《南史·丘巨源传》记载，虞和家贫屋漏，他恐怕雨水浇湿图书，便打开被子，将书盖上，结果"书获全而被大湿"。正是有千千万万个袁峻、虞和，古代文化典籍才得以在长年的战乱纷争中流传下来。

魏晋南北朝时期，藏书在流通上有了很大发展。不仅国家藏书可以私人借阅，而且私人藏书也有很多可以借阅。三国时，王粲年逾八十仍然"开门接宾，诱纳后进"。西晋范蔚家不仅常有远近百余名读者前来他家看书，他还为读者准备饭食。南齐的崔慰祖"好学，聚书至万卷，邻里年少好事者来假借，日数十，亲自取与，未尝为辞"。这些藏书的善举对文化的传播起了非常大的作用。

隋唐五代时期，雕版印刷术的发明，使我国图书形式发生重大变化，由前期的卷轴写本演进为册装写本。现在最早的雕版印刷本《金刚经》在唐懿宗咸通九年（868）就已刊刻印行。到后唐，明宗长兴三年（932），政府开始雕版印刷《诗经》《尚书》《仪礼》《周礼》《礼记》《易经》《春秋左氏传》《春秋公羊传》《春秋穀梁传》等九种经书。明代学者胡应麟在《少室山房笔丛·经籍会通》中说："至唐末宋初，钞录一变而为印摹，卷轴一变而为书册，易成、难毁、节费、便藏，四善具焉。"印刷术的发展为藏书事业开拓了广阔的前景。

隋唐时期，打破了门阀士族垄断仕途的局面，注重文治，实行科举，大大提高了知识分子的地位，直接推动了藏书事业的发展。

早在隋代，国家就收集了大量的藏书。隋炀帝时期，收集、整理、补全了大量的国家藏书并增加了图书的复本量,分藏于长安及东都洛阳等地,数目累至 30 余万卷。只可惜隋末唐初两次沉船,大部散尽。唐代沿袭前代制度设弘文馆、史馆、集贤院三馆负责整理、刊辑、收藏图书,在管理体制上更加完善。在秘书监的人选上,更注重选用学识渊博、品德高尚的名士。尤其是在开元盛世时,国家藏书获得很大发展。唐朝后期,经安史之乱、黄巢起义、藩镇割据,藏书再一次遭到巨大损失,所剩无几。五代时,也有几个帝王大力收集图书,但历经战乱,损失很大。南唐后主李煜在金陵陷落之际,一把大火将数万卷图书付之一炬。

隋唐时期私家藏书取得极大的发展。藏书超过万卷的藏书家有十多名,如史学家吴兢家藏书达一万三千四百余卷,目录学及史学家韦达藏书二万卷,李泌藏书达三万余卷。

从唐代开始,藏书一般打上了藏书人的印记。如李世民的"贞观",唐玄宗的"开元",集贤院的"集贤院印"等均为图书专用印章。

隋唐两代的图书在分类与编目上,在沿用经、史、子、集四部分类基础上又有发展。唐代编的《隋书·经籍志》将四部分类进行调整、补充,构成了一个完整的中国图书分类体系。它将顺序确定为经、史、子、集四部,然后在各部下再分细目若干。经部分为易、书、诗、礼、乐、春秋、论语(附尔雅、五经总义)、孝经、小学、谶纬 10 类;史部分为正史、古史、杂史、霸史、起居注、旧事、职官、仪注、刑法、杂传、地理、谱系、簿录 13 类;子部包括儒、道、法、名、墨、纵横、杂家、农家、小说家、兵法、天文、历数、五行、医方 14 类;集部包括楚辞、别集、总集 3 类。集部之后附道经(经戒、饵服、符箓、房中)和佛经(经、律、论)。

这种分类法一直沿用到清末,影响达 1300 多年。此外《群书四部录》《古今书录》《新唐书·艺文志》等重要书目均完成于这一时期。

宋元两代是中国藏书史上极其重要的时期。这一时期不仅雕版印刷得到全面普及,而且毕昇还发明了活字印刷术,使印刷技术又上了一个台阶。这一时期的图书不仅装帧精美,而且校勘较细,大量私刻、坊刻、官刻的出现使刊印图书的范围从以经、史、子、集等应试书目为主扩展到以日用书为主。

宋元时期藏书分为政府藏书、私家藏书和书院藏书三个系统。

北宋时期,统治者重文轻武,历代皇帝都非常注重国家对图书的收藏，从开国时，接受后周藏书一万三千余卷。后太宗、徽宗下诏求书。规定献书多的量才给官，献书少的从优给价，不愿献出的，国家可以抄借。这些办法的实施，使国家藏书增长很快，最盛时达 73877 卷。北宋初期，国家设史馆、昭文馆、集贤院收藏图书，到太宗时又设立崇文院作为图书的总机构。此外还在国子监、学士院及宫内龙图阁、太清楼、玉宸殿等处分藏大量图书。北宋灭亡，这些藏书受到惨重的损失。

南宋时期，国家藏书骤增，几近 12 万卷。元代统治者也几次下诏到江南征书，但收效不大。

宋代私家藏书极为盛行。特别是在官宦士大夫中间，藏书成为一种时尚。北宋的江正、李昉、叶梦得、宋绶父子、田伟、荣王宗绰等；南宋的晁公武、郑樵、尤袤、陈振孙等人藏书都超过万卷。王钦臣藏书 43000 卷，宗绰达七万多卷，叶梦得超过 10 万卷。

元代私家藏书，著名的有庄肃、元好问、张思明、耶律楚材等人，在数量上远不及两宋。庄肃虽曾藏书八万多卷，但被其后人一把火烧得只剩数百卷了。

宋代由于统治者对文人地位的进一步提高，书院办学兴起，先后有二百多所。著名的如白鹿洞书院、岳麓书院、睢阳书院、石鼓书院等。这些书院出于讲学的需要都有自己的藏书，另外各大书院又多得朝廷或地方政府的赐书与赠书，因而在规模上获得了很大发展。如南宋秘书监的魏了翁在家乡四川蒲江设立的鹤山书院，藏书就达 10 万多卷。

元代时期，由于政府的鼓励及汉族文人不愿入仕，退而讲学，书院大盛，藏书也有发展。

随着藏书的发展，这一时期藏书的指导思想被提上日程。南宋时，史学家、目录学家郑樵在《通志·校雠略》中明确地提出了采集图书的方法：类以求、旁类以求、因地以求、因家以求（从不同学派求书）、求之公、求之私、因人以求、因代以求共八种。采书八法的提出不仅是对宋代藏书实践的总结，也是非常有效的方法，推动了藏书的发展。

这一时期图书的篇目与分类也得到发展。郑樵提出了"欲明书者，有于明类例"的分类指导思想，并以学术类别为依据将古今图书分为经、礼、乐、小学、史、诸子、天文、五行、算术、医方、类书、文等十二类，下又分 157 "家"，"家" 下又分 282 "种"。这种分法，突破了传统四部分类法的老框子，进行了大胆的尝试，但这种分法并没有推行开来。

这一时期的重要书目有《崇文总目》66卷，收书30669卷；《中兴馆阁书目》70卷，收书14943卷；《三朝（太祖、太宗、真宗）国史艺文志》，收书39142卷；《两朝（仁宗、英宗）国史艺文志》，收书8446卷；《中兴国史艺文志》著录了南宋时期高宗、孝宗、光宗、宁宗四朝的图书59429卷；《宋史·艺文志》收书119972卷，以上皆为官修书目。私家藏书目录有：《郡斋读书志》又名《昭德先生郡斋读书志》收书24500卷；陈振孙的《直斋书录解题》收书51180卷。

宋元时期的藏书多对读者开放。如宫廷内府藏书对皇室宗族开放，政府藏书对官吏开放。为了应付外借，还专设外借书库，并安排了专门的管理人员，使得图书流通范围更广了。

明清时期，学术文化繁荣，印刷业发达，书坊刊刻图书成为一种风气。这一时期，国家藏书、私人藏书都获得很大发展，规模宏大。

明代藏书直接继承了宋元辽金的旧藏，再加前期统治者的大力征集，藏书取得很大突破。宜宗时仅文渊阁等秘阁藏书就达两万余部，近百万卷，其中十之六七为抄本。清朝历代皇帝都非常重视藏书。乾隆时期征书取得极大成功，共收集图书一万多种，极大地充实了国家书库。

明代，成祖朱棣时翰林学士解缙等人在南京文渊阁藏书的基础上整理编纂了大型类书《永乐大典》。全书经五年乃成，共收录古今图书七八千种，总计22877卷，另有凡例目录60卷。

清代，从康熙帝起多次下令编纂各种书籍。著名的有类书《渊鉴类函》450卷；辞书《佩文韵府》444卷；《全唐诗》900卷；还编有大型类书《古今图书记编》，后经雍正朝重修，更名《古今图书集成》共一万卷，其中最大的为《四库全书》。清政府寓禁书于修书，先后在编修这些图书的过程中，向天下征集图书，编纂出了《四库全书》这样的宏伟巨著，但也销毁了大批对清朝统治者不利的书籍，如宋人攻击女真，明人涉及清先祖及有关忌讳的书。

清沿明制，没有专门的国家藏书机构，但南北七阁起了相当重要的作用。南北七阁是指北京紫禁城内的文渊阁，盛京（今沈阳）故宫的文溯阁，圆明园内的文源阁，承德避暑山庄的文津阁，镇江金山寺的文宗阁，扬州大观堂的文汇阁和杭州西湖圣因寺的文澜阁。前四阁称为北四阁，后三阁称为南三阁。南北七阁都藏有《四库全书》和《古今图书集成》。南三阁可以让当地士子们抄阅，在传播古代文化方面起了积极的作用。

七套《四库全书》现在仅剩四套收藏着。文渊阁的《四库全书》现藏于台湾,文津阁的《四库全书》1915年被调入京师图书馆(今北京图书馆)得到妥善保存,成为最完整的一套。文源阁因在圆明园被英法联军烧毁。文宗阁、文汇阁两套毁于太平天国时期。杭州文澜阁的《四库全书》在太平军攻入杭州时弄散。后经杭州著名藏书家丁丙、丁申兄弟冒险收拾,又经多次组织人员抄补891种,大体恢复原样,这套书在抗日期间为免于落入日军之手,由夏定域先生筹划从杭州转运浙南,后到贵阳。有一车图书落水,被打捞上来。老先生头顶烈日,一本本翻晒,费尽心血。这套书现藏于浙江省图书馆。沈阳文溯阁的《四库全书》现藏于甘肃省图书馆。

明清时期私人藏书是我国古代最盛的时期,出现了很多著名的藏书家和藏书楼,在藏书总数上大大超过了宫廷所藏。在校勘、鉴别、收藏、保存古籍方面也超过了宫廷。就全国来讲,私人藏书主要集中在以江浙为主的东南沿海地区。这一时期,藏书家和藏书楼不下数百,影响较大的有明代范钦的天一阁,黄氏父子的千顷斋,宋濂的青萝山房,叶盛的箓竹堂,王世贞的小酉馆,毛晋的汲古阁,钱谦益的绛云楼;清代聊城杨氏海源阁,常熟瞿氏铁琴铜剑楼,归安陆氏皕宋楼,杭州丁氏八千卷楼等十几家。

范钦(1506—1585)字尧卿,号东明,浙江鄞县(今宁波)人,嘉靖十一年(1532)中进士,官至兵部右侍郎。天一阁建于嘉靖四十年,藏书达七万多卷,在当时为浙东第一。范钦一生嗜好图书。他曾在江西、广西、福建、陕西、河南等地做过官,为他搜集图书、抄录缮本提供了方便。

范钦针对历来藏书的两大危害:天灾(水、火、虫)与人祸(人为因素的散失)制定了有效的措施。在天一阁的建筑设计上,从《易经》的"天一生水""地六成水"出发,分上、下两层。上层喻天,不分间,为一个大厅;下层喻地,分为六间。为了防潮,图书全部置于上层。楼上前、后有窗户,书橱前、后有门,可以通风。书橱中还置有芸萱以防虫。楼前挖一池塘,蓄满水,并定名为"天一池"。这样防水、防火、防虫全部考虑到了。在管理上,范钦制定了非常严格的守阁条约。规定"天一阁"书房门上的钥匙,每房子孙各掌一把,要开库门,必须各房子孙全到方可；阁中之书不借外人；子孙有读书之志者，就阁读之，读者不许夜登，不嗜烟草。这样就防止了散失之患且"永无火厄"。天一阁一直保存下来，在清代天一阁的藏书仅被《四库全书》录用的就有96种，列入存目的有370多种。到了近代，天一阁的藏书被中、外奸商盗窃，受到很大损失。解放后，国家多次对它进行了修整并陆续收回散失的旧藏3000多卷。天一阁成为中国藏书史上的一座名楼。

明清时的书院发展很快，明代有1239所，遍及19个省，清代则增至近2000所。明、清两代书院都有藏书。其中清代广东的广雅书院藏书最丰，有43500多册。

明清时期的重要国家书目有《文渊阁书目》《明史·艺文志》《古今图书集成》《四库全书总目》。私家目录有：《读书敏求记》《士礼居藏书题跋记》《澹生堂书目》《篆竹堂书目》等。其中《读书敏求记》是我国第一部研究版本目录学的专著，有很高的价值。

清末，帝国主义在对我国进行武力入侵的同时，还加紧了文化侵略。敦煌藏书的西流与皕宋楼藏书的东渡就是两宗最好的例证。

寺院藏书也是我国藏书的重要组成部分。历史上很多名人都有在寺院读书的经历，南北朝时期著名的文艺理论家刘勰就曾长期在寺院中读书。敦煌沙鸣山莫高窟，又称千佛洞。洞内藏有很多两晋至宋初的写本书籍及大量的书画。内容涉及儒、道、佛、摩尼及祆教各家的经典以及史籍、文牒、契约、簿录等两万余轴。1900年洞藏被道士王元箓发现。消息传开，英籍匈牙利人斯坦因、法国人伯希和、美国人华尔纳、俄国人鄂登堡、日本人橘瑞超、吉川小一郎等先后蜂拥而至。他们用几块银圆从王道士手中"买"走了一车车、一箱箱典籍、字画。公元1909年清政府令陕西总督派人将仅剩的8000轴残卷解呈北京，收藏于京师图书馆。被盗走的书籍现大部分存于大英博物馆及巴黎图书馆。现在专门研究这些图书的敦煌学已成为学术界的一门显学。

前文我们提到的皕宋楼是晚清四大藏书楼之一，它的藏书总数量约有15万卷，在数量、质量上都超过了天一阁。1907年4月，被陆氏后代陆树藩以10万两白银的价钱卖给了日本人岩崎弥之助。不久，皕宋楼全部图书被装船东渡，成为日本东京嘉静堂文库的藏书。

中国古代的官私藏书总体上说是供少数人阅读使用的，掌握在少数人手里。1903年，中国第一个现代意义的图书馆——浙江藏书馆正式开放。

随着湖北省图书馆、福建图书馆、江苏等国家图书馆的相继建立,辛亥革命前后全国建立了近 20 个图书馆,使中国藏书事业进入了一个新时期。

八年抗战期间,大批图书毁于战火是中国的又一大损失。

生
活
的
文
化

饮食文化

最晓民以食为先　总把色形味俱全

民以食为天。中国人饮食之考究、烹调技术之高超，早已闻名世界。千百年来饮食文化的不断演进提高，是中华文明古国灿烂文化的一个组成部分。

人类的饮食生活，大致有两种状态：自然饮食状态和调制饮食状态。早期人类"茹毛饮血"，习惯于生食，那时原始人类还处于自然饮食状态。火的发现和利用，使人们从生食进化到了熟食，标志着人类进入了调制饮食的阶段。在中国，距今四五十万年的北京猿人，就已经能使用和掌握天然火了。最初的熟食法，以烧、烤两种方式为代表。在这之后很久，才有煮法的出现。有了煮法，人类才第一次创制了混合食物，煮法产生了新的食俗，发展了饮食结构，不久又由煮法发展到蒸法。熟食的出现是饮食习俗的真正开端。经过千百年的进化、发展，华夏饮食文化终于形成了瑰丽的奇葩。

主　食

中国的文化圈是以黄河、长江流域为辐射中心的，最早主要是黄河流域，这决定了中国是以农业为主的文明古国。因而，粮食作物是中华民族的主食。中国的主食经历了从粮食发展到粉食的过程。先秦时期，中国还没有现代意义上的磨，人们吃主粮的种子，讲究些的舂掉谷粒的外皮。以谷粒制成的食品有多种，主要有饭、粥、粽子和各种糕。

饭和粥历来是中国人民的主食。远在五六千年以前的原始时代，中国先民已会煮粥蒸饭了。古代饭粥的名目繁多，有单一的谷物制成的，也有用多种原料合在一起制成的。唐代的团油饭，原料有虾、鱼、鹅、牛羊肉、粉糍、蕉子、姜、桂、盐、豉等十余种。宋时道家和隐士注重饭的清雅，用各种花叶果实和米相煮，色香味俱佳。因为粥可以治病健身，在古代更受人们的偏爱。《燕京岁时记》载腊八粥，其配方是"黄米、白米、江米、菱角米、栗子、红豇豆、去皮枣泥等，合水煮熟，外用染红桃仁、杏仁、瓜子、花生、榛穰、松子及白糖、红糖、葡萄以作点染"。① 这种粥始于宋代。除了饭和粥，粽子也是中国人民喜食的米制品。粽子在古代又叫角黍，每年端午节吃粽子同纪念屈原有关，魏晋时代，人们煮食用菰叶包黏米、栗子、枣子及其他佐味品做成的粽子。与后代不同的是，南北朝时，粽子既可在端午这天吃，也可在夏至这天吃。此外还可制糕。《楚辞·招魂》载："粔籹蜜饵，有怅惶些。"捣黍作饵，用蜜调和做糕，这是中国见于文字记载最早的糕。糕的品名很多，有"榆钱糕""重阳糕""太阳糕""高丽栗糕""乳糕""糖糕""肉丝糕"等。

汉时，我们的祖先已使用同现在民间相近的磨，这样粉制食品便多起来。宋时民间开始在正月十五吃元宵，最初称为圆子，这是用果饵做馅的糯米粉球，投入锅里煮，熟了以后会浮上来，吃起来香甜可口。中国的粉制食品大多数以面粉为原料。

饼是中国古代面食的总称。汉时十分盛行吃饼，魏晋以后，饼的花样层出不穷。汉时人们已懂得制发面饼（最初以酒或酒糟为发酵料），就有了"起面饼"，最常见的是"馒头"。宋代出现夹有馅的馒头，即"包子"。以后经历代厨师的改进，包子的形状、馅的品种不断增多。除了蒸制的之外，还有煮制的，叫汤饼。后来改用刀来切面，面条古时叫"索饼"。宋代后期逐渐流行切成细条的汤面，称"索面"或"湿面"。《齐民要术》中载有一种面食，"挼如箸大，薄如韭叶，一尺一断，盘中盛水浸"②，这就是面条。还载有一种"棋子面"，即今天的"疙瘩"面食。至元代，已能将面条加工成挂面。两千年来，面条一直是中国人日常生活中最常吃也最爱吃的食品之一。三国时出现了"馄饨"，隋朝颜之推介绍得较为具体："今之馄饨，形如偃月，天下之通食也。"偃月即半月形，正是今天饺子的形状。唐代吃饺子这一习惯已传到边远的少数民族地区，考古工作者1968年在新疆吐鲁番地区一座唐代墓葬里发掘出了一只木碗，

---

① （清）富察敦：《燕京岁时记·十二月·腊八粥》。
② （北魏）贾思勰：《齐民要术·饼法》卷九。

碗里盛的饺子和今天饺子的形状完全相同。

　　炉饼是指放在火上烤或烙的饼类，古时叫"胡饼"。据《后汉书》载："灵帝好胡饼，京师皆食胡饼。"① 汉代刘熙《释名·释饮食》中记载了胡饼的制法。烧饼加馅后便成了馅饼，种类有羊肉饼、鸭饼、芙蓉饼等。"月饼"是我国人民喜食的一种馅饼，《武林旧事》中有月饼的记载，说明至晚在南宋时"月饼"已较为盛行。安史之乱爆发，唐玄宗仓皇逃往四川，途经咸阳望贤宫时，"日向中，上犹未食，杨国忠自市胡饼以献。于是民争献粝饭，杂以麦豆；皇孙辈争以手掬食之，须臾而尽，犹未能饱。上皆酬其直，慰劳之。众皆哭，上亦掩泣"②。胡三省注："胡饼，今之蒸饼。"

　　油饼也早在汉代就已出现。《释名·释饮食》中的"蝎饼"，即把饼做成头大尾尖的蝎子状，放到油里煎。"入口即碎，脆如凌雪。"《齐民要术》卷九"饼法"一节介绍的制"膏环"法、制"截饼"法、"倍愉法"等都是油炸类饼的制法，其工艺同今天的"油炸饼"完全一样。"油条"作为大众化油炸食品，至迟在南宋问世。最初叫"油炸桧"，"桧"指秦桧，据说人民因痛恨秦桧和他老婆陷害抗金名将岳飞，便捏了两个面人扭成螺旋形，下油锅炸，以泄痛恨之情。

　　中国主食的种类繁多，明清时期各类食品的制作，其精美超过了以往。

肉食和瓜果

　　肉食是古人副食的主体。古人食用肉食以牛、羊、猪为最重要，称牛、羊、豕为三牲。宋代以来，肉食原料逐渐以猪、牛、羊、鸡、鸭、鹅等家畜、家禽为主，野禽、野兽肉类的比例越来越小。古时祭祀、宴宾必陈鹿、麇、狼、兔、凫、雁、鹦、鸽等肉制作的脯、腊、脩、醢等的制度已被废除。这些风俗的改变，与自然生态的变化以及畜牧业的发展，狩猎业退居次要地位有密切关系。

　　瓜果原料随着园艺科学的发展，人工培育的品种日益增多，品质也得

---

① （宋）李昉主编：《太平御览》卷八百六十《饮食部·饼》引《续汉书》。
② （宋）司马光：《资治通鉴》卷二百一十八《唐纪三十四》。

到提高，成为人们的主要菜肴原料，野菜之类多被视为贫苦百姓疗饥度荒之物。一些山林隐士虽然也采食野菜，但多是选择那些营养丰富，别具滋味的品种以增加生活情趣而已，中等以上的人家已瞧不起野菜，特别是高级筵席间已极少有野菜的位置。这与古时天子、诸侯筵席上以野菜为主制作菹、齑的风俗形成鲜明对照。五代以来，先后从国外引进胡萝卜、甘蓝、苣蓝、菜花、丝瓜、黄瓜、苦瓜、南瓜、辣椒等百十个品种，大大丰富了中国的馔肴。这些原料，到了中国厨师之手，经与我国原有的原料巧妙配合，创造出了与原产地迥然不同的中式菜品，繁荣了我国人民的饮食文化生活。

传统菜系

中国饮食文明历来为世界各国所称道。而中国菜肴更是举世闻名，品种之繁多，口味之精美，居世界之最，"烹饪王国"之名当之无愧。早在商周时，中国的烹饪大师们就普遍采用燔、炰、炙、煮、蒸、焖、煎、酿、醃、腊、脯、脍、酱渍、酒渍等数十种烹饪技法，而且对于各种调料的灵活调配使用，已有很深的造诣，从而烹制出以"八珍"为代表的千百种精美的食品。隋、唐、五代时期，中国各项文化事业发展到一个高峰。人们对饮食文化的追求越来越高。烹饪大师们对食品的烹制，除了在营养卫生、滋味鲜美、医食结合这些基本方面更加讲究外，又以绘画、雕塑、乐舞乃至诗词等艺术作品为借鉴，在构图、色彩、造型乃至命名等方面刻意求美、求雅，大大丰富了烹饪美学的内涵，创制出像"辋川图小样""素蒸音声部""八卦五牲盘""镂金龙凤蟹"等名目繁多的色、香、味、形俱美的名馔佳肴。两宋迄清，饮食市场日渐繁荣，行业内竞争日趋激烈，争相创制名馔佳肴招揽顾客，促进了烹调技艺的提高。加之各地有各地的特殊口味，有各具特色的烹制程序，由民间风味发展起来的菜肴不下两千种，形成闽菜、川菜、粤菜、京菜、鲁菜、苏菜、湘菜、徽菜、鄂菜等著名菜系。元清两代，蒙汉、满汉饮食文化的大交流、大融合，又丰富了中国的饮食文化。不同菜系都融合了很多不同地方、不同民族的菜肴特色，如北京菜，即是融合北方满、蒙、回、汉菜肴发展起来的菜系。满汉全席迄今还是最讲究的菜肴之一。一个主要的菜系，往往又派生出几个分支，如粤菜，即有广州、潮州、东江等几种地方菜。

中国传统菜肴对于烹调方法极为讲究，常见的方法有煮、蒸、烧、烤、煎、炒、烹、炸、烩、爆、溜、氽、扒、炖、酥、焖、拌等。各种菜系都有自己的富于特色的烹制方法，如广东菜的小炒、焗，福建菜的炝、醉、扣、糟，湖北菜的煨、滑，北京菜的涮、爆等。各种菜系也都有各自的调制方法，包括调料、刀工、火候、调味、烹调技术等不同要求。广东菜以下料品种多，善于变化为特色，讲鲜嫩，冬春浓醇，夏秋清淡，刀工精巧，烹调时注重油温以及下油轻重。山东菜讲清脆，善用糖醋汁，刀纹美观，喜用清汤奶汤。江苏菜重酥滑，保原汁，讲比例，喜配色，尤其注意果品雕花。

中国境内有56个民族，在不同的自然环境中，各自形成了富有特色的丰富的饮食习俗，烹调方法也深受民族食俗的影响，琳琅满目，各具特色。如鄂伦春族以兽肉为主要菜色，以白煮和烤食为主要方法，保持古俗，火候以鲜嫩为好，有时又用野猪油、野葱花拌熟肉、肝、脑为菜。朝鲜族的生拌牛肉丝、生拌明太鱼干丝及烹狗肉，都别具风味。苗族的酸肉腌法也独具一格，先在坛中层层放肉块和盐，过数日再加糯米饭、甜酒糟一起揉搓均匀，加辣椒粉等调料，然后封存一二年再开坛食用。

千百年来，各民族的菜肴不断相互吸取、融合和改进，形成了今天这样千姿百态、丰盛喜人的局面。粤菜的"龙虎斗"，原本是用黄鳝烹田鸡，后改用"三蛇"与"豹狸"烩制而成。徽菜中的甲鱼菜肴"马蹄鳖"，鄂菜中的"武昌鱼"，山东名菜糖醋鱼，这些都极具地方特色。地处华北的全国政治中心北京，融合北方各民族的菜系，有烹调"全羊席"的著名佳肴，有"爆羊肚儿"的小吃，"烤羊肉""饰叮羊肉"，也有南菜北移的北京烤鸭，还有从山东菜移入并改进而成的锅爆和酱爆等菜。

调味品

中国烹饪源远流长，珍馐美味丰富多彩。而制作美味佳肴的关键除了烹饪技巧和丰富的原料外，更离不开调味和发香。中国古人十分重视调味，在《周礼》《吕氏春秋》中就有了酸、甜、苦、辣、咸五味的记载。

酸取于梅子，梅子含果酸，可以清除动物中臭、腥等异味，又可软化肉中纤维，有益消化，是先民最先认识的调味品。后来人们发明了酸味调料——醋，醋便代替梅子成为调酸味的主要原料。醋是利用微生物在粮食中发酵而酿成的，在古代烹饪中，醋的应用相当广泛。古人早就有"无醋不成味"的烹调习惯。

盐是咸味主要来源。同梅一样，早在商朝它便是调味必需品了。盐是百味之首，"五味之中，唯此不可缺"。故而有"好厨一把盐"之说。我国古人还酿造调味品，如豉、豆麦酱、酱油。"豉"是由豆发酵制成，调味要配盐。这种配盐的豆豉如果取汁，就是酱油。汉代以前就已有了很好的豉汁，到宋代正式有了"酱油"之称。① 中国豆麦酱的制造也很早，西汉的史游在《急就篇》中便有记录，已是用大豆或面粉加盐发酵制成的。至晚在公元前2世纪，豆酱已成为黄河流域中下游一带人民的日常调味品了。《齐民要术》中对于制豆麦酱的工艺流程做了详细介绍，用酱调味，可以增加菜肴的美味。

苦味则来之于酒。可以解毒、去腥、增加菜肴的香味。酒有发散和缓的作用，不但可以调和诸味，还能散发出一种诱人的香味。古代做调料的酒，同今天在调味时常用的绍兴酒相符合。

辛辣类调味品有辣椒、胡椒等，而这些是后来才引进的，中国古代使用最普遍的辛辣调味做料则是姜。《礼记·檀弓》说肉食必用"姜桂"，姜即生姜。《吕氏春秋》载："和之美者，杨朴之姜。"在古代，姜能调和诸味使各种菜肴达到适口的良好效果，所以有"调味之王"的美誉。

甜味在古代以"饴蜜"为代表，即麦芽糖和天然蜜。古人说"枣栗饴蜜以甘之"。② 这说明早在周代就有了此类甜味调料，春秋时期，中国人民开始懂得用甘蔗汁作甜调料了。屈原《招魂》称之"胹鳖炮羔，有柘浆些"。"柘浆"即甘蔗汁。东汉末期发明了提炼蔗糖，唐代以后渐渐有了白砂糖和冰糖。唐宋时代生产冰糖，是在头年十月至十一月间将蔗汁制成砂糖，再将砂糖融化，把糖浆注入插着竹梢排的漆瓮中。春节后，糖浆开始结晶，到五月结晶不再增大，此时将糖块在烈日下晒干，即成冰糖。当时冰糖以紫色为上品，浅白色为下品。糖有除臭解腥提鲜的作用，能使菜肴色泽鲜艳，风味别致。

美食讲究色、香、味俱全，在调味时适当加入某种芳香料，可提高菜肴质量。我国芳香料非常丰富，茴香、桂皮、陈皮、甘草、花椒、茱萸等

---

① 王尚殿：《中国食品工业发展简史》，山西科学教育出版社1987年版，第468页。
② 《礼记·内则》。

都曾用作调香味，特别是加入肉类食物，常可去臭腥味。此外，殷、周时期的菹、醢的菜肴中曾广取水陆野卉的根、茎、叶、花，或为主料，或做香料。花卉用于调味流传至今，更造就了食品的独特风味。魏晋以来，随着烹饪技艺的发展，人们用花卉烹制出更多的菜肴羹臛。晋朝傅玄的《菊赋》中有"掇以纤手，承以轻巾，揉以玉英，纳以朱唇"的描写。司马光在《晚食菊羹》一诗中说："采撷授厨人，烹渝调甘酸。毋令姜桂多，失彼真味完。"① 他唯恐厨师烹羹时投放别的调料过多，把菊花自身的香味破坏了。上述描写，都说明花卉在很早以前就被中国古人用来制成佐酒下饭的佳肴。以花卉作羹，品种更多，代不绝书。春秋战国时期以韭花、菊花、蓼等烹羹，常为贵族宴客或祭祀所用。唐代有"桂花鲜栗羹"，以西湖的藕粉和栗片为主料，撒上桂花，色泽滋味都很出众。北宋司马光对于菊羹很感兴趣。南宋时有人用芙蓉花去掉心蒂，用火焯过，与豆腐合烹为羹，清素芳香，林洪见此羹红白交错，宛如雪后彩霞，特命名曰"雪霞羹"。② 明、清时，人们用兰花、菊花、玫瑰等各种花卉作羹更是花样翻新、奇妙异常了。用花卉制酱，历史悠久。西汉枚乘的名赋《七发》中就有"熊蹯之臑，芍药之酱"。把芍药酱与烹熊掌相提并论，足见其珍贵。玫瑰香气浓烈，亦被作为制酱的上乘原料。王世懋的《花疏》中说："玫瑰，非奇花也。然色媚而香甚旖旎，可食可佩。园林中宜多种。"高濂的《花草谱》称，玫瑰"以糖霜同捣收藏之，谓之玫瑰酱。各用俱可"。此外，蔷薇花、茱萸花、桂花、牡丹、月季等花，历代都曾作为制酱的佳品。

作为鲜调味品的葱、姜、蒜和香菜也都是自古就有的调鲜作料。《山海经》上便有"边春之山多葱"的记载。《本草图经》说："凡葱皆能杀鱼肉毒，食品所不可缺。"用葱烹菜，能使菜肴香味扑鼻，做荤菜更是离不开它。

烹调离不开油，中国麻油用于饮食的最早文字记录见晋朝张华《博物志》，距今已有1600多年，唐宋年间，麻油充当食物油已极为普遍，宋朝沈括说："北方人喜用麻油煎物。"③ 此外，菜油、豆油、花生油等也是

---

① （宋）司马光：《司马光集》第一册，卷三，四川大学出版社2010年版。
② （宋）林洪：《山家清供》，转引自邱庞同著《中国菜肴史》，青岛出版社2001年版，第152页。
③ （宋）沈括：《梦溪笔谈》卷二十四。

古代常用的植物食用油。

食 器

工欲善其事，必先利其器。饮食器具的演进发展，与饮食品种的增加、食品质量的提高、饮食文化生活的日益文明进步以及饮食风尚的演变都有着密切的关系。

饮食用具除了人们饮食时直接使用的食具盛器之外，也包括炊具和储食之器。中国早在新石器时期，就有了形式多样成系列的饮食用具。在对古代文化遗址的考古发掘中，发现有大量的饮食用具，如豆、罐、鬲、杯、盆、碗、盒、瓮、壶、簋、盘、鼎等，名目繁多。这些器具大多是陶制品，这标志着人们与茹毛饮血的生食习惯彻底决裂，以炖、煮方法为主的羹、臛、粥等食品居于主导地位。进入青铜时代以后，金属所制的饮食用具也陆续出现了。中国奴隶社会时，饮酒之风盛行，一批专用于饮酒的器皿，如尊、爵之类应运而生。爵的形制如杯，三足、无耳、口呈扁圆形，两侧向外延伸，以便口饮。尊的形状如瓠，但中部较粗，口径较大，尊、爵盛行于商代和西周。青铜所制酒器，还有一种叫盉的，多为敛口、大腹，三足或四足，有长流、鋬和盖。盉与尊、爵的关系，大概如同于后世的酒壶和酒杯。觥是用兕牛角雕刻而成的饮酒器皿。古时人们对兕牛角非常珍视，并赋之以神秘色彩，贵族阶级别出心裁地用兕牛角做原料，雕刻成器具，以显示其尊贵。觥的雕刻要求是必须在一端刻成犀牛头或其他兽头的形状，下设底座，将觥置于座上方可酌酒。早在周代觥就已进入筵宴间。由于它稀奇，历代文人用它作为高级酒器的代称，甚至引申为"酒"的同义语。例如，把"酒令"称为"觥令"，把司酒令的人称"觥使"，人们常以"觥筹交错"来形容筵席间饮酒的盛况。杯是自古迄今一直沿用的酒器（也用作茶具）。杯的形制多种多样，有方有圆，有鸟兽形，有花果形，千姿百态；就质料而言，春秋战国以前，主要是陶杯和铜杯，之后以瓷杯最为普遍，富贵人家讲究金、银、玉杯，也有用贝壳、琥珀、玳瑁、玛瑙而制成的酒杯。

先秦时期，各类饮食用具的分工开始逐渐专门化。例如，豆器专指肉食用具，后来多用于祭祀时向神祇供荐食品、饭食之具称为卢，进食之具为箸，舀汤浆之器为勺，后来又出现了匙，盛汤浆之具称为盂，有时也用于盛一般食物。饮器则有盉、盅等，较小的盉称为盏。随着人类物质生活的不断进步，以及剥削阶级追求穷奢极欲的享乐生活的刺激，饮食用具也相应地在材料质地和装饰形制等方面出现了许多变化。相传商纣王曾以象牙作箸，他的臣下箕子很是担心，认为象牙作箸，必然要以犀角杯、玉杯来相配。事实上，玉杯很快就出现了。《海内十洲记》中记载周穆王时，西方少数民族进献昆吾割玉刀和夜光常满杯，这种杯是"白玉之精，光明夜照"。唐代王翰的诗句"葡萄美酒夜光杯，欲饮琵琶马上催"，说的就是这种玉杯。唐代时还有一种琉璃杯，也是稀世珍品。隋唐时期，中国封建经济文化十分发达，宫廷皇帝和官僚贵族已能大量使用金、银等贵金属所制的饮食器具，在形制上也很精巧，饮食用具成为一种艺术品。唐代的镶金牛首玛瑙杯、舞马衔杯纹仿皮囊银壶、刻花金碗、掐丝团花金杯、宝相花银盖碗、双狮莲瓣银碗、双鱼纹银碟、双狐纹双桃形银盘、鸾鸟纹六瓣银盘、狩猎纹高足银杯、蔓草鸳鸯纹银羽觞、漆花银盒、鹦鹉纹提梁银罐，等等，制作之精巧令人叹为观止。

民间的饮食用具一般用竹木、陶瓷和普通金属制成，尤以陶瓷为主。瓷器的发明和使用，对于中国饮食器皿的发展具有重要作用。唐宋时期，中国烧瓷工艺发展到很高水平，中国瓷器享誉海外，瓷制食具也有辉煌成就。美食必伴以美器。从某种意义上说，美器比美食更受人注意，这正说明中国历来对饮食器具的重视。饮食器具的发展，充分显示出中国劳动人民伟大的创造力。

饮食习俗

饮食习俗作为饮食文化的重要组成部分，一直备受民俗学、民族学学者们青睐。它是民族心理、生活方式长期积淀的结果，也是民族伦理思想、道德观念以及宗教思想的具体体现。

饮食是人类与自然界的一种物质交换，也是人类适应自然、改造自然的结果。"靠山吃山，靠水吃水"，中国幅员辽阔，自然条件千差万别，各民族在不同自然环境中，各自形成了富有特色的丰富的饮食习俗。如生活在大草原上的蒙古、藏、哈萨克等族的牧民，食肉饮乳；赫哲族生活在黑龙江三江水乡，鱼是最主要的食物；而生活在兴安岭密林中的鄂伦春人，食必鸟兽肉……这在交通运输不发达的时代，更是不可改变的饮食模式。南方适于种水稻，故南方人民普遍以大米为主食；北方多种小麦、杂粮，故北方人民以面、杂粮为主食；青藏高原宜种青稞，故生活在这里的民族主食青稞。蜀湘湿气重，人多食辣；晋、陕、甘、湘、贵及许多山区，或因水土关系，或因历史上长期缺盐，人喜食酸……饮食上的这些地方特色使中国饮食文化展出异彩纷呈的局面。

一个民族的饮食水平首先取决于该族生产力的发展水平。例如，生活在浅山区的瑶族，因农副业生产发展较发达，饮食水平较高；而生活在广西都安、南丹等地的瑶家，直至近代，仍处在"刀耕火种"阶段，生产力低下，常不得不靠野菜度荒。生产活动为人们提供了食物，也对饮食方式产生重大影响。在以农业经济为主的地方，农业的发展为蔬菜的人工栽培提供了充分的条件，使人们饮食的内容极为丰富，在这个基础上形成了许多著名的菜系。而在以游牧经济为主的地方，由于饮食内容较单一，就难以具备这种条件。中国著名的菜肴，如川、粤、京、苏等菜系，大多产生在内地，而不是西北地方，正是反映了经济生活对饮食习俗的重要影响。从餐制上看，人类最早的餐制是两餐制，这是和"日出而作、日入而息"的生产作息制度相吻合的。随着生产的不断进步，两餐制就逐步演变成三餐制，在今天许多农村仍流行着农闲时两餐，农忙时三餐的饮食习惯，也正说明了这一情况。

民间的礼仪节庆、婚丧嫁娶等习俗，对饮食习俗有很大影响。除夕的团圆饭（南方的年糕、北方的饺子）、端午节的粽子、中秋节的月饼、腊八的粥、正月十五的元宵等，都是节日仪式的特定饮食。进餐时的座次体现的是伦理思想，大多数民族都十分重视。各民族大都有自己的民族风味食品。有的还有自己特殊的嗜好和禁忌。众所周知，穆斯林不食猪肉（及不食自死物、不食非奉真主名义宰杀的畜禽、禁烟酒等），这是出于宗教意识的饮食禁忌，形成习俗。类似者有喇嘛教信徒不食鱼等。不少民族禁食狗肉，但具体原因并不相同。满族传说，狗两次救清太祖努尔哈赤脱险，故禁食狗肉；瑶族、畲族因奉狗为本族的"图腾"崇拜狗王盘瓠，故要严禁食狗肉。这些饮食禁忌，如稍不注意，则会伤害民族感情。

中国饮食习俗的一大特点是以热食、熟食为主。2000多年前的古人认为"凡味之本，水最为始，五味三材，九沸九变。火为之纪，时疾时徐，灭腥去臊除膻，必以其胜，无失其理"①，已将熟食、热食作为调制食品的指导思想了。这和中国文明开化较早和烹调技术的发达有关。中国是一个有悠久历史和古老文明的伟大国家，中国的饮食，历来以食谱广泛、烹调精致而闻名于世。《周礼》记载宫廷厨房膳夫的职责，有庖人掌割、烹人掌烹、内饔掌煎、外饔掌和等。

在饮食方式上中国特色是聚餐制，古代炊间和聚食的地方是统一的，炊间在住宅的中央，上有天窗出烟，下有薪火为炊，就餐者围火聚食。现在吃火锅、抓饭、"打平伙"及所谓"AA制"等一类皆是聚食制的遗风。从聚食又衍生出筵宴，这是一种融合了许多"礼"的内容和形成的就餐方式。中国古代的筵席，讲究礼让，场合隆重。宴上食品菜肴的配制、数量、品种以及上席的次序都有一定规矩，并有供观赏的看菜，古称"看盘"。著名的"满汉全席"，集山珍海味于一席，豪华至极。进食次序也极为讲究，上菜、敬酒、点心相互错杂，较隆重的公筵，以饮酒始，数盏后方上下酒物，然后敬酒与上菜点相错杂，最后以饮酒终，然后上坐菜（专用下饭的菜）。此外还把提前离席视为失礼，宾客离席要不约而同。

食具方面中国的特点是使用筷子。原始人在进食时，最初用手抓、撕。以后逐渐发展到用筷、刀、叉、匙。筷子古称"箸"，至少在殷商时代就开始使用。一般用竹制成，一双在手，运用自如，既简单经济又很方便，并可锻炼人们持物技能。筷子的质料和雕刻上也追求精美，在两千多年前，贵族阶级已经用铜和象牙制筷子了。隋唐以来，宫廷、官府和地主、富商之家，讲究以金、银铸造或以玉石、珊瑚等雕刻制筷子。杜甫《丽人行》中"犀筯厌饫久未下"，说的是唐代宫廷中使用的犀牛角雕刻的高级筷子。即使中等人家使用的木、竹筷，自汉唐以来，也先后精选出乌木、楠木、越王竹、箸竹等数百种优质原料制筷，大大丰富了筷子的品种。在筷子雕饰方面，皇室贵族们喜欢刻龙、凤图案，文人骚客们喜欢刻诗、词文句或山水、花鸟等，为筷子增加了无数风采。许多欧美人士看到东方人使用筷子，叹为观止，赞为一种艺术的创造。中国的祖先发明筷子，确实是对人类文明的一大贡献。

---

① （春秋）吕不韦：《吕氏春秋·本味篇》。

文人与饮食

文人爱吃，而且能吃出情趣来。孔子就有"食不厌精，脍不厌细"之名言。[1] 他老人家甚至有"割不正不食"的用餐规矩。可以说对饮食的讲究已经远远超出了一般人理解的色香味之上了。

古人的饮食文化甚至创造了许多典故。《论语·阳货》中说："饱食终日，无所用心，难矣哉！"饱食终日从此成为一个成语典故，意思是整天吃饱饭，不动脑筋，不干什么正经事。南朝宋刘义庆《世说新语·轻诋》记载："桓南郡每见人不快，辄嗔曰：'君得哀家梨，当复不蒸食不？'"这就是哀梨蒸食的成语典故。意思是将哀梨蒸着吃，比喻不识货，糊里糊涂地糟蹋好东西。唐朝卢怀慎被称为伴食宰相。伴食就是陪着人家一道吃饭。用来讽刺无所作为，不称职的官员。[2]

孔夫子说："食色，性也，人之大欲存焉。"既然人人离不开饮食，诗人自然会留下许多与饮食相关的诗句。唐人张志和的《渔歌子》中有"西塞山前白鹭飞，桃花流水鳜鱼肥"的诗句。唐宋诗人杜牧著有"越浦黄柑嫩，吴溪紫蟹肥"的诗句。诗圣杜甫虽不是美食家，但他有许多关于美食的诗。《丽人行》中有"紫驼之峰出翠釜，水精之盘行素鳞；犀箸餍饫久未下，鸾刀缕切空纷纶；黄门飞鞚不动尘，御厨络绎送八珍"的诗句。此外既有"无声细下飞碎雪，放箸未觉全盘空"诗句描写唐代厨师加工生鱼的高超刀功和食客们争食的热烈场面，也有"问答未及已，儿女罗酒浆。夜雨剪春韭，新炊间黄粱"[3] 等描写居家小聚饮食的诗句。

苏东坡既是著名的文人学者，也是著名的美食家。所以相传与他有直接关系的名馔不少，用他名字命名的菜肴更多，如"东坡肘子""东坡豆腐""东坡玉糁""东坡腿""东坡芽脍""东坡墨鲤""东坡饼""东坡酥""东坡豆花""东坡肉"等。《东坡集》载："蜀人贵芹芽脍，杂鸠肉为之。"春鸠脍，就是芹菜炒斑鸠胸脯丝。后称东坡春鸠脍。他还专门写了《猪肉颂》："净洗铛，少着水，柴头罨烟焰不起。待他自熟莫催他，

---

[1] 《论语·乡党》："斋必变食，居必迁坐。食不厌精，脍不厌细。"
[2] 《旧唐书·卢怀慎传》："开元三年，迁黄门监。怀慎与紫微令姚崇对掌枢密，怀慎自以为吏道不及崇，每事皆推让之，时人谓之伴食宰相。"
[3] （唐）杜甫：《赠卫八处士》。

火候足时他自美。黄州好猪肉，价贱如泥土。富者不肯吃，贫者不解煮。早晨起来打两碗，饱得自家君莫管。"苏东坡用其情有独钟的竹笋和猪肉一起煮，在一次美食派对上，苏东坡信手写下了一首打油诗："无竹令人俗，无肉使人瘦，不俗又不瘦，竹笋焖猪肉。"味美却有毒的河豚也成为了他的常吃的美味，"竹外桃花三两枝，春江水暖鸭先知。蒌蒿满地芦芽短，正是河豚欲上时。"这首逍遥自在的七言绝句，更是写了春天的竹笋、肥鸭、野菜、河豚，真可谓是一句一美食。"秋来霜露满园东，芦菔生儿芥生孙。我与何憎同一饱，不知何苦食鸡豚。"在他看来，这些蔬菜比那鸡鸭鱼肉还要味美。丰湖是苏东坡最喜欢野炊的地方，他把这里湖边长生的藤菜比作杭州西湖的莼菜，"丰湖有藤菜，似可敌莼羹"。苏东坡吃到了一位老妇人做的环饼，不由得题诗道："纤手搓来玉色匀，碧油煎出嫩黄深。夜来春睡知轻重，压扁佳人缠臂金。"寥寥28字，勾画出环饼匀细、色鲜、酥脆的特点和形似美人环钏的形象。苏东坡的诗词书稿中有很多与美食有关的佳文，如《菜羹赋》《食猪肉诗》《豆粥》《鲸鱼行》以及著名的《老饕赋》。

《老饕赋》说得通俗点就是吃货颂歌，极有趣味，兹附录如下：

庖丁鼓刀，易牙烹熬。水欲新而釜欲洁，火恶陈而薪恶劳。九蒸暴而日燥，百上下而汤鏖。尝项上之一脔，嚼霜前之两螯。烂樱珠之煎蜜，滃杏酪之蒸羔。蛤半熟而含酒，蟹微生而带糟。盖聚物之夭美，以养吾之老饕。婉彼姬姜，颜如李桃。弹湘妃之玉瑟，鼓帝子之云璈。命仙人之萼绿华，舞古曲之郁轮袍。引南海之玻黎，酌凉州之蒲萄。愿先生之耆寿，分余沥于两髦。候红潮于玉颊，惊暖响于檀槽。忽累珠之妙唱，抽独蠒之长缲。闵手倦而少休，疑吻燥而当膏。倒一缸之雪乳，列百榼之琼艘。各眼滟于秋水，咸骨醉于春醪。美人告去已而云散，先生方兀然而禅逃。响松风于蟹眼，浮雪花于兔毫。先生一笑而起，渺海阔而天高。①

诚然，中国饮食文化也存在种种糟粕。如不注意饮食卫生的集体聚餐制，追求席宴礼节的烦琐习俗及片面强调色香味等形式而忽略营养等内

---

① （宋）苏轼：《苏轼文集》第1册，中华书局1986年版。

容，这些糟粕给社会带来某些不健康的影响。因而对饮食文化也应当像对待其他传统文化一样，坚持在批判中继承，在继承中求发展。这应是我们对饮食文化的正确态度。但是对风俗习惯的改革，只能因势利导，不可操之过急。

茶饮文化

清泉烹蟹眼　小盏翠涛凉

"开门七件事，柴米油盐酱醋茶。"家居七事，茶居其末。虽然茶的重要性比不上米盐，一旦缺乏并不会有什么生命之虞，但是化腥膻待宾客，却也非此莫办。王安石甚至说："夫茶之为民用，等于米盐，不可一日以无。"[①]虽未免把茶的地位拔得太高了。但不管怎么说，茶在中国人的生活中发挥的作用却也着实不小。

植与制

"饮水思源"，饮茶也须思源。虽然至今还有人固执地说茶树起源于印度的阿萨姆邦，但是中国云贵高原无数野生的高达十几米的茶树的存在却是不争之实。茶树的故乡在中国，茶树的人工栽培也以中国最为悠久。虽然唐代陆羽还经常深入山中采摘野生茶叶，但是至迟在汉代，中国就已经有了茶树的栽培了。四川茶树栽植的历史甚至可能上溯到西周初年。武王伐纣时巴国就有"园有芳蒻香茗"的记载[②]，但仅此还不容易确定这园中香茗是天生还是种植，西汉时有僧人在四川雅安地区蒙山顶上植茶的遗址却是至今尚存的。当时"蒙山顶上茶"竟有"仙茶"之美称。到了饮茶成为风气的唐代，茶树的栽培已经遍及江南，计有13省，42个州郡。浙江、岭南、福建、四川等地上品新茶年年作为贡品被送入京城。肃宗时，仅常州义兴阳羡茶每年就需进贡两万担，朝廷专派"茶史太监"监管贡茶的采制、进贡。

[①] （宋）王安石：《王文公文集》卷三一，《议茶法》。
[②] 《华阳国志·巴志》。

宋代，茶区面积更为扩大，南宋时计有66州242县产茶。福建建安凤凰山北苑成为御茶园，所制茶团称"龙团凤饼"，极尽精巧。

中国对茶的加工，早期仅仅是采摘来鲜叶直接煮以做羹，后魏张揖《广雅》上说："荆巴间采叶作饼，叶老者饼成以米膏出之，欲煮茗饮，先炙令赤色，捣末置瓷器中，以汤浇覆之。"这种饼茶的制作一直延续到宋代。陆羽《茶经》详细记载了蒸青做饼的用具和技术。"晴采之，蒸之，捣之，拍之，穿之，封之，茶之干矣。"制成的茶团小的一斤，大的数十斤，这种蒸青的方法至今还在日本等国实行着。宋代，团茶的制作更加精细，丁谓、蔡襄在建州造大、小龙团以为贡品，精选雀舌冰芽，大者八饼重一斤，小者二十饼为一斤，饼上涂以色油，模以龙凤，每岁贡不过十饼，可见其精致至极。

团茶蒸后压紧，难免留有茶的苦涩味道且不易保持茶叶的绿色，宋代出现了炒青的方法，更能保持茶的真味。炒青法是鲜叶采摘后在锅中焙炒，并通过捞、抛、抖、捻等手法，将茶叶中的汁液发挥出来附着于叶面之上，使色、香毕现。炒青茶以散茶形式出现，保持了茶叶的本来形态。此法至明代大盛，出现了许多绿茶中的精品，龙井、松萝、珠茶等品位不同，各有特点。清代后期，茶民们更是利用不同的技术，创造出了各种不同风格的品种，绿、黄、白、红、青、黑，各系名茶，争奇斗妍。绿茶嫩如春草，红茶亮如朝霞，花茶花香馥郁，青茶清香怡人，白茶白毫如雪，黄茶黄芽如金。不同地域、不同口味的人们都有他们各自喜欢的品种。

烹与饮

历史上茶的制作方式不断变化，茶的食用方式也跟着不断变化。上古时茶叶的加工方法极简单，大约是将茶叶像其他蔬菜一样煮来做羹食用的。因此，多有"羹饮""茶粥"的说法。张揖《广雅》里便将茶末与米屑一同食用，并且还要加入葱、姜、橘子一类调味品。唐宋时饼茶的食用方法也颇复杂，应将茶团先捣碎，炙干，用茶碾碾成茶末，罗去粗梗，然后才入瓶烹煮。虽然陆羽在《茶经》里说饮茶杂以其他调味品无异于将茶弃于污水沟中，但还是有许多人喜欢煮茶时添加盐、姜、葱、枣之类，唐德宗甚至喜好茶中添加酥椒，并有诗以"旋末翻成碧玉池，添酥散作琉璃眼"咏之。这种饮茶方式至今还在中国一些少数民族地区保留着。无疑的，这种杂以其他香料果品的饮用方法势必会掩盖茶的清香，因此，唐代"茶圣"陆羽提倡以品味为主的煎茶法。这种煎茶法保持了茶的天然香气，高雅脱俗，人称"陆氏茶"，亦称"文士茶"。"陆氏茶"传入日本，发展成为日本的"茶道"。

宋代，文士茶得到发扬光大。文人学士将煮茗清谈、吟诗作赋更紧密地结合起来，使品茶行为带上了更加浓厚的文化气息。"斗茶"成为品评茶的优劣的手段。斗茶，不仅比较茶的好坏，还要比较水的优劣、煮茶技巧的高低。范仲淹《斗茶歌》中有：

> ……
> 鼎磨云外首山铜，瓶携江上中泠水。
> 黄金碾畔绿尘飞，紫玉瓯中翠涛起。
> 斗茶味兮轻醍醐，斗茶香兮薄兰芷。
> 其间品第胡能欺，十目视而十手指。
> 胜若登仙不可攀，输同降将无穷耻。①
> ……

将斗茶的全过程及输赢者的心态描述得宛如在目。

宋代出现焙青散茶以后，也同时产生了泡茶的饮茶方法。整叶冲泡，可以欣赏到茶叶在杯盏中旗枪争斗，更能保持茶的自然风味，渐趋流行，以至元明后，冲泡成了饮茶的主要方法。盛行于福建广东一带的工夫茶，更多地保留着中国传统茶文化的精髓。饮工夫茶，须选用上好乌龙茶，精细木炭烧开清泉水，将特制的小巧玲珑的茶壶茶盅烫过，壶中倾入茶叶，沸水高冲入壶，"关公巡城"，将茶水巡回斟入各杯，以使茶味均匀；"韩信点兵"，将最后几滴均匀点入杯中，以示机会均等。饮者嗅香、观色、品味，仔细体味茶中三昧。

中国的内蒙古、西藏，至今还保留着原始煮茶方法，紧压砖茶捣碎和以盐、奶同煮，客来必殷勤劝饮。茶香、奶香中主人的质朴诚挚之情使客人深深陶醉。

---

① 李勇先、王蓉贵校点：《范仲淹全集》（上册），四川大学出版社2007年版，第43页。

水与具

古人对煎茶所用的水十分讲究,几乎到了迷信的程度。陆羽《茶经·五之煮》中说:"其水,用山水为上,江水中,井水下。"并评定天下水为20等,以庐山康王谷水帘水为第一,无锡惠山寺石泉水为第二……自此以后,天下第一泉争论颇多,唐人刘伯刍称扬子江南零水(即金山中泠泉)为第一,乾隆皇帝又品鉴天下名水,一会儿说北京玉泉山玉泉水为天下第一,一会儿又封济南趵突泉为第一泉。唯有惠山泉不争不让,千年来甘居第二泉,反倒独得风骚了。而雪水烹茶,也颇有雅趣,历来为人称赏。

唐人张又新《煎茶水记》说,陆羽煎茶,命军士取扬子江南零水,水至,陆羽以杓扬水说:"此乃近岸之水,并非南零水。"军士申辩不已。陆羽不答,扬至其半,说这才是真正南零水,军士佩服,说是取水满瓶,中途船荡倾掉半瓶,以近岸水补之。历史上其他品水故事尚有不少,如王安石辨别三峡水等,都是一时佳话。

对茶具的讲究也是嗜茶人的爱好。唐代多使用瓷制茶具,上有盖下有托。陆羽的《茶经》中提到,邢州瓷制茶具像银、雪一样洁白;越州瓷制的茶具像冰、玉一样晶莹可爱。西安曾出土唐代古神策使宅茶库的七只鎏金银盏托。富贵之家茶具更为奢华。《红楼梦》中有很多篇幅谈到品茶的学问,其中写宝玉和钗黛到道姑妙玉处品茗,妙玉以"瓟斝","点犀盉"和一只九曲十环一百二十节蟠虬整雕竹根的大杯款待三人,那意趣早已超出饮茶本身。[①] 虽然这不过是小说家言,但古人对茶具的珍视却是有据可查的。

陆羽《茶经·四之器》中罗列了24种茶具,烹煮团茶所用的碾、罗、帚、炉、釜、碗甚至贮水之瓶,盛盐之罐,装炭之笼,涤器之巾,一应尽有。唐时苏廙在《十六汤品》中把烧水的器具的质地与茶汤品质联系起来,称金银器煎茶为"富贵汤",贵重而不能广用;琢石为器,汤为"秀碧汤",有奇秀之味;铜锡煎为"缠口汤",味腥苦涩重;唯瓷器为佳。唐代邢窑和越窑白瓷皆为上选。皮日休有诗:

---

① 曹雪芹:《红楼梦》第四十一回《贾宝玉品茶栊翠庵 刘姥姥醉卧怡红院》。

>邢客与越人，皆能造瓷器。
>圆似月魂堕，轻似云魄起。
>枣花势旋眼，萍沫香沾齿。
>松下时一看，支公亦如此。①

宋代建州黑釉陶瓷盛极一时，兔毫、油滴，釉色凝重，黑而润泽，衬得白色茶汤更显鲜明。"鹰爪新茶蟹眼汤，松风鸣雪兔毫霜。"杨万里诗短短十数字，将兔毫盏里茶汤的色、形、声形容得惟妙惟肖。

紫砂茶具，始于北宋，盛于明清。（砂壶泡茶，经夜不馊，深得人们喜爱）供春、时大彬等名家辈出，所制紫砂壶妙仿天地万物，清嘉庆时杨彭年制壶，陈曼生题诗的"曼生壶"，将书法艺术引入制壶工艺中。现代紫砂壶更是流派纷呈，构思奇绝，许多精品已成为人们收藏的对象。

意与趣

浅浅一杯茶，已与中华文化结下了不解之缘。从大众一方面来说，茶可以化腥解酒，待客迎宾。北京旧日的大碗茶成为下层人民夏日解暑祛热的最佳饮料，茶馆成为人们交际、商业谈判的场所，老北京的茶馆今已消失得无影无踪了，可在老舍先生的名剧《茶馆》中还可一见端倪。四川的茶馆今日还保持着旺盛的生命力，人们泡茶馆、摆龙门阵好不自在逍遥。从雅文化的一方面来说，茶自古就与文人诗客、山寺高僧相伴从。文人们在茶香中酝酿诗情，抒写性灵。唐代诗人并有茶界"亚圣"之称的卢仝写出了中国茶史上著名的经典之作"七碗茶"诗：

>日高丈五睡正浓，军将打门惊周公。
>口云谏议送书信，白绢斜封三道印。
>开缄宛见谏议面，手阅月团三百片。
>闻道新年入山中，蛰虫惊动春风起。
>天子须尝阳羡茶，百草不敢先开花。

---

① （唐）皮日休：《茶瓯》。

仁风暗结珠琲瓃，先春抽出黄金芽。
摘鲜焙芳旋封裹，至精至好且不奢。
至尊之馀合王公，何事便到山人家。
柴门反关无俗客，纱帽笼头自煎吃。
碧云引风吹不断，白花浮光凝碗面。
一碗喉吻润，
二碗破孤闷。
三碗搜枯肠，唯有文字五千卷。
四碗发轻汗，平生不平事，尽向毛孔散。
五碗肌骨清，
六碗通仙灵。
七碗吃不得也，唯觉两腋习习清风生，
蓬莱山，在何处？
玉川子，乘此清风欲归去。
山中群仙司下土，
地位清高隔风雨。
安得知百万亿苍生命，堕在颠崖受辛苦。
便为谏议问苍生，
到头合得苏息否？

卢仝一生爱茶成癖，他的这曲《七碗茶歌》也称《走笔谢孟谏议寄新茶》，是中国茶诗史上绽放的一朵奇葩，自唐以来，历经宋、元、明、清各代传唱，千年不衰，至今诗家茶人咏到茶时，仍屡屡吟及。其艺术魅力和思想内涵泽被后世影响深远。[1] 这首《七碗茶歌》至今在日本广为传颂，并演变为喉吻润、破孤闷、搜枯肠、发轻汗、肌骨清、通仙灵、清风生的日本茶道。

饮茶几可通仙，茶之为用大矣。僧人对中国茶文化贡献也不小。名山名茶多与佛寺有关。僧人饮茶可以驱睡魔，涤神心，为参禅悟道的佳媒。皎然在诗中写道：

---

[1] 蔡荣章主编：《中国人应知的茶道常识》，中华书局2012年版，第236页。

……
一饮涤昏寐，情来爽朗满天地。
再饮清我神，忽如飞雨洒轻尘。
三饮便得道，何须苦心破烦恼。
……①

著名的赵州禅师以茶为禅机，一声"且吃茶去"，高深难测，妙藏禅机，"赵州茶"成为禅宗公案之一。

文人雅士在茶中妙悟人生真谛，获得心灵的解脱，斗茶吟诗，作赋品水，颇多雅趣。苏东坡"独携天上小圆月，来试人间第二泉"，陆游"矮纸斜行闲作草，晴窗细乳戏分茶。"李清照、赵明诚夫妻二人晴窗猜书品茶，俱深谙茶中真趣。

茶道在东邻日本，结出了硕果，著名的茶道大师荣西、利休创出"和敬清寂"的茶道文化，这种静思的茶道哲学与中国追求雅趣的诗的茶艺成为东方茶文化的两大代表，并互相融合。禅意的、诗意的饮茶方式为陷入红尘的人们提供了返回心灵的故乡，寻找迷失的自我的手段。

---

① 皎然：《饮茶歌诮崔石使君》，转引自关剑平编《禅茶：认识与展开》，浙江大学出版社2012年版，第176页。

饮酒文化

总道忘忧有杜康　酒逢欢处更难忘

中国饮酒文化历史悠久，内容丰富。酒自发明以来，不仅充实了人类饮食文化的内涵，尤其大大丰富了人们的精神文化，酒与中国政治、经济特别是文化结下了不解之缘。随着中国人民生活水平的提高，酒文化将在中国更加绚丽多彩。

酒的发展史

中国酿酒的历史十分悠久。最早的酒是用甘蔗、麻根等植物的根块或果实酿制的。在中国古代文献中，关于用野果天然发酵成酒的记载颇多，如南宋周密在《癸辛杂识》"梨酒"条中说："山梨者，味极佳，意颇惜之。漫用大瓮储数百枚，以缶盖而泥其口，意欲久藏，旋取食之。久则忘之。及半岁后，因至园中，忽闻酒气熏人。疑守舍者酿熟，因索之，则无有也。因启观所藏梨，则化而为水，清冷可爱，湛然甘美，真佳酿也，饮之辄醉。"[1]

当然自然发酵可以使野果酝酿成酒，并不等于说中国远古时代的人类已经掌握了酒的酿造技术。从采集野果使之自然发酵成酒到学会用野果进行人工酿酒，必定经历了漫长的岁月。

中国用谷物酿酒，开始于新石器时代晚期。考古资料表明，早在七千年前，原始社会的人们就已经利用谷物来酿酒。谷物酿酒是以农业的发展为前提的。

在浙江余姚河姆渡遗址第四文化层就曾发现400平方米、厚30—40

---

[1] （南宋）周密：《癸辛杂识》，《丛书集成新编》本，台湾新文丰出版公司1986年版。

厘米的稻谷、稻壳和稻草堆积，在仰韶文化遗址中也发现了多处粮窖，其中部分粮食因存粮设备简陋而导致受潮发酵。在发酵过程中，淀粉受微生物作用，引起糖化和产生酒精，这就成了天然的酒，即所谓"单发酵酒"。当人们有意识地让酒发酵来获取酒浆时，原始的酿酒技术就萌芽了。

到夏代，中国酿酒技术已经有了一定的发展。战国时期记载："昔者帝女令仪狄作酒而美，进之禹，禹饮而甘之。"① 这是古籍中关于禹臣仪狄造酒传说的早期记载之一。在二里头遗址的 48 座墓葬中，随葬的陶器大部分是酒器，这些都从不同的侧面反映出夏代制酒技术的发展。

商代的酿酒业颇为发达。在甲骨卜辞中，可以见到商王用各种美酒祭祀鬼神及祖先的许多记载。

商代已经开始使用酒曲酿酒。酒曲不但有富有糖化力的丝状菌毛霉，而且有加速谷物酒化的酵母。以曲酿酒，就是把糖化和酒化两个过程结合起来，同时进行，这个方法，现在称为"复式发酵法"。

酒曲酿酒是中国古代劳动人民发现和利用微生物的一大成就，也是对世界酿酒技术的一大贡献。中国的许多名酒，如茅台、泸州大曲等之所以风味独特，就是有赖于精湛的制曲技术。这种造酒技术，在 19 世纪传入欧洲，并且被广泛应用于酒精工业，被称为"淀粉发酵法"。

殷商时期，我国究竟已会酿造哪几种酒，至今尚无法考证，但可以肯定的至少两种：一种是"鬯"，它主要是用曲加黑小米酿成的酒；一种是"醴"，它主要是用大米和麦芽酿成的酒。今天看来，商代酒含糖较多，而含乙醇少，很像今天江南地区的"酒酿"。

周代的酿酒工艺较商代完备，周代设各级"酒官"，如"酒正""浆人""大酋"等。政府对制酒原料、曲、水、用器及在制酒过程中各阶段的注意事项，都作了明确的规定。如制酒过程中酒的"征候"和"规格"就有所谓的"五齐"的区分。《周礼·天官冢宰》记载："酒正掌酒之政令，以式法授酒材"，"辨五齐之名，一曰泛齐，二曰醴齐，三曰盎齐，四曰缇齐，五曰沉齐……"这里所说的五齐，就是酿酒过程中所观察到的五个阶段。即当酿酒原料配合后，进入初期发酵时，出现二氧化碳气体自缸中上升，谷物泛浮起来，此时渐有酒香酒味（泛齐）；经过一两天的

---

① 《战国策·魏策二》。

继续发酵后，酒味更甜，乙醇也更多了，出现酒气扩散现象（醴齐）；不久，发酵加剧，气泡又多又大，胀裂时发出大的声响（盎齐）；继而发酵液的颜色由黄变红，发酵开始减慢（缇齐）；最后气泡消失，酒醒中酒糟下沉，发酵完成（沉齐）。可见当时的酿酒技师已经掌握了整个酿酒工艺的变化规律，说明酿酒技术有了提高。

周代的制曲酿酒技术比商代更为先进，种类也有了增加。《礼记》中就载有醴酒、玄酒、清酌、醴、澄酒等多种酒类。可以说商代时期奠定了中国古代酿酒业的基础。

到了秦汉时期，酿酒业得到迅速发展，其标志之一是酿酒技术得到了较大提高，一改过去的曲蘖并用，而只用曲，直接以未经发芽糖化的谷物作为原料，把淀粉变为乙醇，已不必把淀粉变成麦芽糖然后变成乙醇了。由此可见，汉代的曲当含有大量的霉菌和酵母菌，兼有糖化和酒化两种作用，它可以使酿酒的两个过程同时进行。

汉代的酒曲不仅品类增多，而且质量也有所提高。王莽时鲁匡建议"请法古，令官作酒"其中提道"一酿用粗米二斛，曲一斛，得成酒六斛六斗"[①]，这是中国酿酒史上关于用曲比例的最早记载，也是中国现存最早用稻米酿酒的配方。这种加曲量为原料量一半的配方，已接近后世所酿绍兴酒的配曲量。

西汉时所酿的酒，其度数一般较低，酒精含量少，易酸败变质，保存期一般不长。古书记载汉人酒量惊人，可以看出当时酒的度数不高。东汉末年，酒的度数有所提高，反映出汉代酿酒技术的进步。汉代人在长期的实践中，不断丰富和发展了酿酒经验，不但重视了原料和酒曲之间的比例关系，而且在酿造工艺和方法上有了新的突破。大约在东汉时，出现了一种连续投料的"九"酿造方法，对于提高酒的度数起到了很大的促进作用，对后世的酿酒方法也产生了一定影响。

酒类品种的增多，也是酿酒技术发展的表现，酒名在汉代以前，文献记载较少，至汉代酒名开始大量出现，大致有以下几种：一是根据酿酒的主要原料来分类和命名，如秫酒、米酒等；二是以酿酒所用的配料命名，如椒酒、柏酒、桂酒等；三是以酿造时间和方法来命名，如春酒、冬酒等；四是以酒的色味来分类，如黄酒、白酒等。总之，造曲技术的发展，

---

① 《汉书·食货志下》。

度数的提高,酒类品种的增多,充分说明了汉代的酿酒技术比以前有了迅速的提高和发展。这时期中国的酿酒技术还吸收了外来的酿酒经验,葡萄酒酿制法的传入就是一个突出例子。

魏晋南北朝时期,在制曲技术方面有了进一步的提高。北魏贾思勰的《齐民要术》一书专辟有酒一章,详细记载了10多种酿酒方法。其中大多是记载制造饼曲酿酒工艺。这一时期,作为中国最古老名酒的绍兴酒已著称于世。丹阳的曲阿酒也名闻于时。

唐代酿酒工艺发展的一个主要特点是酒的品类增多。出现了大量名酒,同时葡萄酒的生产得到了发展。唐代有许多诗人都有歌咏和赞美葡萄酒的诗篇。

宋代由于农业的发展和商品经济的活跃,酿酒业也比较兴旺。当时"田亩种秫,三分之一供酿材曲,犹不充用",可见宋代造酒所需的粮食数量相当巨大,造酒业的发达可想而知。酿酒原料更为多样化,其中以小麦为主。酒的质量比唐、五代时有了较大提高,制曲技术至宋代也达到了一个新的高度。这时不仅有曲蘖、饼曲和药曲,而且名称也多得不可胜举,张能臣的《酒名记》就著录了200余种酒名。宋代以地区来说,河南滑州生产的冰堂酒,有天下第一之称,此外南方的绍兴酒在这一时期也非常出名。

元代酿酒业的一大贡献是开始推广烧酒。烧酒又名白酒,它是一种用蒸馏法制成的酒,含酒精量较高。在今天人们往往把高粱酒称为高粱烧,麦、米、糟等原料制成的烧酒称为麦烧、米烧或糟烧。烧酒的出现取决于蒸馏技术的发明和进步。这与中国古代炼丹术有密切的关系。据考古发现,中国东汉时出现了蒸馏器,此时已掌握了蒸馏技术。元代虽然有很多地方制造烧酒,但产量不多,因此元朝末年,达官富豪以家藏有稀见的阿剌吉酒而自豪,把它作为馈赠亲友的礼品。但对葡萄酒的生产非常重视,规定祭祀太庙必须用葡萄酒。为此在山西太原、江苏南京开辟了葡萄园,在宫廷中开辟了葡萄酒室,元代的葡萄酒生产已达到较高水平,其酿造方法和世界各国已无多大差别。

明代由于统治者对酿酒业的放松管理,酿酒规模日渐扩大。明代的酒按其所用原料分为米酒和果酒两大类,米酒中以烧酒的制造最为普遍,以绍兴酒最为著名。随着酿酒技术的进步和商品交换的发展,明代酒的产量和品种均比以前大大增多了,明代冯时化所著的《酒史》一书载录了当时的50种地方名酒。此外随着对外交往的扩大，一些国外名酒也在这一时期输入中国。在制曲方面，红曲是当时重要的酿酒原料，其制作技术也比宋、元时代有所提高。

清代的酿酒业欣欣向荣。清代前期，江苏、福建、四川等地的酿酒业已有一定规模，有据可查的曲酒作坊就有温永盛、天成生等9家，年产曲酒200吨。值得注意的是在清末，啤酒工业在中国发展起来。啤酒是以发酵的大麦为主要原料酿制的一类酒精饮料，是饮料中最古老的一种，由于酒精度数低，营养丰富，成为当今世界上产量最大的一种酒类。

综上所述可见，酒作为人们的日常生活用品，酿酒作为社会经济活动，是与中华民族的历史发展相伴随的，作为物质文化的一个有机部分，酒不仅有着自己丰富多彩的内涵，而且与人们的物质生活和精神生活密不可分。

酒与民族风情

早在春秋战国时期，中国就有了四时八节的说法。自古以来，人们讲究饮食与节令相合。在长期的生活过程中，中国人民形成了具有鲜明民族特色的饮食习俗，而酒更是各个年节食俗中必不可少的饮食佳品。

元旦是一年岁月更始，这一天是人们最为重视，也是最为隆重的节日，上至帝王将相，下至平民百姓，只要有一点可能，无不把酒欢度，而"屠苏酒"是这一天人们最爱喝的一种特制年酒。屠苏酒是一种以大黄、蜀椒、桂心、防风和白术等为原料配制的酒，传说这种酒可以"防疫病"。

清明也是中国一个古老的传统节日。清明节独具特色的活动，当推祭祖扫墓了，是时人们纷纷携带酒食等祭品上坟。人们不仅用酒祭祀逝去的亲人、先祖，而且借酒来缓和对亲人悼念时的哀愁。

端午节是中国古老节日之一，也是一年中的大节日，古人每逢这一节日，除了要吃各种精巧别致的粽子以外，还要饮用菖蒲酒。菖蒲酒是一种以菖蒲为药料，白酒（黄酒）为原料的药性酒。清明时期，人们饮用菖蒲酒以禳毒气的风俗大盛。在一些地区，人们还常常饮用雄黄酒除恶，以避邪。提起雄黄酒，人们往往会想起中国古代四大传奇之一的《白蛇传》：许仙在端午节那天，将雄黄酒灌给白蛇娘娘喝，致使白蛇因醉酒而现出原形，吓死许仙。这个民间传说反映了古代人们对雄黄酒的崇敬之情。

农历八月十五，是中国传统的中秋佳节。中秋节起源于人们对月亮的崇拜，这一天人们将月神作为祭拜的对象。中国人民中秋饮酒赏月的习俗起源较早。

农历九月九日，是中国的重阳节。重阳节饮菊花酒的风俗形成于汉代，以后重阳登高饮酒之风逐渐成为民间的一种风尚，到魏晋时期，重阳又被赋予了"长寿"的主题，宋人把"避邪"与"长寿"这两个统一在一起。现在重阳登高饮酒的习俗又被人们赋予了新的含义。登高望远，则取步步高升之意。

过旧历年，对中国人来说是一件大事，一进腊月，人们就开始忙碌。祭祀神灵和祖先是除夕必不可少的。"年夜，备酒果，送神帖、灶马于灶上，以酒糟涂抹灶门"，为的是"醉司命"，以求灶神"上天言好事，下界保平安"。

另外，在中国这个多民族的大家庭中，各民族在漫长的历史年代里按照自己的心理素质创造出各自的饮酒习惯，它反映着各个民族的社会风貌，代表着各民族的文化意识。

"嗜酒"是中国北方少数民族的共同特性，北方有借酒驱寒的习俗，生活在中国南方的少数民族，亦和酒结下了不解之缘。各民族在长期的劳动和生活中，利用自己的聪明才智，因地制宜地创造出具有各自风味的美酒。

每个民族都有自身的行为特征。如温文尔雅、尊老爱幼、知足常乐等，这些民族特征的形成与展现，除了诸多原因外与中国的酒、中国人对酒的态度以及饮酒的方式也有不少的关系。酒在培养民族性格方面起到了一定的促进作用。

中国的传统十分注重家庭关系，在家庭中长者由于辈分与经历的因素而受到普遍的尊敬。这种尊敬是与酒直接关联的。"酒"字最初的写法与"酋"相通。后"酋"借之为酋长之酋，而酒改为从水旁。酋长是氏族部落的首领，一般由年长有资望的人担任。而酒在上古时代是稀少而名贵的饮料，只有身份尊贵或年资已高的人，才能饮用。可以说，酒的酿造在早先是为了满足长者、尊者的生活需要。而饮酒体现了长者、尊者的社会地位。人们对长者的尊重礼遇，还表现在对祖先的祭祀上，在祭祀祖先的仪式上，后人献上美酒佳肴，他们对祖先的恭敬，对祭祀的虔诚，不仅反映了人们希望得到祖先神灵庇佑，而永保福寿平安的心理，也表现出他们对祖先与长者的尊敬之情。这些愿望在很大程度上是借酒来表达的。可见酒与长者、尊者的关系，不但使中国人的尊老敬长传统源远流长而且使这一民族性格颇具特色。

中国人有许多喜庆节日，从赶庙会到婴儿剃胎头，无一例外地要摆酒庆贺一番。人们趁此机会满足一下对生活的奢望，并且提高快乐的程度。这种生活需要，使中国的传统家庭养成自己酿酒的习惯。

中国人对生活的质量不太讲究，因而博得吃苦耐劳的美名，但是对生命却格外看重，这种民族性格与酒有直接联系。中国人通常态度温和，举止文雅，待人接物注重礼节，讲究和气生财。它很典型地反映了中国人实用主义人生态度和注重礼节的习惯，这一民族性格除受儒家影响外，与饮酒方式也有着直接的关系。由于酒性热，醇酒尤甚，如适量饮用能活血行气、壮神御寒、消愁遣兴，反之则"生痰动火"。即过量饮酒不仅使人得病，还会助长人的欲望，使人性情暴躁，为所欲为，表现为酒后失言、酒后失礼、酒后失态，同时给人带来健康和行为上的不良后果。所以从周代开始就提出了节饮主张，对人们的饮酒行为进行仪礼规范，并使之伦理道德化。这个特点也是中国人之所以温文尔雅的重要原因。

酒与中国人民族性格的关系密切，远不止这些，而且酒也不仅仅影响到历史上的中国人，对于今天的中国人也是不可缺少的。可以说中国人和酒将会随着历史的发展"携手并进"。酒将会使中国人的性格变得更完善。使中国人的生活变得更美好。

酒与文学

诗人大多嗜酒，酒冲击着人的本能情感。酒为诗人提供创作的动力，这只是一个方面，另一个方面酒成了诗人创作的一个百用不厌的主题。酒可以用来激励诗人的壮志，尤在诗人处于内忧外患交织的时代更是如此。更多的诗人喝酒时是感觉到忧虑，有的是借酒浇愁，"何以解忧，唯有杜康。"酒能解愁，酒能忘愁，饮酒是一种情绪的宣泄，它能调节被压抑的心理，抒发心中的郁闷，但它不能驱赶现实的矛盾。尽管如此，许多诗人愁绪郁结时还是选择了酒。

酒在中国的抒情作品中，如诗词一样举足轻重，但在叙事性作品中地位便有所不同。酒自然是许多作品的主题和中心,但当小说逐渐成熟起来,酒的作用便相应减弱了,然而酒毕竟和小说结下了不解之缘。这主要体现在酒与文学形象的关系上,是酒使得许多文学形象熠熠生辉。作为道具或作为背景,作为情节发展的主要推动因素,更作为塑造形象的手段,酒发挥了极大作用。酒也常用来作为施用计谋的手段,离开了酒很多事情难以办成,借酒席开通门路的,借酒蒙骗人的比比皆是。酒在塑造人物时,大多是用来衬托人物的洒脱、豪迈,有了酒就可以脱略形迹,无所羁绊,消除人与人之间许多隔阂。

酒确实有益于文人,它使文人产生迥异于常人的创作冲动,它也给文人的情绪以高度的刺激,让情绪活跃、亢奋,产生丰富的联想,它也给文人的郁闷以宣泄。曹植《酒赋》颇有趣味:

余览扬雄《酒赋》,辞甚瑰玮,颇戏而不雅。聊作《酒赋》,粗究其终始。赋曰:

嘉仪氏之造思,亮兹美之独珍。仰酒旗之景曜,协嘉号于天辰。穆生以醴而辞楚,侯嬴感爵而轻身。其味是有宜城醪醴,苍梧缥清。或秋藏冬发,或春酝夏成。或云拂潮涌,或素蚁浮萍。尔乃王孙公子,游侠翱翔。将承芬以接意,会陵云于朱堂。献酬交错,宴笑无方。是饮者并醉,纵横喧哗。或扬袂屡舞,或扣剑清歌。或颦蹙辞觞,或奋爵横飞。或歌骊驹既驾,或称朝露未晞。于斯时也,质者或文,刚者或仁。卑者忘贱,窭者忘贫。于是矫俗先生闻之而叹曰:"噫!夫言何容易。此乃淫荒之源,非作者之事。若耽于觞酌,流情纵逸,先王所禁,君子所斥。"[1]

酒与养生保健

酒之所以受到人们的青睐,一个重要的原因是饮酒具有养生保健作用,但饮酒不当,则不仅不能达到养生保健的功效,反而有损健康。

从养生保健的角度出发,古人对酒的质量和品种十分讲究。烈酒不利

---

[1] 《全上古三代秦汉三国六朝文·三国》第三册,中华书局1965年版,第148页。

于养生，容易使人头晕，对人的神经系统和视网膜产生毒害作用，甚至危及生命，而度数在 10—20 度之的低度好酒，例如黄酒和果酒，含有糖、甘油、有机酸及维生素等，这些大多为人体所需，因此是一种营养价值很高的饮料。在讲究质量外，饮酒要适量。节制饮酒一直是古人极为重视的养生之道，节制饮酒首先是根据自己的身体状况，量力而行，适可而止。现代科学表明，长期过量饮酒，会使人的寿命缩短 10—20 年。专家研究表明，饮酒过度的人 60% 寿命为 33—49 岁。过量或持续饮酒也会导致人体中胃、肝脏、肺等发生病变。

　　古代饮酒不仅强调节饮，而且还十分讲究饮酒的方法。第一，饮酒时情绪要佳。古人认为只有在身体和情绪都正常的情况下才能饮酒，否则会对身体造成损害。第二，借物娱酒。中国古代注意养生的人，往往在饮酒时通过赏花、观景等活动来调节自己的情绪，从而达到养生延寿的目的。第三，投壶与酒令。投壶是中国古代宴会上的一种助酒兴的游戏，通过这种游戏，使来客多喝点酒，以示自己的盛情，有增添宴会欢乐气氛的作用。酒令也是一种助酒兴的游戏，现代的猜拳行令就是酒令的一种。第四，美酒佐佳肴。西人认为：饮酒必佐佳肴，切忌饭后酒。因为酒中的乙醇是由肝脏分解的，肝脏在分解过程中需要维生素来维持。因此光喝酒而不吃菜，就会使肝脏因缺少维生素而形成失调，使肝脏受损，因此在饮酒时必须吃营养价值高的佳肴。第五，酒后少饮茶。历代饮酒之人往往喜欢酒后喝茶，其实这种做法对人体非常有害。有人错误地认为，喝酒后喝浓茶可以解酒，其实不然，酒后的乙醇随血液循环到肝脏中转化成乙醛再变成乙酸，然后分解成水和二氧化碳，经肾脏排出体外。而茶中的茶碱有利尿作用，促使尚未转化成乙酸的乙醛进入肾脏，造成对肾脏的损害。所以酒后不宜多喝茶。那么酒后以吃何物为好呢，古人认为吃水果、甘蔗和白萝卜等为最好。

　　酒与治病也有着密切的联系，早在远古时代，人们就已经认识到酒对人体疾病的治疗作用，因此在治病时经常借酒来提高药物的成效。

酒与人际交往

　　放眼日常生活，酒几乎无处不在，外宾来了要举行酒会，"内宾"来了要设宴招待，生意谈成了要举杯祝贺，远客来了要置酒洗尘，久别要杯酒话旧，送行要设宴饯别，拉交情要摆酒联欢，托人帮忙要用酒酬劳……至于节日典礼、婚丧嫁娶更要大摆筵席。

祭祀是礼的表征。古代帝王祭祀天地、山川和祖宗都要献酒，祭祀是向神、向祖宗献媚，祈求降福，实质上是对神和祖宗的感情投资，也是向老百姓示范，叫人们也要对天神和祖宗，包括代表天的意旨来治理百姓的帝王的虔诚崇拜，所有这些都离不开酒。

少数民族好客，遇客必奉酒；饮酒必须醉。除了殷勤劝酒外，还有特殊的逼人饮酒法，如苗家人遇到节日，家家以客多为荣，一家有客，家家纷纷以酒菜前来劝酒，必须各尽一杯，客人不干杯不走。

现代人们酒宴或约人聚饮，倘有人迟到，座客就会提出要罚酒三杯，这是一个很古老的定约，至迟两千年前的春秋时代，已有此风习了。《韩诗外传》记载，齐桓公宴群臣，规定"后者罚饮一经程"（经程是一种容器）。

喝酒干杯的习俗，古时就有，东汉王符的《潜夫论》有"引满传空"的说法，也就是现在干杯亮底给同座检查的意思，并有"杯中余沥，有滴，则罚一杯"的说法。

酒的作用远不止于此，它不仅是日常人际关系中的润滑剂，而且在历史上还是决定国家大事，关系到社会治乱的重要工具。酒深入到生活中的各个方面，可以说，无酒不成礼，无酒不成席，无酒不成欢，无酒欠敬意……

酒文化在中国历史上有着丰富的内涵，对中国的政治、经济、文化等的发展起到了重要作用。酒文化也必将随着历史的发展而更加辉煌、灿烂。

服饰文化

斗争衣衫巧样缝　深浅配来纤手绽

　　服饰作为一种文化现象，自其诞生以来，就富浪漫色彩，随着时代的发展，服饰文化愈加绚丽多姿，从古到今，中国服饰发展经过了漫长的历程，从中折射出不同文化背景的深刻意蕴。不可否认，形式与内容的辩证统一，使中国的传统服饰与悠久的文化基因互为表里，形成一派独具特色的东方气息。

　　研究服饰丰富的文化内涵，是一个新鲜而有趣的课题。通过对中国传统服饰的观照反思，可以考察中国古代文明的发展轨迹，评析各个朝代的风俗习尚，了解服饰本身的演进规律，探究人类进行人体包装的心理趋向。从中我们或许还可得出未来服饰走向的启示。

　　服饰有广义和狭义之分，这里不仅指平常所说的服装，还包括头、手、颈、脚、胸等佩戴的各种饰物。服饰在人类生活中占有如此重要的地位，以至在衣、食、住、行四项中，衣被列为首位。它在生活中的功能很多，大致有护体、御寒、遮羞、标识和装饰等方面。

　　原始人使用服饰的最初动机，不少人类学家多认为是装饰。虽然服装的保护作用和遮羞作用在现代人眼光看来似乎是基本的，但从原始人说来，却并不是第一需要。至今还处于原始社会的部落中，曾经发现过不少不穿衣服的原始民族，却从来没有发现过没有装饰品的原始民族，就是一个明证。原始人对佩戴饰物是十分重视的，宝石、羽毛、兽皮、贝壳、树皮、果壳都被取来用来装饰于颈部、头部、腕部、腰部以至足踝，甚至没有法子可以附着饰物的部位，如耳朵和鼻子，也穿孔以便容纳。这些饰物，都是为了供人观瞻。有的是为了吸引异性的注意，有的则是炫耀自己所取得的胜利，譬如在打猎中击毙了一只野兽，就会把野兽的角、齿、毛皮等物装饰在自己身上，作为胜利的一种标志。

原始人对身体的装饰有多种,除了佩戴饰物外,还有涂绘和毁形两种。身体被绘上种种图形,也就是"文身"。这种装饰在原始人中最为普遍,用各种颜色,尤其象征自己征服力量的颜色来文身,可能是用来表示自己胜利的标志吧。毁形,是比较野蛮和残酷的。在原始民族中比较盛行,嘴唇、面颊、鼻子或耳朵可以穿上一个洞,手指的关节可以弄开,牙齿可以凿去几个,在婴儿时期,就把头盖骨压成各种奇特的形状,有些原始部落的男女孩子,在进入青年期时,必须参加成人的仪式,以便取得氏族公社正式成员的资格,在成人的仪式上,往往也要对身上的某些部位进行切割,作为标志。中国旧社会的女子,缠足和为戴耳环而穿耳孔,都留下了毁形装饰的痕迹。随着社会的进步,涂绘和毁形的做法,逐步废弃,而使用各种附加物来装饰身体的习俗则长期保存下来,演变成各种各样的服饰。

最能说明原始人使用服饰更大程度上是为了装饰的例子,莫过于居住在北极的爱斯基摩人的衣服了。由于气候的寒冷,衣服的保护作用突出出来,尽管衣服有了御寒的价值,装饰的作用仍然被原始民族所重视。爱斯基摩人的衣服非常完整,但他们也并没有忘记装饰,在皮制的衣服上附上各种颜色的细皮条、齿骨、金属、珠玉等装饰品。而遮羞的观念产生很晚,恐怕要到私有制产生后才有。原始社会的人并不认为赤身裸体是羞耻的事情。

服饰的美化作用在人类进入阶级社会后日益明显。但服装的演变,与政治、经济、军事、思想、文化以及宗教信仰、生活习俗等都有密切的联系,相互间有着一定的影响。

服装的演变首先受实用的影响。从北方的紧窄与南方的宽博等服饰差别上,便可看出服装与气候、地形的关系是很密切的。但是一个地区的地形、气候的变化是十分缓慢的,而服装制作的材料和式样却千变万化、日新月异,可见,引起服装迅速变化的原因主要在于社会条件。

首先是生产力的发展。原始人不可能制造出精美的丝织用品,奴隶主也不会仅用树叶兽皮蔽体。可见,服装的材料、式样和色彩,直接决定于狩猎、畜牧、种植、纺织、印染、缝纫等行业的生产水平。

其次是社会制度的影响。服饰有一个重要的功能即社会功能。中国古代森严的等级制度,反映在服饰方面,就是穿戴上的等级差别。在式样、纹饰、质料等方面都有等级限制,"上得兼下;下不得僭上"[1]。

服装既然是社会人穿着的,必然也受社会各个方面的影响。宗教礼节的约束,使得世界上各种宗教的神职人员各司其职,各有其特殊的服装,天主教和基督教的神甫、牧师、修女,佛教的僧尼,特有的装扮已成为身份的象征。在宗教迷信的影响下,婚、丧、诞、寿等礼节也往往要求有特别的服饰,于是祭服、婚礼服、丧服便有着严格的区分。就丧服而言,中国古代一直有严格的规定,按生者和死者关系的亲疏远近分为斩衰、齐衰、大功、小功、缌麻等五个等级,叫作"五服"。

服装与民族有密切关系,各民族都有自己传统的民族服装,随着各民族交往的日益频繁,服饰上互相影响,"胡服骑射"就是一个典型的例子。中国战国时代,赵武灵王为了便于骑射,改穿西北游牧民族的服装,一时颇为流行,史称"胡服骑射"。再如日本的和服正是受中国唐代服装的影响。日本在中国宋代时兴起的茶道,有隆重而严格的礼仪,也规定要穿中国宋代的服装。"易服"后来发展成为民族斗争的内容之一,民族侵略压迫如此深重,胜利者强迫被奴役者改变服饰,以此征服民心。最典型的例子莫过于满清入关后强迫中原各民族剃发、易服的事件了。

综上所述,服饰不仅是人类文明的标志,同时蕴含着深厚的文化底蕴,代表着特定时期的文化。服饰演变,是中国文化史的不可分割的组成部分。

那么,中国传统服装形式如何呢?历代在服装形式上又有哪些重要的变化?

中国传统服装有两种基本形制,即上衣下裳制和衣裳连属制,两种形制的服装交相使用,相容并蓄。

上衣下裳的服制,即上身有衣,下身有裳。衣用来蔽寒暑,裳用来遮羞。相传这种服制起于传说中的黄帝时代。《易·系辞下》称:"黄帝……垂衣裳而天下治。"可见,黄帝首先穿上衣服,有了服饰,而统治天下,这实际上是制定礼的秩序。在甘肃出土的彩陶文化(辛店期)的陶绘中,就有这种上衣下裳的形制,可与传说相印证。这可以说是中国最早的衣裳制度的基本形式,对后世的服饰形制有很大影响。

---

[1] (明)丘濬撰:《大学衍义补》下,朱维铮主编:《中国经学史基本丛书》第四册,上海书店出版社2012年版,第67页。

衣裳连属制，其雏形见于原始时期。古称"深衣"，这种形制对后代服饰也有很大影响。汉时的命妇都以此为礼服，古代的衫、袍等都采用这种衣裳连属的形式，甚至在现今的连衣裙和旗袍上还能看到古代深衣的影子。

原始时代的服装形式，虽有个别图像资料发现，但由于材料很少，对这一时期人们的服装式样还不能作出详细说明。夏商周时期，中原地区华夏族的服饰是上衣下裳、束发右衽。河南安阳曾出土石雕和玉雕的奴隶主形象，头戴扁帽，身穿右衽交领衣，下穿裙裳，腰间束带（称"带"，后代所谓的绅士之称即从中而来），裹腿，着翘尖鞋。周代贵族的服饰，基本与商代相同，唯腹前常系有一条像围裙一样的韨。这条韨，也是渊源甚古的，原始人常用兽皮、树叶掩蔽下体，后来衣裳形制确立后，仍将这片遮掩物加于下裳之前，称为韨。

周初制礼作乐，对贵族及平民阶层的冠服制度作了详细的规定，对后世影响颇大，有天子之服、诸侯之服、卿之服、大夫之服、士之服，帝王和官员的礼服都用冕服，冕服和冕相配，公服则主要是弁服，弁服和弁相配，冕和弁是周代冠的基本形制。冠和帽的区别在于，前者只罩住头发而后者则覆盖整个头顶。冠帽属于头衣，是随着衣裳的产生而产生的。《后汉书·舆服志》云："上古衣毛而冒皮"，即利用兽皮缝合而成帽形而加之于头上。束发习俗形成后，又从束发器的形制中产生了冠，考古资料中所见的商代冠形还较简单，通常作帽箍式，基本形制与早期束发器相同，从中不难看出两者之间的沿革关系。

周代冠的形制有冕、弁两种，冕的基本形制是冠上加一木板，前后有垂旒，旒以玉珠穿成，随等级差别及种类用途的不同垂旒的数目也有差别，天子最尊贵的衮冕是十二旒，等级最低的大夫玄冕仅二旒。周代以后，这种冕一直为历代所沿用，作为正式的礼服，直至明末。弁仅次于冕，其形如覆杯，自天子至士都可戴之，是在一般性的正式场合所用，有爵弁、皮弁、韦弁之分。除此之外，还有冠，亦称冠弁。古人服冠，讲究与衣服的搭配，因此冠服常常连称。

春秋战国之际，礼坏乐崩，各诸侯国在服饰上都有明显的不同，当时风行衣裳连属的深衣。由于和少数民族的交往，窄袖短衣、长裤的胡服出现在中原民族的服饰中，胡服便于骑射，赵武灵王提倡胡服，结果赵国很快强大了起来。伴随胡服传来的还有带钩，用于结束革带，比以前绅带的结扎方式要便捷得多。

汉代男子的服装样式，主要有曲裾和直裾。曲裾之服即战国时代的深衣，而将衣襟接长，向后拥掩，但多见于西汉早期。及至东汉，男子一般多穿直裾之衣。直裾又称"襜褕"；后世的交领袍就是从襜褕发展而来的。襜褕西汉已经出现，但并不作为正式的礼服，究其原因，实和当时的内衣有关。古代的裤子称为"绔"。《释名·释衣服》："绔，跨也，两股各跨别也。"《说文》："绔，胫衣也。"从汉代起开始在社会上普遍流行。当时的绔多为开裆，仅用两只裤管套在膝部，用带子系于腰间，这种裤子穿在里面，如不用外衣将之掩住，裤管就会外露，这在当时社交场合中，是会被视为不敬。后来虽出现满裆的裤（古称"穷绔""绲裆"），开裆裤仍作为套裤长期存在。将之作为婴孩的专服，只是后来的事。由于内衣得到改进，曲裾绕襟的深衣之制已属多余，所以直裾的襜褕逐渐普及，终于取代了深衣。东汉开始，上层的袍服转入制度化。所以，此后的史书中常在"舆服"一门，记载当时的冠服制度。平民与贵族的区别主要在衣服的长短上，由于劳动的缘故，劳动人民的服饰比较短（或上衣下裤，或较短的衣裳连属制），色彩、纹饰也很朴素，所谓"鹑衣短褐"，"荆钗布裙"，就是他们的日常衣饰。

汉代的冠式都作前高后低，倾斜向前形，其中最主要的有两种，一是文官所戴的进贤冠，以冠上加横脊（梁）的多少来区分身份的高低；二是武官所戴的武弁大冠，以漆纱制作，上加鹖尾或貂尾为饰，冠内都要衬帻。汉代以前，帻大抵是包裹鬓发的头帕，一直盖到前额，为不戴冠的平民所用。颜师古注说："绿帻，贱人之服也。"① "绿帻"指靠不正当手段富贵骄横的人。在汉代，帻的形式大体已与帽式相类，有各种不同的形式和颜色。冠与帻的配合有一定的规制，如进贤冠必配介帻，武弁必配平上帻，卑贱者只能戴帻，未成人的童子则戴空顶帻，即露鬓无屋之帻。汉冠制度对后代影响颇大，它在礼服中一直沿用到明代。

汉代的冕服一直是各代祭服的主要形式。朝服是冠服，头戴冠，身穿深衣，下穿履。等级的差别在于：第一，不同身份的官员戴不同的冠，如

---

① 蔡邕《独断》："帻者，古之卑贱执事不冠者之服也。"《汉书·东方朔传》："董君绿帻傅韝，随主前，伏殿下。"颜师古注："绿帻，贱人之服也。"参见吴山主编《中国工艺美术大辞典》，江苏美术出版社1999年版，第176页。

文官戴进贤冠，武官戴鹖冠，御史戴獬豸冠（亦称"法冠"）等。第二，冠梁的多少。第三，佩绶，汉代官员多将印装在腰间的囊里，印绶垂在外边，依官阶的大小，绶的颜色和织法都不相同。汉代的冠服制度为历代沿用，作为朝服的主要形式，直至明末。

汉代初期，铁制铠甲已成为军队的主要装备。军事服装，除甲胄以外，还有缇色的絮衣和红色的裤子。武士穿上这些服装时，常喜袒肩。后世称偏护一方为"左袒"，即源于这种穿着习惯。

上古三代，妇女的服装与男子的服装形制基本相同（上衣下裳或深衣），而仅在质料、花纹上有所区别。汉代妇女的礼服是深衣，而日常服饰则上衣下裙。裙与裳的形制相似，而女子所着专名为之裙，说明其时已使之带有女性的装饰特点。华丽的女式深衣之曲裾在下身要缠绕好些层，并且在衣裾的斜缘上还垂下许多三角形物及长飘带，即古文献中所称之襳与髾。司马相如《子虚赋》："蜚襳垂髾"，傅毅《舞赋》："华带飞髾而杂襳罗"，其描写均着眼于此。

汉代妇女多梳髻，一般将头发向后梳成下垂之圆髻，名椎髻。以"举案齐眉"的故事著称的孟光，《后汉书》就说她"为椎髻、着布衣"。① 在汉代的陶女俑中，这种髻式经常可见。早在远古时代，华夏族的装束就有头上梳髻的特点。在陕西龙山文化之神木石峁遗址中出土的玉人头像，头顶有髻，可能是用笄束发的反映。束发为髻是华夏族传统的发型。骨笄在相当于夏代的二里头文化之二里头类型与东下冯类型诸遗址中均曾出土，其形制与商代的同类器物相同。这里有必要说说"笄"。笄是在佩戴弁、冕时加于发髻上的用具。笄较长，横插于髻上，并穿过发髻，然后将冕弁别在髻上。笄后代又称作簪，女子由于不戴冠，只有笄簪固定发髻，因此为了区别起见，固定冕弁之具称横笄；固定头发的称发簪。杜甫《春望》词："白头搔更短，浑欲不胜簪。"就是说因为头发稀少，插簪就成为困难的事。冕与弁加在头上，还需在笄之一端系上一根小丝带，从颌下绕过，再系于笄的另一端。这根固定冕、弁的带称纮（与冠上之缨不同）。此外，笄的两端各用一条称为纮的丝绳垂下一颗玉，名叫瑱，又称充耳、塞耳。《诗·卫风·淇奥》中说："充耳秀莹"，即指瑱而言。汉代妇女髻式已成为妇女的重要装饰内容，有种种样式，还有戴特制的假

---

① （汉）班固：《后汉书·梁鸿传》。

髻来装饰头发的。当时的髻饰有菌,即剪氁或以巾覆于发上,然后在上加插首饰。菌亦称巾帼,后来称女英雄为巾帼英雄,即源出于此。

魏晋南北朝时期,是中国古代服装史上的又一个大转变时期,服装的大转变与民族的大融合同步进行。一方面,南下的鲜卑族本着鲜卑装,其男装包括圆领或交领的褊衣、长裤、长靴及施带扣的腰带,头上戴后垂披幅的鲜卑帽。当各民族长期杂居之后,这种服饰在华北逐渐流行,汉族百姓也有穿的。另一方面,北魏统治者受中原传统文化的影响,十分羡慕古代帝王那一套峨冠博带的"威仪",同时也从政治需要出发,提倡汉化,孝文帝元宏就是其代表人物。在其汉化政策中有一项内容就是禁胡服。但对于平民的服装来说,孝文帝汉化的成果并未能持久,因为继立之东魏、北齐,屡屡兴起反汉化的浪潮。特点是北周吸收汉族农民充当府兵,更为鲜卑化的服装在平民中的普及开辟了道路。在太原北齐娄叡墓壁画中,几乎清一色是鲜卑装。但上层统治者在某些隆重的场合中仍着汉装,这在响堂山石窟中的《帝后礼佛图》浮雕和《历代帝王图卷》中的北周武帝像上可以看出。

历经魏晋南北朝的大融合,隋唐时的服饰,出现了"法服"与"常服"并行之制。作为大礼服的法服仍是汉代传统的冠、冕、衣、裳;常服则是在鲜卑装的基础上改进而成。唐代男子上自皇帝,下至厮役,在日常生活中都穿常服,包括圆领缺骻袍、幞头、革带及长勒靴。缺骻袍即开衩的长袍,又名四䙆衫。幞头则是由鲜卑帽演变出来的,它本是一副头巾,裹头时两个中角向前抱住发髻,另两个巾角在脑后结扎,多余的部分使之自然垂下,幞头质地一般为黑色的纱或罗,所以后垂的巾角也是软的,故称"软脚幞头"。以后形制在佩戴者的身份上发生了很大变异,逐渐取消了前面的两结,而后面则增添了用金属丝扎起,并衬以木片的两脚,俗称为"硬脚幞头"。由于硬脚的形状及上翘的角度不同,又有"句脚幞头""展脚幞头""朝天幞头"等各种式样,为文官所戴。幞头由于经常使用黑纱制成,故又称乌纱帽。唐代还值得一提的是妇女所戴的帷帽(亦称"羃䍦篱",始于北齐),即是在一种四周大沿,类似斗笠的帽(称"席帽""大裁帽"),四周垂以网子或薄纱之类以蔽面,妇女出行时多有戴之者。到宋代、演变为以方幅紫罗障蔽上半身,称为盖头,后世新娘的盖头即由此演变而来。

唐代的革带亦用带扣系结,且在带身上垂下若干供系物的窄皮条,名虝𪊨。配置此物时须先在革带上装䤩，䤩附环，虝𪊨拴在环上。唐初之革带最多装 13 环，后减为 9 环、7 环。以后又去其环，只留下䤩。䤩是一种接近方形的饰片，依官阶的不同，分别用玉、金、犀、银、鍮石、蓝铁等材料制作，从而使革带也成为区别官阶的一项标志。此外，北周时开始出现的"品色衣"，至唐代也形成制度，成为以后中国官服的一大特色。原先在汉代，大官都穿黑色的官服。《独断》："公卿、尚书衣皁而朝者曰朝臣。"《论衡·衡材篇》："吏衣黑衣。"河北望都一号汉墓壁画中官员的服色正是如此。采用品色制度后，官品与服色联系起来，于是官大官小，可一望而知。在唐代，皇帝的服色为柘黄，官员自一品至九品，服色以紫、绯、绿、青为差。平民多穿白衣。士兵在汉代衣赤，隋代衣黄，唐代衣皁。

唐代女装主要由裙、衫、帔三者组成。这时常将衫的下襟掩在裙内，显得裙子很长。裙长曳地，由六幅布帛制成，即所谓"裙拖六幅湘江水"。肩上再披以如长围巾一样的披帛，它是从西亚经过佛教艺术的介绍传入中国的。唐代前期，中原一带的妇女还喜欢穿胡服，着翻领小袖上衣，条纹裤，线鞋，戴一顶卷檐胡帽。至安史之乱以后，穿胡服的风气亦渐消歇。唐代妇女以体态丰腴为美，由于身材的丰硕，服装也渐趋宽大。以纱罗作女服的衣料，是唐代妇女服饰中的一个特色，这和当时的思想开放有密切的关系。尤其是不着内衣，仅以轻纱蔽体的装束，更是创举，"绮罗纤缕见肌肤"对之作了形象的概括。这一时期，姬妾声伎日益繁盛，民间还出现了营业性的妓女，妓女专事修饰，衣着日趋奢侈，对社会影响很大。当时女子服装仿效的风气是，四方看京师，京师则由妓女衣饰为时新。

唐代贵族妇女的面部化妆很繁复，额上涂"额黄"，眉间贴"花钿"，鬓畔画"斜红"，两颊点"妆靥"，再加上"口脂""眉翠""朱粉"等，姿容相当浓艳。化妆术自先秦时代春秋战国之间开始出现，到了唐代也已发展到较高程度，化妆品逐渐增加。唐代妇女的发髻形式与发饰也很多，半翻髻、反绾髻、惊鹄髻、双环望仙髻、高髻、蝉髻、倭堕髻等，都曾盛行一时。发髻上插钗、梳等饰物种类形式也很多。古时的首饰主要是长簪、钗、珠翠、花朵及梳。汉代的妆梳呈马蹄形、唐代则较长而平阔，至宋就呈扁月形了。唐代妇女多在髻前插一把，也有在两鬓上部或髻后增插几把的。晚唐时才把两把梳子一上一下地相对而插，甚至有满头插梳的。

宋代服饰大体沿袭唐制。但呈现出多样化趋势，即所谓"其士农工商，诸行百户，衣装各有本色，不敢越外"。在《清明上河图》中，各色人物的服饰极不一致，有戴纱幞着袍的官员，有戴头巾着衫的儒生，也有着短衣的劳动者，光劳动者装束也不一致。但宋代的冠服，总的来说比较拘谨和保守，色彩也不及以前那样鲜艳，给人以质朴、洁净和自然之感，这与当时的经济、政治和思想文化状况，尤其是程朱理学的影响，有密切关系。宋代的礼服中仍用冠冕，而一般公服则多戴幞头，帽形平直，幞脚平展很长（据说是为了防止臣僚们在朝仪时窃窃私语），是当时的主要首服。其时为脱戴方便起见，已在巾上加漆使之形状固定（或用漆纱），每次服用不必特为裹束。身份低的人多戴无脚或软脚幞头，退休在野的官僚和士大夫多戴巾、帽，式样繁多，当时比较流行的是一种方形重檐的帽子，称"东坡巾"。东坡巾是宋代较为流行的一种巾式。有记载说，北宋大文学家苏东坡常戴此巾，因此而得名。东坡巾为方形，棱角突出，内外四墙（头巾四边），内墙又较外墙高出许多。关于东坡巾，考古材料和文献记载没有准确尺寸记录和实物出现，所见形象均为传世绘画。东坡巾在民间非常盛行，特别是一些文人雅士更是以戴东坡巾为时尚，使许多附庸风雅者纷纷效仿，风行一时。此巾不仅在两宋时期颇为流行，还影响到明代。[①]

宋代妇女也穿裙和衫，但已不用被子。而且多着小袖对襟式上衣，盖在下裙之外。其衣式的趋向也一变唐代的宽大而趋于偏窄贴身，有的中施细褶，"多如眉皱"。唐代服装中色彩鲜艳，衣装暴露的风尚也在程朱理学思想的影响下有所改变。平民妇女的衣裙式样为短身窄袖，质料粗陋，仅在婚嫁时可以"摄盛"，只要有能力办到，虽非命妇，也可以假末等的命服穿用。宋代出现了缠足的陋习，更使他们的身姿显得纤弱。缠足约始于五代时，但直到北宋神宗以前，缠的人不多。只是由于某些趣味低级的文士的宣扬，才逐渐流行。苏轼最早写词赞美缠足："涂香莫惜莲承步，长愁罗袜凌波去"，"纤妙说应难，须从掌上看。"[②] 至南宋时，缠足在贵族妇女中已相当普遍。

[①] 赵刚、张技术、徐恩民编著：《中国服装史》，清华大学出版社2013年版，第99页。
[②] （宋）苏轼著，李之亮笺注：《苏轼文集编年笺注》，诗词附十二，《菩萨蛮·咏足》，巴蜀书社2011年版，第68页。

辽、金、元的首服，在礼服、公服上，多沿汉族旧制，而在一般场合仍多保持本民族特有的服制。辽、金人多戴皮帽，元人多盔式折边帽，帽顶上多饰以珠、玉、宝石。元代的统治者是蒙古贵族。蒙古男子均将头发剃成婆焦，即将头顶四周的头发剃去，留一绺在额前，两侧的头发绾成小辫编作髻形垂于左右，名不狼儿。也有"合辫为一，直拖垂衣背"者。所戴之帽圆形的名钹笠，方形的名四楞帽，俗名均称为鞑帽。身上所着之袍在腰间有辫线，下身有褶，名辫线袄子，高官贵胄之衣多以纳石失（织金锦）制作。冬季着翻毛皮衣，名答忽。贵族妇女戴顾姑冠，以木为骨，高3尺许，外包红绢，上缀珠玉，顶插柳枝、翎毛，式样极特殊，只有蒙古贵妇才戴。元初曾统一过服饰，大德以后各任其便，所以，元代汉族，尤其是居住在江南的汉族即"南人"的服饰与宋代基本相同。值得一提的是质料上的变化，元代以前，中国衣冠服饰的材料一直以丝、麻、皮、毛为主，很少用棉布。元代棉花种植得到全面推广，棉纺技术也普遍有所提高，从此，棉布成为中国衣料中的主要品种。

明代基本沿袭唐制，"士庶皆束发于顶，官则乌纱帽，圆领束带黑靴，士庶则用白带巾，杂色盘顶，其辫发、胡服、胡语，一切禁止"[①]。公服除依品级规定服色外，还在胸、背各缀补子。补子是表示官阶的一种纹章，文官饰以鸟，武官饰以兽，谏官用獬豸，公侯、驸马则用麒麟、白泽。如官员建立功勋，有时在本色补服之外另有赐服：蟒、飞鱼、斗牛等袍服。这类袍服仅下皇帝穿的龙袍一等，极尊贵。明代公服上的腰带也很讲究，一品带銙用玉，二品用花犀，以下用金、银、乌角，各有等差。所以"蟒袍玉带"就成为这时大官僚之最显赫的装束。士人则多着直缀或曳撒，前者又名直身；后者腰部以下有褶，均颇宽大。戴各式巾，如儒巾、纯阳巾、程子巾等，其制系沿袭宋代之桶形的东坡巾而略加改易。黎民百姓着短衣，戴小帽或网巾。

明代妇女的装束虽与宋元相近，但内衣常有小圆领，在颈部结以纽扣。外衣较长，大抵以雅淡朴素为尚，不作鲜华绮丽。明代品官女眷的礼服，主要是凤冠霞帔。冬服有披风、帽兜等。在年轻妇女中，还有戴头箍的风尚，即以综丝为材料结成网状，罩住头发，以御严寒。后又行窄，扎

---

① 《国史旧闻·明禁胡服》，载杨代欣著《中国书画收藏与鉴赏》，巴蜀书社1999年版，第215页。

在额眉上为勒子，又名遮眉勒。

清代服制对近现代的服装形式影响较大，是中国服装史上的一个重要转变时期。它与战国晚期至西汉时之改着胡服、深衣，南北朝晚期至初唐之改着圆领缺骻袍，以及以后至20世纪前期之改着西式服装，是中国服饰史上的四次大转变。满族入关后，服饰以"（红）缨帽箭衣"为特点，与明朝"方巾大袖"（士人）、"纱帽圆领"（官）有显著区别。清代的官服，基本上是满族特色的服装，即头戴凉帽和暖帽，上缀朱纬，帽顶饰有顶珠，有特殊功勋者，皇帝赏以孔雀毛做的花翎，戴在帽上垂向后方。身穿带有马蹄袖的圆领袍，挂以朝珠，遇有大典，则在项间加以披肩，官服中仍参酌明制，使用补子。但比明代略小，纹饰相类似，只是明代文官的补子上有两只鸟，清代减为一只。胸前的补子被开襟的朝褂分为两半，所饰之鸟往往身首异处，有点不伦不类。又由于清代朝服无品色之制，一般为石青色，所以除补子外，又用其他特点来区分品级：顶珠一品用红宝石，二品用珊瑚，三品用蓝宝石，四品用青金石，五品用水晶，六品用砗磲（一种南海产的大贝），七品用素金，八、九品用花金。武官中之亲贵及有功者，还赏戴花翎，有单眼、双眼、三眼之分。腰带不同。皇帝本支用黄带，伯叔兄弟之支用红带，其他均为石青或蓝色，带上所缀宝石、带扣亦各不同。袍上蟒纹也有严格区别。三品以上九蟒，四品至六品八蟒，七品至九品五蟒，袍外用石青云青缎子，宁绸、纱作外褂，前后开衩。①

清代女装分满、汉两式。满族有上下连裳的旗袍，喜罩马甲，或外加坎肩，有对襟、一字襟、琵琶襟、大襟等形制。乾隆以后，开始穿高底鞋，俗称"花盆底"，初期较朴素，至中叶以后就较为繁饰。清初汉女仍着明装，上身穿衫、袄，下身束裙。清代后期则易裙为裤，而且在袖口、裤脚等处重复镶边，名"滚镶"，镶边道数渐多，有"十八镶"之称，最多的"衣身居十之六，镶条居十之四"②。汉族妇女以南北而不同，南方多系裙，北方扎裤脚，衣有对襟、大襟，裙有百褶裙等。满族妇女梳有如意头、一字头、大拉翅等。

满洲贵族开始曾强制推行本民族的服饰，通过法令要求汉族人民难发易服，有所谓一"留发不留头，留袖不留手，留裙不留足"的说法，激

---

① 陈书禄主编：《中国文化概说》，南京大学出版社2000年版，第269页。
② （清）徐珂：《清稗类钞》卷九〇。

起汉族民众的普遍反抗。传统的在法服中长期保存的衣、裳、冠、冕之制才被最后消灭。辛亥革命以后，长袍马褂虽尚继续存在，但中山装、学生装、西装等逐渐风行。妇女穿的旗袍，式样也与清代大不相同。时代潮流，日新月异，中国的服饰就这样随之从一个大变革时期又进入了另一个大变革的时期。

追求美是人的天性。由传统服饰的发展轨迹可以看出，美的追求、功的展现、艺的升华纠结盘错、兼容并蓄，形成了独具特色的中国服饰文化。

居家文化

门前相对青峰小　屋后流来白水斜

人类走过了漫漫长夜，终于从寻找自然洞穴的生存空间中解放出来，并创造性地制造了最简单的住穴，即给自己盖"房子"。通过辛勤地劳动获得了最有安全保障的生存环境。又经过数千年的努力，使半洞穴式的房子演变成色彩斑斓、富丽堂皇的居室建筑。随着居室的演变，居室文化也发展起来了，并日益丰富多彩。

居室选址

住宅选址古人历来十分重视。在建造房屋之前一定要找有经验的专家选址。这些专家就是风水先生。风水先生"仰观天文""俯察地理"对住宅选址作出合理的判断。在中国，最古老的"仰观"是观察太阳，通过对太阳运行的实际观察，确定了居室地址及朝向。"俯察地理"通过观察地脉、水源、风向等环境判断能否设置房址。

原始社会末期的基本选址条件是：地质条件好，近水，房子出口朝阳，向东或向南，居住群外有防御性壕沟。在与大自然的抗争中，人们通过实践，总结出一套辨方位、相土、观水的相宅方法，全面巡视，考察自然的山、水、林、木等；丈量土地，确定建筑基址范围，测量日影，确定建筑朝向。通过对周代遗址考察，中国城址一般选"背山面水"的模式。这种模式一直影响着选择阳宅的做法。中国是农业国家，在有山有水的地方设址，有利于农业生产。

春秋战国之际，阴阳学说盛行，并渗透了儒家思想，使选址建宅问题添上了神秘色彩。在选择宅址时，有了占候、占龟、占筮、占星、看相等程序。但在科学选址上，有更新的仪器——匙南。磁石指南奇异的功能，使选址指向更加准确、方便。另外，在地理学上，积累了许多关于地形，地貌的知识，为更好选址提供了合理依据。

到秦汉时期，人们将阴阳、五行、八卦等学说配合起来，形成了宇宙的总体构架，这个构架对卜宅、相宅产生了重大影响。

阴阳概念起源较早，阳表示日光洒射，阴表示阳光不可洒射，西周末年之后，开始把阴阳想象为气，《老子》中说："万物负阴而抱阳，冲气以为和。"

五行即金、木、水、火、土。《尚书·洪范》中记载："水曰润下，火曰炎上，木曰曲直，金曰从革，在爰稼穑。"这是五行学说早期记载。

八卦最初见于《易经·系辞下》："古者包牺氏之王天下也，仰则观象于天，俯则观法于地，观鸟兽之文与地之宜，近取诸身，远取诸物，于是始作八卦。"

汉代，经董仲舒之手，把这三大思想结合起来，形成了对风水理论的哲学基础。

五行相生相克原理，五行互相产生叫相生序：木生火、火生土、土生金、金生水、水生木。五行相抑制的次序叫相克序：金克木、木克土、土克水、水克火、火克金。自然界的一切事物都可以附合以上五行属性，因此这种关系也适用于风水判别吉凶的基本准则。

用五行理论扩展到方位、季节和色彩上。南曰朱雀是火、红色、夏天；东曰青龙是木，青色、春天；北曰玄武是水，黑色、冬天；西曰白虎是金，白色；中曰后土是土，黄色。

把阴阳学说同五行、八卦、天干、地支相配合，形成了风水理论的基本规则。八卦中最基本的是八个方位即从西北起，为乾（西北）、坎（北）、艮（东北）、震（东）、巽（东南）、离（南）、坤（西南）、兑（西）。根据八卦形势所叙，把西北作为祖山，北为少祖山，少祖山之南为主山，从西北到北，由"龙脉"相承，实际指山势走向，一种远山效果；东为青龙山，南是案山与朝山。在两山之间，有溪流（水脉）经水口逶迤流淌。整个建筑群的入口就是水口，正好位于东南方。这样就使整个建筑群置于山水环抱之中。风水术称为"龙穴"。这样一来就构成了一个坐北朝南的、封闭式的、负阴抱阳的生态环境。这就是古人所认为的风水宝地。

风水理论的实质是人们择居观念同自然环境的合一。中国地形正好是西北多山高地，东南平缓而地低，且东南水多。《周易》实际是从中国地形、自然环境的观察中总结出来的一种经验，并把它理论化了。面依小河，有利于农业生产和解决人们的吃水问题，背倚青山可阻挡来自西北的寒风，并有利于放牧、砍柴。家居的设立正好选择在环境优美的山林地带，"有高有凹，有曲有深，有峻而悬，有平而坦，自成天然之趣，不烦人事工。"[1] 这样可以营造出人与自然融为一体的美好居室来。

择宅基地是古人适应环境的举措，而改造周围环境也是古人特别重视的处理办法。在讲求自然地形吉利的同时，也十分重视相邻住宅的关系。首先，讲究的是忌背众，即忌与众人的屋相反，风水称相反的建筑叫作"众抵煞"，为不吉利。对于屋前空地不可两边低而自己独高，要略低别人屋，但不可过低。这是"中庸""平均"思想在建筑上的表现。风水理论的这种限定，有效地调节了住宅团组之间的空间关系。房屋高低一致，朝向一致使村落空间秩序井然。其次，在栽树方面，风水也告诉人们，不可在大门前种大树，最好是东种桃柳、西种栀榆、南种梅枣、北种柰杏。又告诉人们"中门有槐，富贵三世，宅后有榆百鬼不近"[2] 等。这种限定看起来似乎很荒唐。但据近代人研究认为，这是符合住宅环境要求的。如果在大门前种大树，不但把前面阳光阻挡，阳气生机不得入内，而且屋里阴气不易驱出，再者秋后树叶落院，极易被风卷入屋内。对于"宅后有榆百鬼不近"。据研究认为，榆树属速生、枝叶繁茂树种。它有利于防风、御寒。并且榆树具有极强的吸附毒气、烟尘的性能，它可以有效地保护环境、净化空气。所以，"百鬼不近"，很有道理。

对于房屋布局，中国民居主张把中轴线叫作"命线"，在命线两旁布置房间，如果只有一进院，那么正房中厅要在命线上。而正房两侧要盖东、西厢房，如同一个人的左、右两臂，这叫背阴抱阳。把布置房屋的这种关系同人、自然、建筑三者结合起来，而且是以活动其间的人为中心。这种规正的院落形式给住宅的外部空间以种种界定与暗示，这体现了中国民居的封闭式原则。

---

[1] （明）计成：《治园》。
[2] （清）高见南：《相宅经纂》卷四。

中国居室建筑形式演变

　　人类从寻找现成的岩洞居住到掘坑盖顶居住，完成了一个伟大的转变，它的发明是人类发展史上的革命。早在三千多年前，中国的甲骨文字就把古老的居室记录了下来。文字有如半掩门状的"户"、双扇门的"门"、在台基上建造的"室"、几处房屋组合建筑的"宫"等都反映了房子的存在。有的带"宀"的字还直接或间接地表示房屋的种类、用途、性质等。"宀"为屋顶状，"家"屋顶之下有只猪，说明已驯养豕这种动物了，"宗"表示屋子里面供奉祖先，"寒"表示屋里有一个人、一张席和一些柴火，天冷不能外出，在屋里取暖。"安"屋里有女子，表示有了家室安定下来了。又如带有"穴"字头的字，"窖""窗""空"等，都说明住着半地穴或全地穴的房子。再如带"广"旁的字，有"店""库""厢""庑""廊"等，表示屋子有一边是敞开着的。这些都是辅助性的、从属性的建筑物。

　　随着建造房屋的进步和发展，又出现了同"木""石""金"相关的字，表明建筑材料的利用，以及这些材料用于什么地方。

　　综观中国的文字发展，可以切实地说明房屋建造的演变过程。而通过原始人洞穴中留下的壁画和考古发掘居室遗址也可反映出原始人居住的基本轮廓。最初人们生活的居室只是穴坑式茅屋。《易·系辞》上说："上古穴居而野处。"《礼记·礼运》上说："昔者先王未有宫室，冬则居营窟，夏则居橧巢。"这个时期的家居方式还属于蒙昧阶段。20世纪50年代，中国考古学者在西安东郊白鹿发掘原始人建筑，可以看出当时的建筑技术水平已相当高。这是一个方形半地穴式房屋，从地面向下挖浅坑，用坑壁做墙，居住面中间有一立柱，木橼从四面搭向中心，然后铺草泥成四面斜顶的房屋，屋内中央有供取暖、照明、烘烤食物用的灶坑，前面有门、门道。门篷是为防雨雪风寒而设置，并有隐蔽居室的作用。半坡居室属母系氏族社会，因氏族成员共同生活的缘故，房屋建造较大。到父亲氏族社会，建筑遗址多数为圆形平面半地穴式房屋，室内多为白灰面铺设地面。但同半坡居室相比，房屋面积缩小，大体是同一夫一妻制个体小家庭生活需要相适应的。

　　进入奴隶社会，房屋建造有了明显的等级，根据考古资料得知，房屋的下部建有台基，有些房屋采用干阑式构造。到了周朝，房屋住宅形式有了标准，据《考工记》载："匠人营国，方九里，旁三门，国中九经九纬，经涂九轨，左祖右社，面朝后市。"可见当时建筑规模有了明确限定。

春秋时代，士大夫的住宅是一个近于正方形的院落，住宅前部设门，门是一个面阔三间的建筑，中央明间为门，左右次间为塾。门内是一方形院子，院里设堂，堂后是寝室。这种房屋格局一直延续到汉代。

汉代以后，四合院式民居固定下来。这种四合院式住宅存在了两千年。这是由中国传统的家庭为单位的自给自足的自然经济所决定的。20世纪50年代末，郑州发掘出的汉墓画像可见，家庭居室的形式正是封闭式自然经济模式的体现。院落四周是高墙环绕，正中设门。院内设照壁和二进门，院落分前、后两部分。正房位于后院，院内由门房、门楼、仓房、正房、厨房、厕所、猪圈组成，布局严实整齐。

中国地大辽阔，各族人民经过辛勤的劳动，创造了形形色色的民居。这些民居不仅体现了各族人民建筑风格，更主要的是在改造自然的过程中体现了劳动者的智慧。古代人民根据当时当地的发展水平和自然条件，创建了自己的居室，在今天我们看来，还为之惊叹不已。下面分别介绍几种特色民居。

窑洞。窑洞分布较广，但主要集中河北北部、山西北部、陕西、宁夏、内蒙古等省区。窑洞分三种，一种是地坑院落式窑洞，即在地面上挖一个方形土坑，形成一个四合院，然后再向四壁挖窑洞。这种洞式一般是在没有山坡的平地上建造。另一种是靠崖式窑洞，依靠一面崖坡或沟壁往里挖成，如山沟较深者可以挖几层，远看如楼房。再一种窑洞是独立式，即用土坯拱券而成，它在地上夯土成墙，土坯制成半圆形，一圈一圈券砌在土墙上，窑洞的特点是冬暖夏凉、就地取材、不需木材、建房经济。窑洞是中国西北地区居室文化源泉，是生活图景与自然图景的完美结合。

石材居室。分布于有层积岩石的山区。石材居室除了在屋顶用几根檩之外，全用石头砌成。石头打制后稍作修整砌墙，墙高丈余，中缝不用灰，完全干砌，石头咬合十分紧密。封顶搭檩数根，再用如同瓦厚的石片铺顶、石片叠垒而成。这种房子结实保温，当然防火性能是一流的。

木材房屋。建于木材丰富地区，有用整圆木做墙，整木做檩，檩上铺厚木板而成。居室制成一大间，里边再隔板分间。里边空间大小，根据需要来隔离，拆组十分自由。

环形土楼。福建省南部、西部现存有环形土楼。有单环式、双环式、三环式和四环式。环形土楼中间为庭院。四周为大小相同的房间。福建永定县左竹乡高北村的承启楼，是清康熙年间的建筑，全楼直径73米，外环四层，是少见的四环建筑。外环每层72间房，4个公共楼梯，第二圈建二层，每层40个房间，第三圈是一层，建32个房间，楼的中心建筑是一座祖堂。圆形建筑发展来源于土堡，其特征是封闭式的。防御性能很强，这是宗族自我保护的产物，它可以加强本族联系，增加团结力量。

干栏式民居。位于亚热带地区的广西、贵州、海南、台湾等省区。由于气候湿润、多雨、地面潮湿，并且虫害较多，故把房室建在用木材构筑的栏架上。目的在于通风、防兽。干栏式建筑分两层，上层住人，下层可存放农具，圈牛、马、猪、鸡等。上层前部为宽廊和晒台，后边是堂室卧室，堂内设火笼和佛龛。

四合院。中国传统院落构造。院落方正，有中轴线，纵横发展建筑。四合院可一层套一层形成组合院落。院落成封闭式世界，内部空间完全统一，房屋对外不开窗户，是实体墙。四合院外有的还加一层围墙。南方的四合院多为二层楼房屋，一院住几家、几十家不等。最多楼房有四五层不等。以北京为中心的北方四合院，多为单层。是八九平方丈的正方形大院。中国住宅以家庭为单位，四合院是理想布局，它独立于外界，自成系统，与中国的家族观念相适应。因此，四合院在中国存在的历史长，分布的范围广。

四合院经汉、唐、宋各个时期的改进，至明、清成为典型的四合院布局，这种布局的基本规律有三条，一是向平面展开的组群布局。它是由建筑的基本单位间组成，再由间连成屋、由屋发展成院。间是个人寝居之所，屋为小家庭寝居之所，院为大家庭活动之所。这样的院落适应了中国家庭人口结构。二是正室居中在上，左右两厢对称在旁。适合家庭尊卑封建伦序，正屋居中在上显示其在家庭中的至尊地位，正屋都建在院落的中轴线上。而厢房则建于轴线两侧。"一正两房"的建筑概念演变成了家庭成员的称谓代名词，所谓"正室"是指结发之妻，"偏房"称妾。三是以"堂"为中心，形成封闭式院落。堂不仅是活着的家长居所，也是祭祀祖宗的场所。堂延伸为家庭集合之地。堂的建设是家族的核心，以此来形成血缘集团的核心。不难看出四合院民居是"家"观念在古建筑中的反映。

居家室内陈设

在居室陈设中，最主要的是家具。人们起居饮食，家具在生活中占有重要地位。

在中国古代，限于低下的生产力和原始技术条件的限制，居室简陋而低矮，内部空间狭小，人们只能席地而坐，所使用家具也是特别简单的物品。为了干燥舒适，人们先把地面用火烤，再铺坚硬的"白灰"。上铺兽皮和编织物。这种编织物称之为"席"。"席"是最原始的家具了。最古老的"席"的位置是很重要的。室内地面先要铺满，保持清洁舒适。专供铺底的席叫"筵"，"筵"也被用作为面积单位。由于室内铺筵，整洁美观，所以人们进屋必须先脱掉鞋子"屦"。久而久之就形成了一种礼节。《左传·哀公二十五年》记述一事：卫侯请诸大夫饮酒，褚师声子没脱鞋而登席，卫侯大怒。褚师声子急忙解释说，因脚有病不敢在众人面前脱，卫侯更加生气，在座的大夫们急忙为褚师辩解，卫侯还是坚持要他脱鞋。当褚师走后，卫侯还叉腰骂道："必断尔足！"① 可见，当时入席不脱鞋是失礼的。

"案"是古代常用家具。东汉时期孟光"举案齐眉"的故事，在封建社会中被视为妻子敬爱丈夫的典范。案是一种类似现代大型托盘的家具，形状或为长方形或为圆形。下面安有矮足，方为四足，圆案三足。案多木质，高级者髹漆并施彩绘，十分华美。长沙马王堆一号墓发掘出的案，上摆五个小漆盘、一件耳杯、两件漆卮，盘上放一件竹串，杯上放一双竹箸。表明贵族宴饮时，人们是跪在席上吃饭的，所以"举案至眉"是可能的。

汉代家具开始流行，漆器使用广泛。这时的家具种类有了床、榻、衣架、屏风、几、案等。西晋以后，中国出现了民族大融合局面，生活习俗有了很大变化。西域文化、佛教文化等都对中原地区有了深刻影响，因此，家具也发生了变化，形成由矮变高的趋势。家具虽然在工艺上还较粗

---

① 《左传·哀公二十五年》："卫侯为灵台于藉圃，与诸大夫饮酒焉，褚师声子袜而登席，公怒。辞曰：'臣有疾，异于人，若见之，君将毂之，是以不敢。'公愈怒。大夫辞之，不可。褚师出，公戟其手曰：'必断尔足。'"

拙，但造型、样式、种类上都有新的发展。

宋代家具样式趋于高型。在工艺上制作精美、坚固。桌、几、椅的腿与面的接触部分加上了一块牙板，比原来更加美观，且结实耐用。家具腿也不全是方形，开始有了圆形的、马蹄形的桌脚。桌面以下开始有束腰曲线变化。

明清时代家具发展出现高峰。其造型简洁、工艺更精美、风格典雅、品种更多、取材更为广泛。家具使用材料有榉木、楠木、黄杨、山榆等硬质木料。当时的紫檀木、黄花梨木家具被认为是上品。做出家具颜色深沉、质地细密、色泽秀美。家具制作精细巧妙。全部用榫头衔接，不用钉式胶粘。清代家具在明代家具基础上增加了更多的装饰，可雕刻出讲究的花鸟、树木花纹来，并描金、填漆。甚至把玉石、陶瓷、珐琅、贝壳镶在器具上，显得特别华贵。除了传统的桌、椅、几外，还有柜、箱、盒、箧等家具。

明清室内陈设已十分讲究。在北方居室中，明间上首通常设一床式椅（即大榻），或在其后设一屏风，作为装饰。榻上还放一小炕桌，左右有茶几和太师椅。普通居民的房子内堂居内放一方桌、两条长板凳。方桌靠近长条几案。几案过节时，还常摆一些供品。有钱人家的卧室中，卧具多有架子床，把四周封闭起来，成为独立空间，架子床前可置放脸盆架、立式镜子、长条几、衣架等。靠窗的地方放一方桌、扶手椅和圆凳。并用各种帐幔装饰起来，以增加室内气氛。

室内装饰同居家主人的情趣及功用有密切关系。明清时期普通农户家中一般正屋堂内设神龛，有祖先龛，赵公明神像龛、财神龛等，神龛雕琢精致，木质坚硬，这些既有信仰的原因，也有装饰居室的作用。而一般的文人家庭，室内摆设笔筒、砚台等，还有的置一些松、竹、梅的盆景。而职业工匠则另有同他职业相关的工具装饰，如木匠家中的木制大扇子；毡匠家中的弹毛弓；毛织匠家中的装饰挂毯；柳编匠家中编织工艺品等。

居家门、楹联、匾额、窗

门是内外空间分隔的标志，是人们由外界步入院落或室内的关口。故古人对门的设置和装饰特别重视。认为主人的吉凶祸福全靠门的设置合理与否。建宅设门讲究气的升入，要前门引气入内，后门不可走了底气。古人认为：风水吉利的方向为震（东）、巽（东南）、离（南）三个方向，因此中国住宅大门一般设为南向或东向。门的设置要满足两个条件，一为把吉利方向来的气（旺气）通过门一步步地引入；二是也不可把所有的门都开在同一条线上，以免来气太盛会冲掉主人的运气。出于这一目的，在设门时要做一些校正。即在大门后建一墙壁，俗称"影壁"。从这两个条件看出，古人一方面要求人丁兴旺，福寿财俱全，另一方面又要走"中庸"之道，怕旺气太盛受不了。

　　古人对门如此重视，所以门上的装饰也很讲究。门上要设门楼，门楼一般为砖木结构，上雕花瓶、古梅、八仙等，有的门两侧刻"鲤鱼跳龙门"等图案。而门后"影壁"也画有"五福捧寿""琴棋书画""九代同堂""百子闹元宵""福"字图案等。门的左右两柱或墙壁挂木板雕刻楹联。大门门环也有各种造型，用铜、铅、锡、铁等材料制成。"环碗"制成有角神兽，似虎、如牛、像羊的神兽，寄寓它可分辨是非曲直，并用角触撞恶人的期望。有的门楼内两侧还画有神荼、郁垒的门神像。是两个人身兽首鸟足的怪物，西门神紧系腰带，右手执藤状物，用于缚绑恶鬼；东门神手持铁链，同西门神一样圆睁双目，威风凛凛。

　　楹联，俗称对联、对子。一般贴于大门或院内柱子上。字数不确定，讲究对仗工整、平仄协调。民间对联已有一千多年的历史。楹联的作用也是求财、祈福、喜庆、避灾祸，或给居室增加情趣，节日增添喜庆气氛。中国古代信奉多神，所以对联的内容有很大部分是敬神的。如对"灶神"写的是"上天言好事，回宫降吉祥"，还有财神、天地神、井、碾、车、圈等处都贴有专门对联。

　　另一种对联内容是以喜庆为主。盖新房贴的对联，如"人和大梁正，世盛家业兴"，过新年的有"一夜连双岁，五更分二年"，正月十五元宵节贴的有"灯树千光照，花焰七枝开"等。都表现了民族文化深处的祈求和平、希望幸福的心理。

　　居家匾额是挂于门额上的木板，它是一门集语言、书法、字印、建筑、雕塑于一体的艺术品。匾额思想性、艺术性更强，一块好的匾对居室起着点睛作用。如表示家族祖籍的有"河南世家""三槐世家"匾；表示勤俭致富成家的有"勤贻"匾，明代文坛怪杰徐渭，在其旧居中写了一块"一尘不到"的匾额，表明了他那倔强、孤傲，不愿向封建权贵妥协的高贵品质。还有的居家因中举、升迁、立功等由皇帝、地方官员或乡民百姓送的匾额，更使居家主人引为自豪，满屋生辉。如广西灵山县龙塘村吴家有一块匾，写的是"道贯三才"，这是广西提督冯子材赠送的。四个字高度地赞美了翰林院吴月亭的才学渊博，深通天、地、人之间的客观规律。一个好的匾额可以使居家更加高雅，人们从中可受到艺术熏陶，对居家成员能产生长期的、有效的道德精神教育的作用。

窗，是房屋的眼睛，也是主人的眼睛，它可给黑暗的屋中带来光明，也可把人与窗外的多彩世界连接起来。

"窗"在文献中，指天窗，而"牖"才指的是墙壁上开口子的窗。原始的窗极为简单，窗户棂只是一个十字架。到汉代窗的形制有了发展，窗棂有了斜方格。到唐、宋、辽、金、元建造的房屋窗格多为直棂，其窗棂截面为三角形，名叫破子棂，尖端朝外，平面朝里，利于里面糊纸。明清以后，窗的设计样式更多，形制丰富，做工精巧。民房窗多有古钱形、六角格、"断"字形及变化多样的凌裂纹形，而宫殿多采用菱花窗。中国古代窗的形制还有用于厅堂前檐的格扇窗，一般四扇或六扇为一樘。用于大宅形成封闭檐廊。半窗用于暖阁或檐柱间，特征为下半部不是墙而是栏杆，可凭扉远眺。花窗是一种开在房屋壁上的固定窗式，功能为换气窗。明清园林建筑中有漏窗、漏明窗或透花窗，一作减低墙体风压作用，二作装饰作用，以打破墙体的单调感。洞窗用于园林建筑中的空窗，构成取景边框，取得处处邻虚、移步换影、深邃变幻的欣赏效果。

明清时代窗的艺术效果更浓。清代李渔曾经设计了一个梅窗。用树上挺直、粗壮的树干，连成窗框，不加任何修饰，再从树上取下形状弯曲的小枝，作为梅干。又剪许多红梅、绿萼，贴在窗纸上。从远看去，如同雪中盛开的点点红梅，世人看后无不叫绝。此外他还设计了宫灯窗，夜里远看似高挂于李渔家的一盏大灯笼。[1]

窗除了其实用功能外，主要有内外交流、隔离、增加美感等功效。窗可巧妙地利用人们的视线，增加或减少空间、场地，使人产生视角变化。

中国民居间的窗形制变化多样，从形制和材料上讲，有许多种。南方竹楼窗用竹节制成，护以纱窗，南北均设，利于通风。北方房屋设窗，一般南向，装饰精美。特别是处于黄土高原上的窑洞窗户，还随着窑洞的半圆形，设计成半圆形。窗棂则设计斜菱角形，有的设计成"断"字钩等。

---

[1]（清）李渔的《闲情偶寄》卷四载："取枯木数茎，置作天然之牖，名曰'梅窗'。"

窗户联络了外面世界，在天气恶劣的时候人们坐到屋里，聆听窗外，风声、雨声、鸡鸣狗叫声，顿觉室内的温馨，可以使人浮想联翩，真正体会到人生的乐趣。

居家文化结语

居家文化从它诞生之日起，既是社会文化的组成部分，又是一个缩小了的社会文化，它是时空文化链上的一颗宝珠。居家文化包容了人与自然、科学与迷信、文明与愚昧、道德与文化诸方面的意蕴。几乎所有文化都可在居家文化中找到它的踪迹。居室设置体现了人对自然环境的认知；居室布局体现了家庭成员的尊卑和结构；室内陈设，体现了科技、生产水平的发展及主人的贫富；如此等等，其文化内容丰富多彩。民居本属一个空间概念，可它包含着价值、思想观念、习俗制度、生活行为、自然环境等文化内涵。由此可知，民居作为一个人的行为活动场所，它记录了人的意识和人生意义的密码。所以，这一空间活动场所构成了人们永远研究不完的文化体系。居家文化是神秘的、丰富的、色彩斑斓的世界，而且这个世界还在继续发展。

节日文化

人生代代无穷已　每逢佳节倍思亲

在人类发展的历史长河中，生活在地球上的各个民族，由于自身传统文化的发展，给特定的时间注入了新的内容。那些包含绚丽多彩生活内容的特定时间，就是节日。节日的产生是人类发展到一定阶段的产物。它是人类认识世界的体现。

节日的产生

节日最初同古代人遇到一些重大事件或现象有关联。当人们无法解释世界上发生的奇怪现象时，或对某种自然现象有了新的认识时，便在那个时间增加了一些活动内容。如获得丰收，人们为之欢庆，举行盛大歌舞仪式活动；遇到不可抗拒的自然灾害，要乞求神灵和祖先的保佑；春天的鲜花竞放，秋天的果实累累，勾起了人们的美好愿望，人们要歌颂它、赞美它，因而加注了感情色彩，举行种种活动。有的为某种纪念，要人们引以为戒，或要人们激发情感，表达善良愿望，摒弃丑恶行为而形成的活动。年复一年，经过发生、发展、演化、因袭成规，便形成具有各民族特色的传统节日。

原始信仰，原始的宗教活动，再加上历法概念的形成便产生了节日。据说，汉族的春节就是由原始社会先民们举行的"腊祭"① 演变而来的。

---

① 腊祭，古时岁终祭祀。《礼记·月令》"（孟冬之月）腊先祖五祀"，《礼记正义》注："腊，谓以田猎所得禽祭也。"《汉书·武帝纪》"比腊"，唐颜师古注："腊者，冬至后腊祭百神也。"东汉应劭在《风俗通义》中记载："周曰大蜡，汉改为腊。腊者，猎也。因猎取兽祭先祖，或者腊接也，新故交接，狎猎大祭以报功也。"周以今农历十月为岁终，故腊日在孟冬；汉以后行夏历，以十二月为岁终，故腊日在十二月。腊虽在岁终，但古时日期无定。

人们在长期的生产实践中，知道了春夏秋冬，确定了冬至、夏至。每当严寒的冬天就要过去，温暖的春天即将到来时，同族男女老少聚在一起，拿出丰收的果实和狩猎或饲养所得动物，举行祭祀活动，感谢天地日月和祖先的赐予，之后大家载歌载舞，共享丰收果实。最初腊祭活动没有固定日期，一般选在冬季末。后来逐渐固定在岁尾年初。随着原始社会解体，腊祭形式发生了变化，逐步演变成辞旧迎新的春节，成了汉族的一个重大传统节日。

秦汉时期，汉族的主要传统节日基本定型，如除夕、元旦、元宵、寒食、端午、七夕、重阳节等。有些节日并融合了对某些历史人物的纪念，如纪念屈原的端午节、纪念介子推的寒食节等。魏晋南北朝时期，由于宗教的传播和发展，使一些节日又增加了宗教纪念的内容，如纪念释迦牟尼十二月初八的腊八节。道教祭祀天、地、水三官大帝活动中产生的三元节（正月十五上元节、七月十五中元节、十月十五下元节）。宋代，传统节日有了新发展，由于崇尚理性的社会思潮，使得节日增强了礼仪性活动，娱乐的成分越来越多，相对而言，那些迷信的色彩逐渐减弱。自宋代以后，传统节日的活动形式，内容习惯基本固定了下来，明清时代再无大变化。

对传统节日时间的固定，各民族不尽相同，有的是因历法的不同产生，有的由于信仰的不同产生。汉族节日，通常按阴历推算固定下来，因月亮的圆缺变化的节日不少，如春节、元宵节、中秋节等。此外，也有一些节日是依据太阳历产生的，根据太阳一年中的不同位置，分为二十四节气，供农业生产参考用。以农业为主的汉民族特别重视节气，许多地方也在节气过节日。

千百年来，各族人民经过筛选增补，发扬某些节日的积极因素，舍弃消极的、不切合实际的内容，固定保留了部分传统节日。如八月十五中秋节，人们在收获的金秋季节，庆祝丰收。九月九重阳节，秋高气爽，时景宜人，要人们在入冬之前去野外活动一下，登高望远，锻炼身体，并利用节日进行尊老爱幼的教育。寒食节、清明节原是两个不同的节日。寒食节是纪念春秋时期晋国介子推的，要求人们"禁火寒食"，人们对之不习惯，于是对寒食节日益淡化，而清明节正是春暖花开的季节，人们可以外出踏春，使得憋了一冬天的人们外出呼吸新鲜空气，锻炼身体，所以活动长久不衰。后来，逐渐把寒食节合并到清明节一起过了。

节日是人们生活中的高潮，是人们相互学习、相互祝愿、联络情感，维系一定的社会秩序、确定某些人在群体中的地位的教育时间。节日已不只是娱乐、纪念或迷信活动了。随着不同的时代，赋予了节日不同的政治内容。从这个方面说，节日的内容更加丰富了。于是有了节日与饮食、衣饰、医药、商业、信仰等各个方面的文化。

节日例解

1. 春节

农历正月初一，现称春节，民间俗称"过年"，这是汉族传统节日中最古老最隆重的节日。"年"原意指谷物成熟。三千多年前的甲骨文中已经有了"年"字，甲骨文和金文的"年"是由两个字符组成的，上部是表示庄稼的"禾"，下部是"人"，人背着禾表示庄稼成熟、收割。秦篆和汉隶把下部的"人"换成了"千"，强调了禾的数量多，即五谷丰登之义。楷书把上下两个字符穿插到一起，让人从字形上看不出它所表示的意思了。[①] 到周代，把年作为一年的开始，叫作"岁首"。西汉武帝刘彻时，制定了太初历，正式确定每年正月为岁首，正月初一为"元旦"。

中国不同的时代，都有过年的记载，《诗经》记载，每到新年，农夫喝"春酒"，祝"改岁"，尽情欢乐，庆祝一年丰收。晋朝，增添了放爆竹活动，即把竹子放在火堆里发出噼噼啪啪的爆竹声，增加了节日气氛。宋代，纸张已经普遍使用，有人仿照竹节，用多层纸卷成纸筒，里面装满火药密封起来，用药线引爆，即现在的爆竹雏形。南宋时期爆竹制作在技术上有了很大进展，人们把许多爆竹串成串形成了"鞭炮"，又有二声的"二踢脚炮"。这些爆竹外层裹红纸，放燃后满地红纸，称之为"满堂红"，象征喜气和吉利。据《神异经》记载，荆楚地区，放爆竹是为了"庭前爆竹以辟山臊恶鬼"。传说在崇山峻岭里，有一种身高一尺多，只长一条腿的怪物，叫作山魈，人如遇见它，就害起病来，这怪物最怕巨响，放爆竹就是为了驱逐这种怪物。除夕"换门神，挂钟馗，钉桃符"，都是避邪之意。

春联，古称"桃符""门帖"，是春节时贴在门上的吉祥联语，由上、

[①] 金仑、林霖编著：《字海探源》，语文出版社2013年版，第533页。

下联和横批组成。鲜红的春联贴在门上增加了节日气氛，点缀出一派盎然春色。传说度朔山有一片桃林，有神荼和郁垒弟兄俩看管。桃树结的是仙桃，吃了可延年益寿，成仙成神。一天，山中来了一个残害百姓的野王子，也想偷吃桃林中的仙桃，经过一场恶战，最后，神荼和郁垒战胜了野王子为百姓除了害。从那以后，逢年过节，人们就削制两片桃木板，画上神荼和郁垒的像，挂在门的两边，用来驱灾避邪。这就是最初的桃符。

到了五代，桃符上开始写上了联语，代替神荼和郁垒名字。据《宋史·蜀世家》说，蜀主孟昶每当除岁，便命学士作词，题写桃符，置于寝门左右。并自己写了"新年纳余庆，佳节号长春"的春联。宋代，写春联已成定俗，所以王安石有"千门万户曈曈日，总把新桃换旧符"的诗句。明太祖定都金陵之后，曾传旨无论公卿士家，门上须加春联一副。

春联字数一般在三个字以上，最多达500字，上下联字数须相等，意义相近、相关或相反。具有言简意赅、精练活泼的特点。之外，还根据不同的对象撰写春联，不同行业，春联不同。如理发铺有"不教白发催人老，更喜春风满面生"，铁匠铺有"炉光上升冲霄汉，锤声远闻振乾坤"等。

除贴春联外，还有许多富有生活情趣和积极意义的习俗，如挂年画，拜年、舞龙、舞狮、踩高跷、扭秧歌、逛花市、逛庙会等活动。

守岁是人们不可缺少的活动。人们在除夕通宵不睡，回顾过去，展望未来。这天夜里人们特别重视这个时刻，"一夜连双岁，五更分二年"。守岁大概始于南北朝时期，到唐代守岁风鼎盛。据文献记载，一家人一般围炉火而坐，放火锅一起聚餐，要求每人都得动筷吃菜、喝酒。除夕之夜，张灯结彩，通宵亮灯，院里点燃松柏枝，烧到天亮，把一切不吉利的东西烧得无影无踪。

除夕午夜，北方人要吃饺子、年糕，南方人吃汤圆。吃饺子取"更岁交子"之意，"交""饺"谐音，因此人们称为饺子。吃年糕，谓之年年高升。

新年拜年初见说一些"恭喜发财""新年快乐"等吉祥话。鄂伦春族，除夕给长辈敬酒叩头；浙江畲族初一让小孩摇竹，希望新的一年竹长得茂盛，象征人丁兴旺；布依族正月初一天亮前争进"聪明水"等。

总之，春节的活动紧紧围绕着避邪祈福、休息娱乐、尊老爱幼、团结和睦等为目的而展开。由于生产力低下，远古的人们相信宇宙万物都有主宰，经千百年的传承，在大节期间，往往要祭祀祖先、祈福于神灵，以求新年平安幸福，这是心理愿望的集中表现。春节与农业生产有关，时值农闲，劳累了一年的人们要休息娱乐一下，人们打扫庭院，装饰一新，男女老少换上新衣，以体现一下丰收胜利后的愉快生活，使一年紧张的心情得到松弛，以便新的一年鼓足干劲，再创新的丰收。利用这个时机，全族或全家人共同聚在一起，给亲友、长辈拜年，进行感情联络，维系家庭、家族关系，对本地、本行业的朋友、乡亲拜年，进行交际，以图将来互相帮助。

2. 元宵节

农历正月十五，是民间传统节日元宵节，也叫"灯节"，旧称"上元节"。

元宵节起于汉朝。据说，汉高祖刘邦死后，吕后篡权，残酷打击良臣，企图建吕氏政权。当她死后，汉文帝登基，扫除吕后势力，正月十五正是铲除诸吕的日子，所以，汉文帝这天微服出宫，与民同乐，以示纪念。正月是元月，汉文帝把正月十五定为"元宵节"。元宵节又叫"元夕""元夜"。元宵节在中国相沿很久，这是一个富有诗情画意的节日。

元宵节到汉末增添了道教内容，道教五斗米派把天、地、水当作人格神，尊之为"三官"，又叫"三元"，认为他们可给人消灾赦罪，后来信徒们把三元固定在了节日上，正月十五为上元节。在南北朝时期，皇宫还举行"三元告庆之典"。三元中的上元正月十五，历史上最受重视，因为这是一年中的开头，具有祈求全年平安幸福、万事皆顺的意思。

元宵与灯联系紧密，灯的海洋给人们带来了欢乐。元宵张灯结彩在南北朝时期已成社会风尚。南朝简文帝曾经写过一篇《列灯赋》，从中我们了解到元宵张灯有油灯、漆灯或点蜡、燃香，灯月交辉，倒映水中。南朝还有一些地方在这天家门上插一些将绽新绿的杨枝，并用酒食祭门神，为的是家宅平安，家业兴旺。在蚕业发达的地区，在正月十五这天，还在自家房梁上挂篮子盛满一盆肉粥来祭祀蚕神，并高唱"登高糜，挟鼠脑，欲来不来，令我三蚕老"，希望蚕神保佑一年的蚕丝丰产。《齐民要术》引《物理论》说，正月望夜要立表（标杆）以测月影长短，占验全年的雨情。说明人们希望全年风调雨顺，五谷丰登。

唐代，元宵放灯活动盛况空前，唐玄宗规定元宵节放灯三个晚上，并令官署放假三天。有的灯楼做得十分高大，高有一百五十丈，大有二十间房屋，全用丝绸装饰，楼上挂珠玉，附金银重穗，风吹金玉，铮铮作响。有的灯树高达八十尺，竖在高山上，百里都可看见。宋代把元宵节放灯时间又扩展到五个晚上，京都开封满城灯火，热闹非凡。有人用五色琉璃，甚至用白玉制成各种各样奇异的灯，灯上绘有"嫦娥奔月""西施采莲""刘海戏蟾"等，还有许多荷花灯、葡萄灯、牡丹、龙、马、猴、塔、楼等形状的灯。皇帝宫嫔们坐在宣德楼上观看，通宵达旦。明成祖朱棣建都北京，在东华门外辟二里长的灯市，入夜，花灯烟火照耀通宵，鼓乐杂耍喧闹达旦。

"元宵"又是一种食品的名字。这种食品又叫"汤圆""水圆""圆子"。元宵最初是一种蚕茧状的食品，可能是元宵的前身。"一年明月打头圆"，天上有一轮明月，人们则聚食如同月亮一样圆的食品，有一种相对应的关系。"星月当空万烛烧，人间天上两元宵"，表达了人们对生活幸福团圆的美好愿望。

3. 清明节

中国传统节日，约在公历四月五日前后，时值严冬过后，春光明媚，草木萌动之际。"清明"一词最早见于汉代。《淮南子·天文训篇》："春分后十五日，到指乙，为清明。"清明指的是节气，清明节则是风俗节日。清明节又叫禁火寒食节。据说这一风俗是纪念春秋时代晋文公的贤臣介子推的。介子推帮助重耳（晋文公）回国当了国君。在领赏时，介子推却回到了自己的老家，晋文公给其他功臣发完犒赏后，发现介子推没有在场，于是派人到他家找，不料介子推背着母亲上了绵山。文公派军搜山都没找出来。有人建议放火烧山，这样介子推一定会背着母亲下山的。大火烧了三天，仍不见出来。等火熄灭后，只见介子推背着母亲靠着一棵树被烧死了。晋文公伤心至极，下令全国禁止烟火，家家冷食，并把这一天定为寒食节。

当时晋国百姓，家家门上挂柳枝，带食品去祭奠介子推墓，以示怀念。东汉并州寒食节间寒食竟达一个月，刺史周举为解决这个问题，到介子推庙里点香请求改为三天。唐代，寒食风行，吃一种"饧大麦粥"。用大麦、稻米、杏仁等煮成粥。宋代，寒食这天吃一种"枣涸飞燕"的食品。用面粉枣泥做成燕子一样的点心，并用柳枝串成串插在门上，表达对介子推的思念。

古代清明节的活动主要有荡秋千、蹴鞠（踢一种皮革制成的实心球)、植树、放风筝等活动。其中踏青活动普及面广，历史流传久远。

踏青实际就是郊游。杜甫诗中说："著处繁花务是日，长沙千人万人出。"春天到了，草木勃发，大地呈现盎然生机，正是人们外出游览的好时节。人们出去领略大自然风光，有益身心健康。唐宋时期，踏青十分盛行，清明节"四野如市"。京城里的人们不论贫富，全都外出。在郊外，笙歌鼎沸，鼓乐喧阗。这一天，人们还有上山采药的风俗。

清明节主要活动是祭祀扫墓。从春秋时期起，祭祀活动更为普遍。祭祀主要是墓前烧纸点香，修饰坟墓，清除杂草，添培新土，以表示对祖先的怀念。其真正含义在于强调家庭、宗族的血亲关系，起到强化巩固家族关系的作用。

4. 端午节

农历五月初五是中国民间传统节日端午节。端午节起源众说纷纭，有纪念屈原说，有吴越民族的龙图腾说，有北方的恶月恶日说，还有起于夏、商、周三代的夏至节说等。

端午节又叫端阳节、重五节、重午节、天长节。端是"开端"的意思，初五可称为端午。

南方有端午节竞赛龙舟的习俗。赛龙舟流行于江苏、浙江、福建、湖北、湖南、四川等江南省份。民间传说：屈原投江后，当地百姓顺江打捞，一直找到洞庭湖，但没有发现尸体，他们想渡过洞庭湖去找，这时天降大雨，渔船遇雨争相归来。当地百姓听说是为了打捞屈原尸体来的船，都出来帮助他们。之后，龙舟竞渡的风俗就开始了。古时候，龙舟竞渡场面十分壮观，唐代诗人张建封写诗记录了这些场面："五月五日天晴明，杨花绕江啼晓莺。使君未出群斋外，江上早闻齐和声。""鼓声三下红旗开，两龙跃出浮水来。棹影斡波飞万剑，鼓声劈浪鸣千雷。"可见唐代的赛龙舟场面已相当热闹了。

在屈原投江的汨罗江，每年都举行竞渡仪式，穿着新衣的人们，点着几十对蜡烛，绕船走三圈，说是纪念鲁班。然后又拿着蜡烛去屈子庙祭祀屈原。最后把有龙头的船抬下水，正式比赛才开始。炮声响后，船发如箭，鞭炮齐鸣，人声鼎沸，热闹非凡。

端午节还有吃粽子的习俗。粽子又叫角黍、黏黍、筒粽。粽子用芦叶等把米包起来煮食，具有一种清香。在汉代，粽子是人们生活中的普通食品。魏晋时期粽子作为食品也很兴盛。唐代长安有专营粽子的商店，当时品种有几十种,馅用多种果仁制成。唐明皇吃了一种"九子粽"之后,赞不绝口:"四时花竞巧,九子粽争新。"在宫中吃粽子还举行一些活动。让人们用小角弓射粽子,射中后即可食。粽子在古代已有多种风味的,南方有咸粽子、肉粽子等,北方有小豆、甜味、艾香等粽子。

端午节的其他活动内容如门前悬白艾、菖蒲,用艾叶汁做粽子等都有利于身体健康,艾本身是一种消毒祛寒的中草药。

5. 七夕

农历七月初七是汉民族的传统节日,也称"乞巧节"。相传这天晚是牛郎织女星一年一度相会的时刻,也是妇女向织女乞巧的良好时机。《诗经·大东》把天空中的牛郎星和织女星人物化了。东汉末年有古诗,借这两颗星写了"盈盈一水间,脉脉不得语"的诗句,以抒发感情。到了西晋,牛郎织女的故事形成。

七夕节的形成,是古代人民对星空观察和认识的结果,并赋予了神话色彩。古人认为:"七月黍熟,七日为阳数"这天是个喜庆的日子,因此同农业活动相联系。东汉的《民令四月》中写了"七月七日作面,合蓝丸及蜀漆丸,曝经书及衣裳,习俗然也。作干糗采蒠耳,设酒脯时果散香粉于筵上,祈请于河鼓织女"。这是对七夕风俗的较早记载。据说,牵牛星是主宰关梁的,织女星是主瓜果的。说明人们乞求牵牛星,织女星保佑作物丰收。古代劳动人民通过观察牵牛星和织女星获得了一些宝贵经验,认为,七夕以前占天河,影没三日而复见则谷贱,七日而复见则贵。

七夕节活动以妇女最为活跃。这是中国妇女美好心灵的生动写照。傍晚,家家户户把庭院打扫得干干净净,妇女们当庭布筵,向织女星虔诚地跪拜,乞求织女星保佑自己心灵手巧。《荆楚岁时记》中说,妇女们抓一蜘蛛放于盒内,到次日清晨看织网情况,蛛丝越多,说明该妇女手越灵巧。还有一活动就是对月穿针,妇女们在这一天要在月光下穿针眼。针为特别的金、银、铜、钢针,有五孔、七孔、九孔之分,将线飞速穿过针眼,以穿得多者为手巧。

食品上也有讲究,这天家家户户要做"乞巧果子",用油、面、糖、蜜等原料制作,放入炉中烤或油锅中炸。有条件的还要搭七巧棚。用竹木编为棚,剪五色彩为层楼,刻牛郎织女像。或剪纸为仙桥,上有牛郎织女会面。此外七夕这天,还有晒衣服、晾书、做"生花盆儿""种谷板"等活动。种谷板是在板上盖土,种花草、谷物、上置小屋、小人、制成一家农舍院落模盘，极为生动，情趣盎然。

七夕节是一个生活气息极浓厚的节日，其中包含了夫妻爱情意趣，也有同农业、纺织生产相关的活动。这是妇女大显身手的节日，妇女的劳动技能得到充分的展示，体现了劳动人民勤劳智慧、热爱劳动的高尚品质。

6. 中秋节

八月十五是秋季中间，故称中秋。古代人把月亮看成月神。从周代以后，把月亮说成是女性，同太阳相对立。战国后，嫦娥奔月的故事开始流传。相传嫦娥是羿的妻子，因偷吃了王母娘娘的仙药，飞到了月宫，成了月宫中的主人。

中国汉族把中秋节看作一年中三大节日之一。中秋赏月从古就有。唐代民间赏月、拜月盛行。宋朝官宦豪门中秋节更加讲究，除设宴赏月外，还有乐班演奏乐曲，一直玩到月落西山。明清时代中国南北方祭月活动风俗基本固定了下来。南方有斋月宫、烧斗香、走月亮、燃灯塔等活动。斋月宫，各家设香炉、灯烛、花瓶等物，供养太阴。买月光纸，上绘月轮、桂殿、捣药玉兔，绘工精细。到晚上设已生枝的藕"子孙藕""实莲蓬""和合莲"，以大瓜缕成的"荷花瓣"，陈列台上，再用纸绢做成宝塔形供献庭中。然后全家望空拜月，女子跪拜月下，焚"月光纸"，完毕，全家嬉戏灯前，至深夜。"走月亮"是全村或城市邻里之间互相走访的一项活动。妇女们盛妆出游，邻居或同巷，串门问好。有终年不来往的人，这时也互拜，邻里家家设月饼、水果、茶水款待叙谈。

吃月饼风俗，据说从五代就开始了，当时，是用藕粉、面粉、桂圆做成的一种蒸饼，名叫"玩月羹"。到明清时代，花样不断翻新，品种样式层出不穷。从包的馅来讲不下几十种。北方人讲究吃大月饼，全家人用刀分切吃。切饼还得让有经验而又心细的妇女来切。切饼要先数够人，连外出的都算上，怀孕的要称作两份，这样才开刀切，切时要均匀，不大不小人人有份，这叫吃"团圆饼"。

中秋节是以月亮为主题的节日，它的象征意义就是团圆。在秋高气爽的金色秋天，让人们尽情享受大自然的恩赐。丰收之后，全家人要坐在一起共度佳节。这一天，在外打工的要回家，在娘家的女子也必须回家，利用这个节日联络感情，这是维系家庭或家族的重要手段。"但愿人长久，千里共婵娟。""举头望明月，低头思故乡。"都说明了这个节日所起的作用。

7. 重阳节

农历九月初九为重阳节。该节起源于中国古代的阴阳学说。学说认为"阴""阳"万物存在的两种属性，两者之间相生、相克。数字也分阴阳，单数为阳，偶数为阴，九是阳数中最大数，那么九月初九，月和日都属阳，所以叫重九，重阳。双阳合一，阳刚至盛，所以认为是一个极为重要的日子。到三国以后，给重阳节注入了新的内容，重九是阳的极数，意味着长久之意，后来又把此意延伸到人要"长寿"。民间就有了敬老贺寿的习俗。

登高活动是节日的主要内容。九月九，西汉就有登高台活动，男女老少到城外登高台。到唐代，出城登高的人络绎不绝，他们佩茱萸，带食物和菊花酒到户外野餐，希望身体健康延年益寿。

九月九登高插茱萸，古人认为可以避恶气，御初寒。插茱萸是古代的一种巫术行为。所以，古人不仅身上佩戴茱萸，而且房前屋后都种这种植物。实际上茱萸是一种中草药，味辛辣而苦，可去湿痹、逐风邪、治寒热、消积食、杀虫灭菌。此外，九九重阳节，各地普遍有饮菊花酒的习惯。古人认为菊花凌霜不枯，傲寒而开，在百花凋落之时，它还在傲霜雪而开放。这正好与人们长寿的愿望相吻合，所以在观念上形成定格，把菊花酒看成益寿佳品。菊花酒确有清热、解毒、止痛、明目、降压作用。故人们利用重阳节日大饮一番是有道理的。从科学角度看，在季节转换之时，吃饮一些防御药物是很有必要的。利用秋高气爽的日子娱乐一下，这也是过节的本意之一。文人在节间吟诗唱歌，是不可少的活动。咏登高、咏重阳、敬老、祝寿是文人的题材。诗人陶渊明有诗为证："菊花知我心，九月九日开。客人知我意，重阳一同来。"

节日含义

回首中国五千年节日史，节日名称可谓繁多，而节日习俗更是色彩斑斓，不可尽数。以时令为主题内容的有二月二龙抬头、清明祭祀、三月三放风筝、春明三月看花、六月六看谷秀、七月七天河配、九月九登高饮菊酒、十月一送寒衣、九九消寒等；以祭神、祭祖先的有春节迎财神、四月二十八日药王节、农历八月朔日或十四的天医节、正月初五迎财神、初六送财神；还有行业专门节日，如铁匠、木匠、泥瓦匠等相关节日；避邪魔为主题内容的有七月十五地官大帝生日、十月十五日水官大帝生日、清明节、四月初八佛祖生日、十二月初八佛祖成道日等。综观节日的世界，是在神性与人性，迷信与科学，祭祀活动与生活礼仪的矛盾中发展的。节日生活不同于普通度日，它不仅有着特殊的表象活动，而且包容着与人类生存相联系的更深层内容。人们在这个特殊的时间里，在特殊的活动场所内，通过象征性的物质与精神方式表达自己的愿望、情感，并且在现实与非现实的范围里进行沟通、交流。人们在节日里祝福、在节日里祈祷、在节日里追怀、在节日里除魔、在节日里强身、在节日里欢乐……总之，人类创设节日，目的就在于过上美好的生活。最根本的就是对生命的热爱。当我们潜心研究节日的产生、发展、演变及节日的活动内容的时候，就会得出一个结论，人们的节日行为都是以求得生存、美化生存为主题的。无论是什么时期的节日，都离不开对生活的美好追求。

节日如同列车，它载着历史的骄傲，向着文明奔驰而来。随着社会的不断进步，节日的光环将会更加光彩夺目。新中国成立后的节日以其鲜明的民族特色，以更加文明向上的风姿展现在人们面前，健康向上的节日将越过越新。

生肖文化

喧鸡生岁十有二　图腾休关运与命

十二生肖，即人们所生年份的十二属相。它由十二种动物同十二地支相搭配，组成了子鼠、丑牛、寅虎、卯兔、辰龙、巳蛇、午马、未羊、申猴、酉鸡、戌狗、亥猪一系列年份。哪年出生的人，哪种动物即是他的属相。生肖是古老华夏的纪年法，它是人们崇拜动物与记录年份的神秘融合。

十二生肖的形成

十二生肖起源于古人对动物的崇拜。人是万物之灵、世界的主宰，人与动物共存于这个世界上。人在长期的生活实践中，经过对动物的接触观察，发现了动物的许多特殊功能，如有的力大、有的凶猛、有的会飞、有的跑得快等，令古人羡慕不已。经过驯化了的动物还能够接受人的指挥，理解人的意图，并能代替人做许多事情，这样便使古人产生了认同感，并认为某些人同某些动物有着某种神秘的联系。

动物与人类生活息息相关，原始人逐渐产生了对动物的崇拜，与此同时，产生了与动物相关的神话。并相信自己的祖先也是由某种动物演化而来的。如《诗经》中有"天命玄鸟，降而生商"的诗句，意即商朝祖先起源于玄鸟（燕子）。据《史记·殷本纪》载，商朝的先祖名字叫契，他的母亲因为吃了燕子的卵才生下了他。这种以飞禽作为部族先祖的观念在我国北方及世界许多地方广泛地存在。

在汉代的画像中，把传说中的人类祖先伏羲、女娲画成了人身蛇躯。中国古籍《山海经》中记录了许许多多的神，他们多是半人半兽的形体。如在《北山经》中讲："有兽焉，其状如豹而长尾，人首而牛耳，一目，名曰诸犍,善咤,行则衔其尾,居则蟠其尾。"① 这种半人半兽为内容的神话故事,说明了远古人类崇拜动物是普遍存在的,他们相信人是从某种动物转变来的。崇拜动物是十二生肖起源的直接原因。

十二生肖是一种纪年方法,最初流行于中国北部游牧地区。清代考据学家赵翼认为:汉时北狄呼韩邪单于把动物纪年带入中原,并和齐民用子、丑、寅、卯纪年结合在一起。②

这种用动物纪年的方法,后来同干支纪年法融合,产生了十二生肖说。它的产生最晚不过汉代,东汉王充《论衡·物势篇》中有"午马也、子鼠也、酉鸡也、卯兔也"的记载。《四讳篇》中也有:"子之禽鼠,卯之兽兔"的记载。南北朝时期,十二生肖已普遍流行于民间。《北史》宇文护传,记载了宇文护的母亲写给他的信,信中说:"昔在武川镇生汝兄弟,大者属鼠,次者属兔,汝身属蛇。"可见当时已用属相记录出生的时间了。

对于十二生肖的起源说,宋代朱熹有不同看法③,他认为,采用十二地支和十二种动物是记录一天十二个时辰的。十二生肖选择和排列是根据动物一天中最活跃的时间来确定的。例如,到了半夜子时(11点到1点),是老鼠最活跃的时刻;丑时(2点到4点)牛在反刍;寅时,老虎到处游荡,此时最凶猛;午时,阳气最盛,是天马行空的时候;酉时,鸡归窝;戌时,狗守夜;亥时,猪鼾睡。朱熹的看法,虽然有牵强附会的地方,但从古人对动物特点的认识中来发掘十二生肖起源,是可取的。明代王守仁从阴阳学的角度也提出了自己的看法。他发现,十二生肖动物的排列有一种规律,其中鼠、虎、龙、猴、狗都各有五个脚趾,加上马是单蹄,都是奇数属阳;牛、兔、羊、鸡、猪都是双趾属阴,蛇无足,但舌分两叉,也是偶数。这样十二生肖动物正好按足趾数目的奇偶相间排列。

无论哪种学说,生肖的产生是同纪时密不可分的。其中数字"十二"是劳动人民长期实践中总结出来的。十二地支为子、丑、寅、卯、辰、

---

① (汉)刘歆著:《山海经》卷三《北山经》。
② 清赵翼《陔余丛考》认为:"盖北俗初无所谓子、丑、寅、卯之十二辰,但以鼠、牛、虎、兔之类分纪岁时。至汉时呼韩邪(单于)款塞入居五原,与齐民相杂,浸寻流传于中国,遂相沿不废耳。"参见杨吉成主编《中国生肖诗歌大典》第一辑《子鼠卷》,巴蜀书社2013年版,第22页。
③ 朱熹认为十二生肖可能受《周易》的影响。八卦中的乾为马,坤为牛,震为龙,巽为鸡,坎为豕,离为雉,艮为狗,兑为羊,十二地支分属十二兽。

巳、午、未、申、酉、戌、亥。根据月亮的圆缺，一年分为十二个月，把一天为分十二个时辰。地球围绕太阳运转一年，在一年的不同时期，从地球上观察太阳，好像太阳在星空中穿行一样，太阳运行的轨迹称为黄道，而西方人把黄道附近的星空分为十二宫。中国古代劳动人民对天体不断观察，并知道了木星围绕太阳运行一周的时间约为十二年。据《山海经》上记载"共工生后土，后土生噎鸣，噎鸣生岁十有二"。"噎鸣"这个人是一位研究天文的学者，他的职责是观察木星运动，以十二年为一周期来计数年的数目，他可能采用十二地支的符号来表示不同的年份。总之，十二这个数字是来自于天文、地理的观察经验，并用十二个文字符号来表示。[①]

从世界范围看，有不少国家和地区都有生肖文化。使人惊奇的是都把出生时间和某种动物联系在一起。缅甸人实行八大生肖，星期一出生的人属虎，星期二属狮子，星期三上午属双牙象，下午属无牙象，星期四属鼠，星期五属天竺鼠，星期六属龙，星期日属金翅鸟。法国人也有十二生肖，生肖物是天上的星座，有白羊、金牛、双子、天蟹、狮子、处女、天秤、天蝎、人马、山羊、宝瓶、双鱼十二星座。除了宝瓶和天秤外，其余全是动物命名的。这十二星座是西方天文学上的黄道十二宫。坐于地球另一面的墨西哥与中国的生肖十分相像，称为"十二兽历"，其中虎、兔、龙、猴、犬、猪与中国相同，其余六种也是古代常见动物。埃及、希腊、巴比伦的十二生肖基本相同，它们是牡牛、山羊、狮、驴、蟹、蛇、犬、猫、鳄、红鹤、猿、鹰。巴比伦将蟹换成了蜣螂。印度与中国的十二生肖基本相同，只是把虎换成了狮子，把鸡换成金翅鸟。大量的事实证明，生肖文化的产生是人类发展到一定阶段的产物，它的出现是人类对动物、人类对时间认识的结果。

十二生肖的传说与民俗

十二生肖是古代先民总结出来的，时间一久，为了解释其中的奥秘，便产生了许多传说关于十二属相中为什么老鼠排在了第一位。民间故事传

[①] 近代文艺批评家、民俗学家杨萌深在《事物掌故丛谈》一书中将各种有关生肖起源的最早记载综合起来。做了比较详细的记录和整理。

说，轩辕黄帝要选派十二个动物担任宫廷侍卫，猫托老鼠报名，老鼠忘记了，猫没被选上，从此与鼠有了冤仇。后来大象来报名，被老鼠钻进象鼻子里，把象赶跑了。剩下了十二种动物，本应推举牛为第一，结果比较精明的老鼠窜到了牛背上，成了首位。龙和虎被封为海中之王和山中之王本应排在第三、四位。兔子不服，要和龙比赛，跑在龙前边，排在第四位，其他也经过一番较量后，终于排定了位置。

关于十二生肖中为什么没有大象的传说，在几千年前，中国中原地区本来有许多象存在，河南的简称就是豫，人牵着大象的象形。而这样一种巨大动物却没有被选入十二生肖中，传说中的原因是：舜帝的弟弟名字叫象，舜在发展农业中，曾得到了象的帮助。因此，象这个人受到了人们的尊敬，没有让象作为侍卫，十二生肖中就没有了象。

老鼠当了十二生肖之首，还有一则传说是天地生成于子时，起初地球是个大气泡，混混沌沌，没有一点缝可以透气。老鼠在里面憋得难受，就连咳了几声，结果咳出了裂缝，气体跑了出来，各种动物才有了较好的生存条件。由于它立下了打开天体的功劳，所以，当排头兵是理所当然的了。

十二生肖产生后，对民俗影响也比较大。古人出于对动物的崇拜，把名叫作猫、狗、猪之类是很平常的。古代十二生肖大部分可作姓，如在汉朝有姓狗的，文献记载中有叫狗米央的。还有姓豚的，"豚"是小猪，所以姓"豚"即姓"猪"。后秦姚苌的皇后姓蛇。元朝有一个河内知县姓虎，名秉。明朝山西都督叫虎大威。明朝也有人叫鸡鸣时的，叫羊可立的。到现代，姓羊、马、牛、龙的更是常见。

不同时期，对生肖的崇拜和禁忌也不同。东汉时期，民间就有了对生肖的崇拜和禁忌。当时有"今年岁在辰，明年岁在巳，岁在龙蛇贤人嗟"① 的说法。唐代生肖禁忌尤其讲究。柳宗元《三戒》里记着一个故事，某永州人在子年出生，所以，他拜鼠为神，并爱鼠如命，他自己不养猫，更不准别人养猫，击鼠，所有的老鼠知道后，都到他家饱食，安然无恙。最后弄得永州某人，"空无完器，械无完衣。"故事说明在古代确有属什么崇拜什么的习俗。当时的人们相信生肖会显灵，所以，不少人改变

---

① 《后汉书·郑玄传》记载，玄梦孔子告之："起、起，今年岁在辰，明年岁在巳。既寤，以谶合之，知命当终。注：谶云：'辰为龙，巳为蛇，岁在龙蛇贤人嗟。'"

了自己的饮食习惯，如属羊的不吃羊肉，属牛的不吃牛肉，属猪的不吃猪羹等。通过考古发掘发现，早在唐、宋以前就有生肖陶俑出现，古人把各种属相头安在人身体上，塑成了兽头人身俑。把它们摆在堂上供奉，或葬于墓室中。据研究，当时古人认为，人死后进入下一世界阴曹地府，也得有生肖相随。

封建统治者对生肖禁忌达到了荒唐的程度。他们利用手中权力，肆意发号施令。宋徽宗属狗，曾下令严禁屠狗，元仁宗属鸡，在都城规定对鸡处置若干条，其中不许倒提鸡，违者有罪。明武宗朱厚照属猪，他于正德十四年（1519）发布命令，不准养猪，恐怕人们宰或买卖。如有违者，全家赶往边疆充军。他的命令，曾使当朝一代猪几乎绝种，百姓连清明节祭祀的猪都无法找到。

慈禧太后对羊一生大忌。她生于干支乙未年（1835），属羊，故而将"羊"列为宫中大忌，她"听政"40余年，特别爱看戏，对戏名及戏中有羊的字眼都不准唱，伶人"入宫侍戏"，如果事先不问清楚，或偶尔不留意，唱念中带了"羊"字，她会立即降罪。同治年间，梆子名伶十三旦（侯俊山）在宫廷里侍演《玉堂春》，苏三起解时有一句唱："我好比羊入虎口有去无还。"慈禧一听生了气，立即命令停演，决意要罚演员罪，经李莲英再三解释和讲情，才得以幸免，从那时起，宫中再唱这一句戏时，改为"我好比鱼儿入网有去无还"。

民间长期流行的属相相克禁忌，影响很广泛。在婚配上的属相相克说，较有代表性的是一首卜属相相克歌谣。其内容是："只为白马怕青牛，羊鼠相交一断休，蛇虎配婚如刀错，玉兔见龙泪长流，金鸡玉犬难则避，猪与猿猴不到头。"① 这种无一点科学道理的编造，使不少真挚的爱情变为悲剧。综观历史因生肖不合而破坏婚姻幸福的家庭不可胜数，所以，民间传谣不可信。由于生肖文化在民间的影响，人们对自己所属的动物注入了一种感情。家人有属狗的，往往给狗戴一用红布做成的项圈。有属猪的，过年前杀猪时，让他躲开不看，属马的给马戴一铃铛以示宠爱。

---

① 在中国民间，从"金克木、木克土、土克水、水克火、火克金"的五行相克学说，演变成十二生肖属相在男婚女嫁上的禁忌，有"六克""六害"之说。十二生肖"六克（六冲）"说：鼠冲马，牛冲羊，虎冲猴，兔冲鸡，龙冲狗，蛇冲猪。十二生肖"六害"说：鼠羊害，牛马害，虎蛇害，龙兔害，猴猪害，鸡狗害。参见黎光编著《易经万年历》，中国商业出版社2010年版，第39页。

带有地方特点的崇拜十二属相风俗还有许多。如北方地区，以老鼠为题材的年画受到普遍欢迎。耗子尖嘴细腿，其貌不扬，而且牙齿锋利，性喜偷食，损人衣物，令人生厌。可是历代画家们却把老鼠画得活泼可爱，新中国成立前，有《鼠辈倾灯图》《老鼠嫁女》等，"老鼠嫁女"至少画有老鼠十五六只之多，并都穿花衣，除新娘坐花轿外，有打执事的，有抬轿子的，有敲锣的，有吹唢呐的，有摇旗的，还有抬箱子的，看上去聘亲队伍十分庞大，特别热闹。老百姓都很喜欢这幅年画。据传，老鼠聘闺女在腊月，人们大概是为了把老鼠"送出去"图宁静的意思。也有人认为人们之所以对老鼠聘女的事感兴趣，是由于它繁殖快，取"多子多孙"之意。

　　对鸡的崇拜，古人认为鸡可辟邪鬼。鸡为阳精，雄者阳之体，具有驱魔功能。古人的观念中，白天是阳世人活动的时间，黑夜是阴间鬼魂活动的时间。鸡鸣天亮，宣告阴魂鬼魅活动结束，故鬼都怕鸡。陕西扶风一带有拜鸡活动。正月二十日后母亲给小孩缝一只公鸡图案，戴在小孩胳膊上，以乞小孩二年无病。中原地区爱画大公鸡立于石上，谐音意为"室上大吉"。北方窗户剪纸及年画都有"胖娃抱鸡"的图案，汉族民间婚俗迎娶时，男女双方都分别备红公鸡、肥母鸡一只作"吉人"的象征。这对鸡称为"长命鸡"，意为长命延年，吉祥如意。

　　台湾庙宇中，在神桌下立一尊虎爷，相传虎是土地公的属神，至今台湾民间在节庆、祝贺场合仍忌讳属虎的人到场。

　　江苏、浙江一带对猴的崇敬也有不少讲究，正月里在屋檐下挂上用布缝制的猴，谐意为"封侯"。还有的在画面上画蜂、猴、蝙蝠、鹿四种动物，意为"封侯福禄"。猴子在一棵枫树上摘取印绶，意为"封侯挂印"。猴子背着一小猴叫"辈辈封侯"，等等。

生肖属相文化

　　民间对十二生肖有着根深蒂固的观念，以代代相传的方式，烙印于人们的思想里，影响着人们的行为方式。人们对十二生肖中的各相动物用不同的方式表达情感，或利用它、研究它。

　　人类为了追求美好的生活，需要与动物同在，甚至连鼠这样的动物，都有共存的权利。任何一种动物都有其独特的基因，都是大自然的财富。

美国科学家从小白鼠的身上分离出了引起关节炎的基因,从而找到了根治关节炎的新途径。美国人为创造米老鼠的形象,曾投入过大量的人力、物力,最终使老鼠这样的动物留给了人们美好的印象。

牛是一种神奇的动物,传说神农氏是牛首人形。中国对于牛有着很高的评价。神话里有牛郎织女的故事。道教里,描绘的仙人多骑牛。牛是人类最早驯化的动物,牛是农业之宝,牛是力量的化身,是吃苦耐劳的象征。所以中国古代多铸神牛。1987年,徐州市黄河岸曾发掘出一只大铜牛,高3.1米,长3.45米,重达11.9吨。这是中国铸造史上的奇迹。除铜牛外,史载"陕州有铁牛庙,头在河南、尾在河北,禹以镇河患"。苏东坡诗里有:"谁能如铁牛,横身负黄河",描述了庞大的铁牛。牛自古是人的帮手,人对牛产生过深厚的情感。

虎是中国古代曾广泛存在的崇拜对象,虎有力量,具有震慑作用。故民间有给孩子做虎玩具、虎头鞋、虎枕头的习俗。据说虎可给小孩辟邪壮胆、免受惊吓。中国古代有四方神,东青龙、西白虎、南朱雀、北玄武。传说西王母是西方最高神,后来演变为刑神,因而也是凶神。苏州有虎丘山,吴王夫差葬其父阖闾于此。三日后有白虎踞其上,故名虎丘。虎是人类的朋友,是生物链中的重要环节,虎曾以捕猎野猪为对象,客观上保护了农业生产。虎骨是名贵的中药。虎被掠杀甚多,因此应引起人们高度重视,保护虎种是人类面临的当务之急。

兔性情温驯,历来受到老百姓的宠爱。童话故事中,兔扮演聪明、善良、正义的角色。藏族民间故事中讲一只狼掉到陷阱里,被小山羊救了上来,可忘恩负义的狼却要吃小羊,小羊请兔子评理,兔子装不信,让狼再演示一下,结果又使狼掉进了陷阱,受到惩罚。关于兔的故事更多是和嫦娥相伴的。月亮神嫦娥在月宫和玉兔相伴,形影不离,民间并有玉兔捣药的故事。北方过中秋节前,有专卖兔儿爷的,小商贩放一梯形木板架,上摆许多兔儿爷,大小不等,小则拇指大,大则三尺高。一律兔儿脸,三瓣嘴,身披铠甲,背插帛制旌旗,拿长枪、跨龙驹、威风凛凛,和戏曲中的大将没什么两样。中秋节,这样的兔儿爷使孩子们爱不释手,各家各户还互送兔儿爷这种礼物,增加了节日情趣。

龙几千年来对中国产生了很大影响,皇帝把自己称为"真龙天子",百姓把自己叫作"龙的传人",龙是什么到现在还是众说纷纭,是实体,还是观念?对龙的说法学术界至少有几十种说法,龙是蛇,龙是虹,龙是雷电，龙是恐龙，龙是穿山甲，龙是鱼，龙是各种动物的综合体等，关于龙的文化太丰富了，只举几例以飨读者。

农历二月二是龙祖的生辰，家家摆桌焚香上供祀龙祖。举行"种龙种"活动，实际是种能拉长藤的瓜，然后理发洗头，象征龙抬头。除了家庭祭龙活动外，还举行集体舞龙活动，选一名属龙的年长者，舞龙头，后为十余名属龙的妇女舞龙身，群众围看，好不热闹。

旧社会全国各地几乎都有龙王庙。龙王是人们心中的水神。天大旱时，乡村有扫街泼水到龙王庙中乞龙王下雨的活动。

从古至今龙的形象不断变化，到明清时代龙才丰满完善到现代的形象。最有观赏价值的龙，是北京故宫九龙壁上的龙和北海九龙壁上的龙。山西大同的九龙壁也负盛名。这些龙都雕饰精致，形象逼真，光彩照人。总之，龙已是中国的象征，中国人的象征。属龙的人自然也引以为豪。

蛇，人类对它的感情十分复杂，既有同情的一面，又有厌恶的一面。远古传说，人的祖先都是蛇身，汉代画像中就有伏羲、女娲蛇身图案。我国古代许多地方对蛇有过崇拜。苏州一带建有蛇庙，江南崇蛇是为了图吉利，认为蛇可以把富人家的米搬到穷人家。民间崇拜四方之神，其中北方玄武大帝就是蛇和龟的结合体。中国传统剧目《白蛇传》给人们留下了曲折的爱情故事。蛇有时也伤人，人们对它有恐惧心理，因而也有了"美女蛇"这类神话故事。蛇本身是个矛盾体，它的行动和盘旋状态给人留下神秘的印象，它成了邪恶、诱惑、神秘的象征。

马在古人心目中的地位极高。《易经》中把乾与马结合在一起，用马象征天。所谓"天马行空，独往独来"，说的就是马的无畏精神。中国早在周代就有四时祭马祖的规定。旧时，全国马王庙很多。据说马王爷三只眼，观察世界十分透彻，他有高超的安民之术，老百姓百叩百应。说明人们对马的崇敬心理。马伴随人类走过了漫长的历史，给人类生活帮了不少忙。古代，从皇帝到百姓都渴望有匹好马。田忌赛马、伯乐相马、公孙龙的哲学命题"白马非马"等都叙述了有趣的马的故事。古代文人对马给予高度的赞美，李白有"龙马花雪毛，金鞍五陵豪"的诗句。诗人李贺光作马诗就达二十三首，有"此马非凡马，房星本是星，向前敲瘦骨，犹自带铜声"，诗中赞美了马的精神。

羊是温驯的食草动物。古人对羊也有过崇拜。羊也是一种充满神灵的动物。相传老子曾牵羊路经成都，后人为纪念这件事建了青羊观，唐朝改称为青羊宫。广州称为五羊城，相传周时，南海有五仙人，穿五色衣，骑五色羊，赐给当地百姓仙谷穗，祝愿广州无灾荒。仙人走后，五羊化为石。传说上古皋陶治狱，用独角羊破案，如有罪则触犯人，无罪不触。后世人们把羊作为正直、辟邪、除盗的神物，相信门上挂羊头可以防贼。其实羊角是一种可治惊风的好中药。古人对它的功能早有发现。

猴是最接近人类的动物之一，它活泼精灵。远古人类崇拜猿猴，据说夸父族就是以猿猴为图腾的远古部落。中国神话小说《西游记》给人们塑造了一个力量无比、变幻莫测、神通广大、正直而又机灵的猴王形象。中国古书《拾遗记》《搜神记》讲了关于猴子的故事，相信猴与人能够通婚生子。古人对猿猴与人有着亲缘关系的特征早有认识。猴与人通婚的故事来源于古人对猿猴的崇拜。

鸡是十二生肖中飞禽类的代表。鸡在远古时代，曾是部落的图腾。它可能是传说中的凤凰。古代舜据说是重明鸟的化身，重明鸟就是鸡。帝舜的功绩可能在于将山鸡驯化为家养鸡，这是一个伟大的科学成果，故人们把他神化为鸡的形象，鸡在古人眼里是吉祥鸟，可驱妖逐鬼。雄鸡啼鸣高亢嘹亮，一叫便把太阳托起，一个光明的白天开始了。"一唱雄鸡天下白"。雄鸡代表的是盼到幸福，送走黑暗的使者。鸡可以报时，古人对它不可理解，以为神灵，所以民间有了许多关于鸡的神话和利用鸡的活动。古代有用鸡骨占卜的；有用鸡毛辟邪的，流传最久，规模最大的活动就是斗鸡。斗鸡曾是贵族大家的主要娱乐活动。为赌胜负，不惜倾家荡产。鸡自古就成为人们的朋友，它给人们的生活提供了丰富的食物来源。特别是它那准确的报时，曾激励过许多"闻鸡起舞"的有志之士。

狗作为远古人类最出色的战利品，已为人类服务了一万多年。狗是人类的朋友，忠实、不畏强暴、敢于同人类的敌人拼死活，又能保护人类的家养动物。古代，中国有天狗、天犬的传说。《晋书天文志》称"狼北七星为天狗，主守财"。神话传说中，月食是天狗吃掉的缘故。每当天狗食月，乡民要敲打盆、瓢、器皿救出月亮，让天狗吐出来。民间有许多关于狗救人的故事。浙江宁波相传一对老夫妇的大黄狗救了他们孩子的故事。故习惯给孩子们戴狗头帽，以示纪念。外国敬狗爱狗风气更浓。法国人的狗死了，往往要找一块坟地"隆重"葬掉，并写有碑文。法国一位妇女给她的爱犬写有："在我孤独和痛楚的一生中，你是我忠诚的伴侣和唯一的朋友。"可见人们对狗的感情至深。

猪最早出现于四千万年前，家猪是大约一万年前由野猪驯化出来的。中国古籍中早有野猪的记载，《山海经·西山经》称竹山上有兽焉，其状如豚而白毛，大如笄而黑端，名曰豪彘。《周易》中专有遁卦，据研究卦中涉及了养猪的学问，可见，猪是人类最早驯养的动物之一。民间故事说，人们最早饲养牛、马、猫、狗、猪、鸡都不兴杀了吃，有一年一位老人要过年了没有肉吃，就想到要杀饲养的家畜，但狗可看门，牛马可耕田，鸡可报晓，唯独猪没有用处，就把猪杀了，过了一个好年。后来人们便仿效他的做法，过年必杀猪。现代人把猪作为蠢笨、脏丑、懒的代名词。实际猪是一个极聪明的动物，很容易与人沟通情感，在古代人们有崇尚猪的风俗。据民间传说，北斗七星是由猪组成的。而北斗又是天帝的御车，是天帝乘坐的高级"轿车"。实际上天帝骑的是猪，可知猪在古人心目中的地位是很高的。十二生肖中把猪列为最后一种动物，可能有循环一周的意思。[1]

---

[1] 参见碧泠主编《属相星座密码》，中国物资出版社 2010 年版，第 126 页。

名胜文化

山重水复疑无路　柳暗花明又一村

　　名山秀水，历来为诗词大家所赞赏，但若想谙熟其中的无限韵味，则非具有一定修养、了解中国文化韵味不可。是以李白游遍大江南北，方可以放歌舟上，徐霞客踏遍万水千山，才得以妙笔生花。"读千卷书，行万里路"，成为所有有志于览尽天下名山大川者的最终追求。而"非供耳目之娱，内养仁智之性"的山水览胜，以其"养仁智之性"的审美情趣铸就了文人骚客高雅脱俗的精神文化活动。

　　中国的山水审美，经历了数千年的漫长过程，是通过"物我同化""天人合一""超越物外"而逐步达到理想的审美王国佳境的。天人合一观念，产生于先秦时期，而把自然山水作为独立的审美对象，则始于魏晋南北朝时期。《世说新语》中曾记载："过江人，每至美日，辄相邀新亭，藉卉饮宴。"清谈漫论、游山玩水在当时已成为一种时尚。而一些失意文人、官宦也寄情山水，肆意畅游。如南朝大诗人谢灵运和东晋大诗人陶渊明，其山水诗和田园诗都成为人与自然亲密无间、和谐辉映的代表。时至今日，陶翁的"采菊东篱下，悠然见南山"仍脍炙人口，为世人所传诵。

　　至唐宋时期，中国的山水审美活动大为发展，游览名山大川蔚然成风，尤其是文人学士，"触景生情，借题发挥，记为诗文，以激千古"者不乏其人，于是得益于名山胜水的山水文化以及在此基础上产生的山水文学蓬蓬勃勃地发展起来。如大诗人李白，其豪情逸趣遍注天涯，他的山水诗篇本身就已成为山水文化的有机组成部分。唐宋八大家之一柳宗元，善于在清幽的微山细水之中觅取自然美，崇尚"清泠之状与目谋。瀯瀯之声与耳谋，悠然而虚者与神谋，渊然而静者与心谋"的境界[①]。宋代的博

[①] 柳宗元：《柳宗元集》卷二十九《记山水·钴鉧潭西小丘记》。

物学家、旅行家、科学家沈括，在游览名山胜水之际注重实地考察，对自然景观的时空变化给予科学的解释，从而把单纯的山水审美与科学考察结合起来，为后世山水文化的探源打下坚实的基础。

明清时期，人们更注重吸取真山真水之美，然后进行艺术创造。这点可以从那一时期的山水画中得到印证。而一些知识界的地理学家、旅行家则通过对名山大川的探究，为名山胜水的科学研究开辟出新的途径，其中最有名的是明代旅行家徐霞客，他倾其毕生精力，足迹遍布东南各省以及今华北、华东等地区，用科学的眼光考察名山大川，不但涉及其形象、色彩等外部美学，而且探求其科学成因，把欣赏山水景观之美与探讨形成过程结合起来，最终奠定了现今游览山水所追求的，"既要享受山水的自然美，又要得到自然科学知识"的审美意识。

山水审美，其趣无穷。栖丘饮谷，跋山涉水，问奇于山川，探美于林泉，其境幽，其神清，其情雅，实有无以言传的意蕴。故古人有"仁者乐山，智者乐水"之说，有"饱游饫看""心凝形释，与万化冥合"之感。这可以说是山水审美的最高境界。

欣赏山水，离不开人这一载体。常言道："山得水而活，水得山而媚。"所有的灵山秀水只有通过人的欣赏、玩味才得以为外界所识。所以，山水风景，其实可以说是诗、画和音乐相结合的产物，而山水的灵性则也来源于这些诗、画、音乐。如苏东坡的"水光潋滟晴方好，山色空蒙雨亦奇。欲把西湖比西子，淡妆浓抹总相宜。"是描述西湖自然景观的亮丽之笔；宋代山水画大师郭熙则提出"春山烟云连绵，人欣欣；夏山嘉木繁阴，人坦坦；秋山明净摇落，人萧萧；冬山昏霾翳塞，人寂寂"的人与环境感应说。[①]

与诗词、绘画、音乐一起为山水景物增辉添彩的还有神话和传说。如泰山的紧十八盘、慢十八盘、黄山的"仙人晒靴"奇石、雁荡山的"夫妻峰"、武当山的"玄天真武大帝"修炼得道故事，以及西湖的传说、天池的传说等。这些有形和无形的人文艺术，加强了名山胜水的神秘色彩，为审美者弹奏出一部神奇玄妙的天人交响乐。

山水审美，是一个人的情感与自然美交融的过程。若想真正地领略山

[①] 郭熙：《村泉高致集·山水训》，转引自《中国美学史资料选编》下册，中华书局1985年版，第14页。

水的美趣，需要一个由表及里的认识过程，首先是乐形。欣赏山水犹如欣赏音乐，自然景观中的每一构件，均可视为各具特色的乐器，由它们弹奏出的或澎湃、或清脆、或激越、或叮咚的乐章是人们爱憎好恶的基础，无论是"乱石穿空，惊涛拍岸"还是"小桥、流水、人家"都会在飞舞的旋律中找到自己的知音，听山泉之声，唤空谷回音，瀑落深潭、溪流山涧、幽林鸟语、寂夜虫鸣，每时每处，外部环境都为欣赏者提供着音乐般的享受，是以古人有"流水无弦万古琴"之慨叹。论"乐形"，还离不开山之基调，水之色彩以及山水的动静变化。观泰山，它盘亘数百里、凌驾于齐鲁丘陵之上，高大壮阔、沉稳伟岸，颇具帝王之气，故以雄称颂于天下；西岳华山"削成而四方"以其危峰峻岭、悬崖峭壁、陡坡深谷而"险"居于众山之上；峨眉山、杭州西湖皆"秀"出江南，分别以"雄""媚"引人入胜；青城山的清幽；富春江的锦绣；武陵源的妙景；洞庭湖、长江的旷美；神农架、玛纳斯湖的怪异；桂林山水、武夷风光、雁荡风景的奇誉；以及"五岳归来不看山，黄山归来不看岳"，令人"矫激离奇""步步生奇"的黄山奇松怪石，令人炫目、沉迷，叹为观止。欣赏这样的名山胜水，需要调动人的每一种感觉器官。

乐形是山水审美的第一步，若想达到其最高层次"意融"，则需要把握山水的质。中国山水文化源远流长，既包括哲学、美学、文学、建筑，也包括儒教、道教、天文、地理等，只有广游博览、强闻博记才可以深入理解山水的质和理。身所盘桓，目所绸缪，观其势，察其理，目测神思，浮想联翩，通过智慧的眼睛和求美的心灵，美景才得以层出不穷。绘画大师刘海粟十上黄山，每去一次都有新的感受，大有"青山不墨千秋画"的感触。诗人白居易穷其视听，广识宇宙。正如他在《庐山草堂记》中所言："仰观山，俯听泉，傍睨竹树云石。自辰及酉，应接不暇。俄而物诱气随，外适内和，一宿体宁，再宿心恬，三宿后，颓然嗒然，不知其然而然。"其心神相凝，人物同化，至情至深之态溢于言表。柳宗元游山览水，刻意求真，"入深林，穷回溪，幽泉怪石，无远不到"。或枕席而卧，与大自然浑然一体。宗炳"栖丘饮谷三十余年"，与山水结下不解之缘，数次拒官，唯醉心山水，以致"不知老之将至"，其性好山水的高情远志可略见一斑。

总之，欣赏山水要从了解科学和传统文化知识着手，外乐于形，内修于质，心随景化，应目会心，只有把个人的品格、志趣、艺术修养皆融于山水审美中，才可以深入领略名山胜水的妙境。

建筑篇

　　建筑是人类文化的一个重要组成部分，其结构、布局、款式、装饰直接反映了一定历史时期的社会概貌。古代建筑从某种意义上说是古代社会历史的缩影，是当时文化、艺术的体现。

　　远古时候，最早的建筑当是在树上"构木为巢"，或是利用天然洞穴，北京人的遗址便是古人洞穴而居的见证。大约进入氏族公社以后，人们才开始营造房屋，在北方，出现了"掘地为穴"，上以木柱支撑、草泥覆盖的半地穴式房屋；在南方，树巢也逐渐移至地面，河姆渡遗址的木构建筑已达到一定水平。夏商时代，已有了成熟的夯土技术，曾建造规模巨大的宫室和陵墓，古书中记载的鹿台和摘星楼，都是这一时期的建筑极品。春秋战国之际，夯土技术和木构建筑相结合的高台建筑及以宫室为中心，围以夯土城墙的城市成为当时建筑的特色。

　　秦汉时期，木结构的高层建筑已初成体系，同时砖券结构也有所发展。中国的万里长城被视为世界奇迹之一，是人类最伟大的建筑工程之一，至今仍以龙的形象蜿蜒盘亘在祖国的崇山峻岭间，唐代建筑是中国封建社会前期的高峰，许多建筑遗迹都证明当时封建社会的建筑已发展到了成熟阶段。这一时期，木、石、砖、竹等建筑材料大量应用，装饰艺术也达到相当高的水平。宋代在木、砖、石结构方面有新的发展。12世纪初出现的土木建筑专著《营造法式》，既是对前代建筑的总结，又是对当时及后世建筑的规范。

　　"建筑是全面反映社会面貌的和有教育意义的艺术"，适用、坚固、美观是其遵循的基本原则。最早的人类对建筑的要求仅仅局限于遮风避雨和防止毒蛇猛兽的侵袭，之后随着生产工具的改进和生活水平的提高，人们的要求也不断提高和变化着，在满足了基本的居住条件之外，他们开始寻求学习工作乃至娱乐的场所，于是，与之相关的建筑也就应运而生，从而形成风格迥异、作用不同的建筑物。这些建筑遍布大江南北，无论是在城镇村落还是荒郊野外，都不难寻到它们的影子。

　　中国的建筑种类极多，以汉族建筑为例，它所寻求的意趣是自然与和谐，无论是宫殿还是楼台、桥梁，其结构和形态都贴近生活、源于生活。

即使像故宫这样庞大、雄伟、庄重的建筑主体,也离不开民间建筑的基本形式,只不过在原来的基础上构建得更加气派辉煌一些罢了。

　　古老的风水迷信思想对中国建筑有着深远的影响。不但帝王将相讲究"龙脉",即便是寻常百姓在建屋搭桥之前也要问卜吉凶,以求平安兴顺。尤其是古代帝王为了保持自己的江山永固,在选择墓地时,往往要让风水先生参与,反复勘察,以期王气永存。在对待大规模叛乱和农民起义时,派兵镇压的同时也试图掘其祖坟,以断其"王气"。以此为由,中国建筑的基本精神是和平与知足,其最好的体现为私人的住宅和庭院建筑,环抱大地、自得其乐的建筑模式暗示着中国古建筑的安详与宁静的精神。

　　中国的建筑在技术和艺术上都具有自己的民族风格和特点。建筑方式主要是土木混合结构。古代常以"大兴土木"作为建筑的代名词,而历代亡国之君也多因大兴土木而招致民怨,如商纣王、隋炀帝。建筑结构方式以木构架为主,外部围以承重直立的墙并上盖斜坡式的屋顶,这是中国传统建筑的基本形体。有人曾把构架想象成书法,说"间架结构或露或藏,与绘画中的'笔触'问题极为相似"。[①]的确,在中国式建筑中,人们一眼就可以望见整个框架,以及标志着建筑基本格局的结构线条,无论是柱梁还是椽子,都那么坦然地显露于外部,在彩绘或雕花等装饰下,宛如一位清纯的大胆少女,洒脱而乖巧地展示于苍穹下。其平面布局的基本特点是以单座建筑组成庭院,进而以庭院为单元组成各种形式的群体。在群体建筑中,往往有一个中轴线。如旧北京城,从前门通过三大殿一直贯穿到煤山(今景山公园)的中心亭台,直至后面的鼓楼,其轴线足有好几里长。与轴线相辉映的是旁边的若干次要建筑,这些建筑多由廊庑或围墙与主建筑连为一体,夹道横廊,曲径通幽,共同幻化出一个安静舒适的生活环境。

　　中国建筑中最突出的是色彩与线条的运用。故宫的金碧辉煌,敦煌石窟绘画、雕塑的五彩缤纷、颐和园石舫线条的流畅别致,无一不展示着艺术的美感。如果把色彩比作人的衣饰,那么线条就像人的形体。其漂亮与否,从远处就能得见。笔直的中轴线是建筑的主干,其他弧形、波浪形或不规则的种种线条,是辅助枝干,与直线相对应。就二座宫殿而言,总是由柱子的直线和屋顶的曲线组合对比而成,屋顶也由横向的直线和纵向的

[①] 林语堂:《中国人》,广西民族出版社2001年版,第304页。

曲线组合对比而成。直线和曲线的运用使建筑稳重中不失活泼，庄严中蕴含轻柔，极像一个不骄不媚但柔情万种的女子。中国的建筑力图避免使用单一的线条，如天安门前的石柱，虽其本身极为简单地直指苍穹，但那上面雕刻的波浪起伏的云朵则浸渍着韵律的美。

同所有的艺术一样，建筑艺术也离不开重复，只不过在变化基础上的重复同样别具特色。如颐和园的长廊，长达728米，共273间，每间的枋梁上都绘有苏式彩画、或西湖风景、或山水花鸟、或历史人物等。绵延不断的长廊以其规整而别致的形体而赢得"画廊"的美誉，那一根根直竖的梁坊与柱子，非但没有令人产生厌倦之感，反而顿生不尽的喜爱之情。喜爱之余人们不禁慨叹：幸好没有因为避免重复而把柱梁弄成千奇百怪的样子，否则很难找寻到目前这种舒雅的美感。

在古建筑中，装饰始终是其梅花枝头上的春意。红砖绿瓦、绘画雕塑，无一不展示着古代建筑艺术的高超。如宫殿有华丽的彩绘，寺庙有绚丽的图案，园林建筑和祠宇、桥梁、塔楼也同样有类似的装饰。一般而言，彩绘主要用于梁枋、斗拱、天花板、柱头和门窗楣额等地方，其位置和繁简程度，均由建筑的性质和档次而定。中国的窗格在建筑装饰中也占有一席之地，其丰富、生动、朴实、雅致、变化无穷的特点为世界所瞩目。

中国建筑丰富多彩，源远流长，不论是汉族建筑还是少数民族建筑，也无论是宗教建筑还是墓室建筑，都有其独到的审美意趣和文化内涵。

园林篇

园林是山水名胜与建筑造型巧妙结合的结果。是在居住与游览的生活需要下发展起来的。其特征是因地制宜，利用山形地势等外部环境，巧借它景，融人工建筑与自然风景为一体。

中国的园林建筑，最早可追溯到公元前12世纪。在商周时期，奴隶主借助于天然景色，划地种植刍秣和圈养动物、狩猎取乐成为进行礼仪和娱乐的场所。这种园林建筑的雏形，被称为囿。

至汉代，建筑的宫室苑囿已不下300处。汉武帝建元三年开建的上林苑"左苍梧，右西极，广富庶"，极为气派。这一时期的建筑在总体布局上已注意合理组织景区，使建筑与自然巧妙结合，出现了以山水配合花木、房屋的小型风景园林。

魏晋南北朝时期私家园林艺术一般崇尚自然野趣的韵味。从南朝开始，中国的园林向自然山水园林发展。凿池构山，临水建崖，或广植花树，重蔓悬葛，以山水为主，广拓自然景色，从而把园林艺术向前推进了一步。

唐宋以来，"诗情画意"成了园林设计思想的主流。这一时期社会上诗词、绘画之风大盛，出现了许多山水诗、山水画。文人画家醉心于山水风光，他们把自己喜好的诗情画意运用于园林之中，借景抒情，从而形成写意山水园。其代表作为北宋皇家园林——艮岳。

艮岳，建于宣和四年（1122），位于汴京城之北。它建于城市之中，属于城市园林。据《艮岳记》记载，其山中峰壑迭出、溪流淙淙、楼阁耸立、鱼鸟翔集。"天台、雁荡、凤凰、庐阜之奇伟，二川、三峡、去云之旷荡……徒各擅其美，未若此山并包罗列，又兼其绝胜。"艮岳最大的特点即在于此。

除城市园林外，这一时期还出现了以自然风景为基础，加以人工规划、布置、创造而成的自然风景园林，其典型当首推杭州西湖。

西湖位于杭州市西，湖周约 15 公里，南、北、西三面环山，景色秀丽。其中尤以苏堤春晓、柳浪闻莺、花港观鱼、曲院风荷、平湖秋月、断桥残雪、雷峰夕照、南屏晚钟、双峰插云、三潭印月等西湖十景最为引人入胜，迄今已有 700 多年的历史。

明清是中国园林艺术的集大成时期，这一时期的园林艺术向完美精深的境界发展，借景与移步换景的手法已十分成熟，皇家园林和私家园林均有突出建树，其中皇家园林以"万园之园"的圆明园为代表。

圆明园是世界园林史上的一大奇迹，始建于康熙四十八年（1709），位处京城西北郊。它荟萃历代园林之精华，包举古今，兼容中外，在这里既有皇帝"勤政亲贤"的高大殿宇，又有"日天琳宇"的禅释胜境；既有"天然图画"的山水风景，又有"蓬岛瑶台"的神道世界；既有"坐石临溪"的迷人风采，又有"多稼如云"的田原景色……其"富有海内""移天缩地于君怀"的宏大气魄，实为空前绝后之杰作，难怪乾隆皇帝要以此自诩，说："天宝地灵之区，帝王游豫之地，无以逾此。"现存于世的皇家园林承德的避暑山庄，集南北园林之特色，拟全国风景之盛状，巧借自然地势，构建出一组小巧别致、形式多样的建筑群，在青山绿水间显得典雅素朴，别有一番情趣。

私家园林与皇家园林相比，其规模和建制要小得多，但由于园景处理得当，布局灵活，变化有致，总体效果往往超出常人意料之外。一般而言，私家园林室内要陈设部分古玩字画和别具特色的家具，江南的私家园林还往往题有楹联、诗词、题咏等，利用文学手段深化人们对园林景色的理解，使人们产生丰富的想象力，以此提高园林建筑的欣赏性。私家园林江南最盛，且尤以苏州最为发达。苏州园林虽规模不很大，但给人的感觉却是：山不高而有峰峦起伏，水不深而有汪洋涌动，园路曲幽，长桥多折，虚幻莫测。如"拙政园"，其疏朗典雅的艺术处理极富特色；"沧浪亭"，借景之举颇具情趣。江南私家园林的造园意境，确已达到融自然美、建筑美、绘画美和文学艺术美为一体的效果。

中国园林崇尚自然，但又不满足于单纯模仿。"虽由人作，宛自天成"历来是造园者所遵循的准则，同时也是古今观赏者的审美标准。细品中国园林，顺其自然，变化有致以及大小相容、虚实相生的特点是极为明显的。北京颐和园、承德避暑山庄都是因势起园的代表，而苏州园林、上海豫园则是大中有小、小中见大、虚中有实、实中有虚的产物。古人赏园，也就是在此基础上品其真味，得其真意的。

"曲径通幽"含蓄韵美是中国园林的又一个特点：园林制造者喜欢将幽深的意境半隐半露，或者把美好的意境完全隐藏于景致之中，让人们自己去玩味、体会。如苏州拙政园悟竹幽居处，一湾流水，曲折逶迤，绕山环石，穿越花间，悄然远去，给人一种溪流淙淙、杳无尽头之感。还有的采取欲扬先抑的手法，令美景欲露先藏，需几经辗转方可一睹为快，如北京颐和园，进入东宫门，所见的仅是四合院似的景致，及过了仁寿门，看到仁寿殿和后来的山石林木，才可略觉一丝园林味，等穿越山间小径出来后，视野豁然开朗，到知春亭，全园的湖光山色才尽收眼底。

中国园林的第三个特点是极富诗情画意。坐落在浙江绍兴的沈园，即以陆游的一首《钗头凤》而誉满神州。清人袁枚临终仍作诗留别随园，谓："转眼楼台将诀别，满山花鸟尚缠绵。"其对随园的留恋之情尽付纸上。明代诗人杨周咏诵杭州西湖十景之一"苏堤春晓"的诗句"柳暗花明春正好，春湖雾散分林杪。何处黄鹂破暝烟，一声啼过苏堤晓"，把春日之晨，几声莺啼，报道苏堤春早、烟波茫茫、风光旖旎的苏堤艺术特色和意境被完全勾勒出来了。

园林艺术极富情趣，它像诗，像梦，令人回味，引人畅想。它又像一幅画卷，要逐步展现于游人面前。凡是厅堂、亭榭、桥头、山巅或道路转折处，往往是游览者驻足观赏的地方。其周围的景物或远或近，或清晰或朦胧，都会随着行进的过程而步移景异，从而使风景富有层次，含有韵味，顿生"柳暗花明又一村"之感。

以山水为骨架的中国园林艺术在经过历代人的努力后已达到世界先进水平，与之相关的园林文化也将不断地衍化发展下去。

鬼神文化

鬼神乃自人心起　驱鬼弄神还为人

天堂是什么？地狱是什么？为数众多、法力无比的神祇，它们来自何方？几千年来，鬼神观念渗透到中国社会各处，这是一种什么样的民族心理？当人们沉迷于鬼神的魔力圈内，盼望着去做神仙，敬畏侍奉着鬼神，以世俗生活的经验去对待鬼神、侍奉鬼神，赋予鬼神以有血有肉有情感的人的形象，这种古代汉民族信仰鬼神的方式以及这种方式所体现的汉民族的传统心理，似乎是那样神秘莫测。而当人们从鬼神的魔力圈内跳出来，冷静地、理智地把它当作一种文化现象进行审视的时候，鬼神的魔力和汉民族鬼神信仰的传统心理，就都变得清晰起来了。看起来，这一切很像是人类自己导演的一幕幕戏剧。

鬼神的产生

茫茫宇宙，斗转星移。先民在寻求生存繁衍的机会的同时，始终面对着无数的不解之谜。大自然向先民展示了无穷魅力时，也促使先民们不断思索、探寻着大自然的奥秘。经过了一代又一代的思索，终于，他们找到了心中那无数个谜的答案，这个答案就是"神"。这些日月星辰、风云雷电、江河湖海……被诸神以巨大的威力所操纵着。"神，引出万物也"，没有神，也就没有万物。

当我们的祖先将这些原本无法解释的自然现象归结为神，用这样一种原始思维方式去审视、解释自己所能看到的一切的时候，一个个想象出来的奇形怪状的神，也就伴随着他们对宇宙万物的解释而诞生了。这些被先民根据自己的生活经验和智力水平想象出来的神，在各自所具有的领域里发挥着威力和作用。不过，在远古时候人们的心目中，每个神都是独立的，各自为政，没有统属，也就是说，神与神之间还没有什么联系。一个个具有极大威力、独立的神，就这样被创造出来了。

先民对生与死的思考并非同步进行的，令先民真正困惑、感兴趣的是人的死。而人从哪里来（生）的问题，一直迟到女娲、盘古"出世"才作出解释，而对人到哪里去（死），却是早就已经开始注意并寻找答案了。死，是人人都能看见、人人都要走的一步，但人死后究竟到哪里去？先民从"梦"得到了答案。人在睡着的时候，能够看见自己像醒着时所进行的活动，而且死了的人也时常在梦中出现，于是人由肉体与灵魂组成的观念产生了。人可以死，人体内的那个小人则不会死，人死后离开肉体的那个小人为"鬼"。"鬼"在先民梦的启发下产生了。鬼来到了人间，与神一道开始了它对人类生活越来越大的影响。

在混沌初开之后，先民的思维又孕育诞生了创世之神——盘古。处在原始阶段的童年人类想象，天地最早混混沌沌像一个大鸡蛋，鸡蛋中孕育了一个名叫"盘古"的神。开天辟地的盘古创造了天地之间的各种神灵，它们也就按照盘古的意志进行相互联系的活动。一些在先民看来无法解释的具有规律性的现象，在这里有了答案，得到了完满的解释。

先民的造神造鬼，一方面是在探索天地万物以及人类的起源，另一方面还在于解释自己所面对的许许多多强大的异己的力量。"万物有灵"的观念使人们认定人在自然界所遇到的一切"友好的或不友好"的事情都是神的作为，于是人们跪倒在所有巨大的自然力的脚下，崇拜神、向神祈祷，表示感谢或赎罪，希望神能原谅自己的过错，并能保佑自己。但是，神并没有因为他们虔诚的跪拜而减少对人类的惩罚，灾难仍然接踵而至。于是，先民认为神中有凶神与善神之分。先民在鬼神面前保持着可贵的自信心，与凶神恶鬼相抗争。"精卫填海"的神话就是这种不懈抗争精神的曲折写照。

"超人"的出现，增强了先民战胜异己力量的信心和勇气，同时，也使先民产生了一种观念：人可以利用某种方式来驱动神，达到自己的目的。这叫作"咒语"，而只有巫觋才可以使用它，通过咒语和某些象征性的动作，如所谓"巫步"等巫术方式，去请神、降神。巫觋利用巫术的手段能够沟通人与神之间的关系，直接领受到神的意志，但这种能力只有巫觋才有。许慎《说文解字》解释"巫"曰："女能事无形，以舞降神者也。"解释"觋"曰："能齐肃事神明者。"故而后世形象地称他们为

"神汉""神婆",称他们的降神方式为"跳大神"。巫术与巫师有其特定的历史地位。在原始社会中,巫师利用巫术,作为人类与大自然斗争的一项附属性手段;巫术提供给原始人一些现成的仪式行为与信仰,能使人类在自然界面前持有可贵的自信力,战胜犹豫、动摇和悲观。因此,巫术是人类文明进步的必经阶段。中国古代的巫术相当发达,早在殷代就已有关于巫术的记载。比如在大量场合作甲骨占卜,求雨求年,保佑狩猎收成以及其衣食住行的尽如人意,就具有巫术的性质,而担任占卜、释读卜兆的人,也就是职业性的巫师。周代以来,巫术更为盛行,巫师被称为"巫祝""巫史""巫目",其中女性甚多,并专称"巫",俗称"巫婆""巫女";男性巫师除称"巫"外,又专称"觋",俗又称"神汉"等。当时对巫术功能的认识也十分准确。巫师所行整套巫术程式称为"巫降";行巫时所奏音乐称为巫音;巫师念咒之语为巫咒;巫师所特有的行路样式称为巫步;信巫之风大盛,甚至连喜欢歌舞,也被称为巫风。

巫师对中国古代社会生活的参与是广泛的,似乎一开始就与政治有不解之缘。如殷商西周时期的宫廷巫师,他们相当于王朝的祭司,对军政大事有预卜成败的大权,对统治集团的心理状态也有深刻影响。下层社会的巫师,开始时有许多都是江湖医生,称巫医,由于有一定的医术,所以曾经很受人爱戴。《论语·子路》朱熹注"巫所以交鬼神,医所以寄死生";《公羊传·隐公四年》何休注"巫者事鬼神祷解,以治病请福者也"。秦汉以后,随着整个巫术事业的堕落,无论宫廷巫师还是民间巫师,都逐渐失去了他们存在的合理性,或沦为统治者庸俗的帮凶,成为愚弄欺诈人民的工具;或成为劣政与内讧的出气筒和牺牲品。如此可悲的境地,也促使巫师们以加倍的荒唐和欺诈来换取可怜的生存机会,结果就导致了一轮新的恶性循环。

先民在用自己天真的幻想对大自然的解释中,在以自己弱小的力量与强大的自然力的搏斗中,创造了各种各样的鬼鬼神神。由自然神崇拜、图腾崇拜,到原始社会灵魂观念进一步发展后出现的鬼魂崇拜,他们崇拜它们、畏惧它们,将其视为主宰。

但是,随着人类历史的发展,专制君权的出现,社会的结构、人与人的关系发生了变化;相应地,鬼神的作用、人与鬼神的关系也发生了变化。社会物质财富的积累、贫富两极的分化,使人也分成了等级系列。而鬼神也不再被人们用来回答自然界中的一个个为什么,而是用来解释人类社会中新出现的为什么，起着维持社会现存秩序的作用。人们对鬼神反抗的勇气，在变换的社会条件所逐步造成新的鬼神权威下淡化了。甚至消失了，剩下的只是人对鬼神的畏惧、屈服和祈求。

从受制于鬼神到利用鬼神

随着贫富贵贱这种不合理现象的出现，人们开始进行给予"天经地义"意义的思考，并作出了非常完满的答案：那就是神在造人的时候就造出了富贵人与贫贱人。人，生来就有贵贱之别。管理人世间富贵与贫贱两种人的最高统治者——君主——又被人们神化，披上了"天子"的外衣，即神的儿子，人们对他的服从要像对神的服从一样。人们将自己的命运交给了神，交给了天子。但人们仍在寻找解脱痛苦的"药方"。终了，还是回到了一直没有间断过作用于人类的鬼神的怀抱。中国土生土长的道教在魏晋时期成熟了，两汉之际由印度传入中国的佛教也在这个时期站稳了脚跟，它们都以悲天悯人的姿态，向苦难的芸芸众生张开了温暖的怀抱。于是，忍受不了压迫的、富贵而想长生不死的、个体生命意识觉醒后无路可走的……上至天子、王公大臣，下到平民百姓，凡有忧患的人，全都投入了佛道二教的怀抱，投入了由先民创造、在新的历史时期又被人们赋予了新的内涵的鬼神的怀抱，在那里寻求心灵的平衡、解脱苦难的途径。

道教和佛教具有吸引人的魔力，很重要的原因是在于它能为人类的实际生活提供各种"方便"与"需要"，能解除人们的忧患，增强人们生存的信心。人在一生中所惧怕的各种忧患，都在宗教那儿得到了应付的能力，它能把人引向没有苦难的温馨境地，到达幸福的彼岸。汉民族信奉的道教和佛教，完全具备了人们的这些需要。

道教源于先秦的道家，奉老子为教祖和最高天神，同时承袭了中国古代社会的巫术和求仙方术，约在东汉晚期逐渐形成宗教。道教是一种以生为乐，重生恶死，甚而追求长生不死的宗教。人惧死重生，希望长生不死，而道教正好投合了人们的这种心理需要。他们引经据典罗列出一大串长生不死的人——仙，来论证人长生不死的事实。道教的理论家葛洪在《抱朴子·内篇·对俗》中强调仙人的基本特征就是长生："仙人或升天，或住地，要于俱长生，去留各存其所好耳。"这对于惧死重生的人来说，既富有诗意，又求之不得。要达到成仙的境界，不外两条道路：一是"弃欲守静"，在自身形体中修炼"精、气、神"而成仙，称为"内丹"；二是烧炼矿石药物以成"金丹"服食后也可成仙，称为"外丹"。

道教是多神教，它所尊奉的神极为复杂。最初，道教尊老子为最高天神；称其"能为天神所济，众仙所从"。晋时，道书中又出现了元始天尊之名，嗣后他的地位逐渐高于老子。后来，又以元始天尊为玉清，以老子为太清，号"道德天尊"，又有上清灵宝天尊，并称"三清"。道家认为，世间可分天人两界，神有天神、地祇、鬼与诸仙之分，各类神都有最高的统领者。天界分三界36天，最高统领是玉皇，亦称"玉皇大帝"，也是神仙世界的皇帝，与协助玉帝执掌天道的合称"四御"。男女神仙的执领者是东王公和西王母；道教认为，功行圆满的善男信女可得道成仙，其方式有三：第一等是肉体飞升的天仙；第二等是游于名山的地仙；第三等是先死后蜕的尸解仙。此外，人间还有10大洞天、36小洞天、72福地，是上天派遣群仙统治之所。鬼界的执领者是十殿阎王，地狱有36层。

与道教不同，佛教认定人必死无疑，没有一个人能逃得过"死"字关。人生充满了苦难，生老病死、所憎恶之事、骨肉分离、欲望得不到满足等产生的苦，谁也躲不开。为了解脱诸苦，唯一办法就是皈依佛教，行善积德，待来世便只有幸福，没有苦难。

道教与佛教，一个讲今世能长生不死，另一个讲来世可得幸福，一个能使人摆脱人生中最大的忧患——死，另一个能使人摆脱人生中与死有同样分量的忧患——苦难，它们的相辅相成，使中国古代各阶层人士都热衷于兼收并蓄，不以对立为意。道教与佛教解决了人凭借自己力量难以解决的忧患，人们在高大的佛寺和道观里，忘记了人世间的不平和苦难，得到的只是宁静、满足和希望。

道教和佛教尽管录纳的鬼神名称不同，教义也有千差万别，但都以"善有善报、恶有恶报"作为基本信条之一。只是佛教讲究前世、今世、下世，而且十分看重今世与下世，认为善恶定有报应。道教比佛教更为彻底与急切，善恶报应等不得下世，现世就报。而且鬼神如影相随，并被给予生活化了的解释，日常所见所遇的福祸都是鬼神在报应。在人不能主宰自己命运，无法惩恶扬善的社会生活里，不把希望寄托在神佛身上，还寄托在何处呢？鬼神通过人们的心理意识折射出神奇的力量，人们借以安慰自己心灵，预卜吉凶。人们又根据自己的成败，更加相信鬼神的存在。

佛道二教不仅强化了汉民族应付人生苦难的能力，使人在不平的社会现实中能够得到心灵的慰藉，而且还为汉民族描绘出一幅极其吸引人的美好图景——天堂。天堂，是神佛以及一切终生行善积德的人死后灵魂所居住的地方，但早在上古时期，先民就把天安排为神灵的居住之处了，只是当时没有人的立身之地。佛道二教兴盛以后，天堂的大门就开始由佛道二教把守。世间的人仰望天堂，盼望实现自己无法在世间满足的欲望，天堂的神灵也时刻伸手援引愿意前去的人们，有各路神灵来接引。但其间还有一条漫长的道路——修行。无论是佛教还是道教，都为他们的信徒提供了一整套得道成仙进入天堂的修行方法。除此之外，另有一条道路可行，那就是在现实生活中行善积德。"积善之家，必有余庆"，是汉民族历来宗奉的信条。这个信条，正是道教、佛教因果论为汉民族广泛接受的根深蒂固的思想基础。"善有善报"中的"善"，即是行善积德。"善报"就包含"升入天堂"之意，人只要行善，不管是什么人，终究都能得到善报。仅积善行一世，还不行，要二生、三生，乃至百生千生都积善，总有一天能够达到自己的目的。

尽管天堂的神灵为人们铺设着通往天堂的道路，尽管人们也以各种方式企图挤上这条道路，但在人们心灵深处，地狱一端仿佛有千钧重量。人们一方面惧怕地狱，另一方面又把那儿设想成一个公正的审判台，希望能在地狱中对人间的一切不公平有个公正的裁决，使"恶有恶报"。地狱就以这样的双重面目，在汉民族心灵深处畸形地发展着。

人类进入文明社会以后，受到的束缚越来越多，主要是来自精神上的束缚，礼法思想深深地侵染了汉民族的鬼神信仰。尤其汉代"独尊儒术"局面的形成，儒家礼教这张铁网收缩得就越发紧了。在这种情况下，人们总要冲破束缚，回复人自然的本性。人的肉体不能逃出现实社会的种种束缚，人的自由精神却可以冲破一切束缚而创造出完美的境界与形象，来满足自己渴望、追求自由的心理。这种理想形象就是神仙或是仙人。方士们把"仙"纳入了鬼神文化系流，使"仙"失去本来自由形象的意义，但却投合了人们对死的忧惧，对长生不死、享乐的追求心理赢得了社会上从上到下的人心。"仙"的变形，造成了汉民族长达两千多年的求仙运动，追求长生不死、享乐无期的意向，始终占据着芸芸众生的心灵。

与敬神拜佛同步发展的，是人们对神佛的祭祀。祭祀神佛也是出于功利目的，是全民性、自发性的集体活动，而且还有着具体地点、时间的规定。古人以为，人死后灵魂可以依附于某种自然物，成为这种自然物之神，于是便要对这种神灵进行祭祀。《淮南子·氾论训》云："炎帝于火死而为灶。"高诱注："炎帝神农以火德王天下，死托祀于灶神。"《山海经》毕沅注引《龙鱼河图》云：冯夷"水死化为河伯。"等等。类似的还有许多山川草木、鸟兽鱼虫之神，它们往往都被认作是某些鬼魂的寄托物而受到祭祀。汉唐以后，随着佛教的渗入，关于天堂地狱的描绘使得对鬼魂的祭祀活动更加兴盛，不过这些祭祀已不属原始宗教的鬼魂崇拜了。

早期的祭神不管形式如何简单，那庄严肃穆是不言而喻的，因为他们的生活，甚至生命，都与神紧紧系在一起。到了殷商时期，祭神已形成了一定的礼仪形式，对于什么样的神行什么样的礼、供奉什么样的祭品，在甲骨卜辞和先秦其他典籍中都有着大量的记载。人们以虔诚的心理与丰厚的礼品祭神，是为了讨得神灵欢心。但讨得神灵欢心的祭神，不唯有这一种形式。早在商代，就有以歌舞娱神。据朱天顺研究认为，用奏乐、唱歌、跳舞来祭神是古代比较普遍使用的一种祭神仪式。与以牛、猪、羊或人作为牺牲祭神相比，这种歌舞娱神的祭神方式，既简单又实用。所以，在一般情况下，人们祭神更多采用的是这种方式，而且这种方式一直为人们沿用不衰，并得到发扬光大。

在重礼仪的儒家思想成为汉民族占统治地位的思想之前，存在着以牺牲祭礼的方式，也存在着以歌舞娱神的活动。但是当"独尊儒术"的局面形成以后，情形就发生了变化。儒家十分看重祭礼，孔子认为"礼仪有序"，祭神不应当"恣性"。从汉代开始，天子祭神，大都是率领文武百官们行施庄严的祭礼。这也与当时已基本完备了政治等级制度有关。但是，在民间百姓那里，虽然精神生活被纳入了"三纲五常"的轨道，但祭神却更多地沿着歌舞娱神的形式发展，而且渐渐有了自娱因素，人们在娱神活动中享受着平日难以得到的快乐。

民间的祭神由娱神走向自娱，宗教在一定程度上起了催化剂的作用。道教对于民间娱神极力支持，因为民间所娱之神，基本上都是道教鬼神谱系的成员，而且民间娱神或自娱的日子，也都是道教的节日。那种大规模的热闹场面，正好显示了道教的威风与兴旺。

佛教也在带来他们的思想体系、鬼神队伍的同时，带来了他们的鬼神节日。各位佛祖的生日、十二月初八的佛成道节、七月十五日的盂兰盆节和四月初八的浴佛节。佛八道节，也就是后来演化成为汉民族的"腊八节"。这个节日除了向佛行施祭礼之外，主要是吃腊八粥。至于民众积极参加浴佛节，主要目的是在祭祀佛祖的时候得到娱乐。

就这样，民间娱神活动中原本就有的自娱倾向，在宗教的推波助澜下，迅速地向前发展，出现了祭神中以自娱为主的"赛神"活动。秋收之后，正是余闲之日，一年的疲惫，丰收的喜悦，各种因素汇集于一起，赛神正好提供了宣泄机会，而且人们也确实能在其中得到平日难以得到的怡悦。在这种自娱中，神不存在了。

汉民族祭神的主要对象是神，但在丧葬及与此相关的仪式中，主要对象则是鬼。丧葬仪式及观念，从另一个侧面反映着鬼神信仰的文化心理。

神与鬼都有超人的力量，都对人世起作用，但因为鬼神与人的关系不同，与人有着血缘关系的鬼使人对鬼的态度非常恭敬小心。极为看重血缘关系，以"孝"为纲的汉民族，认为如何对待与自己有血缘关系的鬼，是人是否继续行孝的问题。所以，汉民族鬼神信仰文化——丧葬文化中，"孝"是它的核心内容，有着极强的社会性与血缘性的双重性质。据说，在远古时人们并不那么看重丧葬，人死后随意处置尸体，并无严格的规定。随着社会的发展，原始的丧葬方式逐渐发生变化，人们对死者的尸体由不葬而改为埋葬。这说明鬼魂崇拜在当时的葬礼中已经得到表现。但是，在儒家建立自己伦理道德体系的时候，却把葬与"孝"联系了起来，掩埋亲人，是"孝子仁人"的行为。人们处理尸体，不仅筑墓植树立碑，制定了一整套对待死者的丧葬之礼，而且，是否按照这些方式行事，成了孝与不孝的标志。在极为重视孝道的汉民族中，不孝是大罪。于是，埋葬死者，安排亡灵在阴间的生活，成了汉民族神圣的职责。

汉民族如此看重丧葬，制定了如此繁复的丧葬之礼，并代代相沿不衰，还包含有对死者之魂——鬼的恐惧因素。随着鬼魂信仰的加剧，人们把世间不可思议的怪事、恶事，都与鬼的作祟连在了一起，认为那些冤死鬼、屈死鬼，无时不在伺机复仇。对待这些鬼，一方面，人们以各种打鬼、驱鬼的形式将之远远赶离人群；另一方面，则是以各种祭祀方式来讨好它。对恶鬼厉魂采取傩除的形式。《论衡·解除》云："昔颛顼氏有三子，生而皆亡，一居江水为疫鬼；一居若水为魍魉；一居欧隅之间，主疫病人。故岁终事毕，驱逐疫鬼，因以送陈迎新纳吉也。"古代除邪驱傩的方式很多，常见的有佩玉、含珠、击鼓、弃旧、书符、贴画、饮酒、爆竹等。在民间，因地理环境不同，风俗习惯不同，傩除的方式也各有差异。

在道教兴盛、佛教传入中国以前，汉民族对待死者，以隆重的丧礼和厚葬为主。自从佛道二教在汉民族中站稳了脚，丧葬形式就开始逐渐向更为隆重的方向发展。

佛教地狱信仰的传播，不仅促使道教重新勾画自己的鬼魂世界，而且也使老百姓日益相信人死为鬼后，确实要遭到阎王的审判、阴司的惩罚。要使自己的亲人脱离苦海，那只有依靠佛祖的神威，进行超度，使鬼早日超生。这种超度方式中最著名的，就是所谓水陆法会。中国历史上最早的超度亡魂的水陆法会是南北朝时期梁武帝开设的。但真正流行起来，还是在宋代，以孝开道，水陆法会才盛行起来。与此同时，道教为超度亡魂而制定的各种各样的斋醮仪式，在民间原有的祭神祭鬼的礼仪基础上迅速发展起来。如人从刚死开始，就有初丧、追七、周忌、安葬、除灵、幡服、荐祖、冥庆以及送鬼、暖材、开道、设召、起灵斩煞、招魂、召七、召三朝、度桥、召孤魂等。这些丧葬中的超度活动，有些本身就采自民间信仰，所以很快就为民间所接受，在丧葬活动中流行起来。[①]

按照佛道二教说法，人死后经过超度，不是转世投生，就是升入天堂，不会在阴间停留多久。但是，汉民族没有轻易放弃自己原有的观念，而是将对待鬼魂的两种方式糅合在一起了，既厚葬，也超度。这大概是因为对鬼神抱着宁可信其有，不可信其无的想法，宁愿多破费些钱财，也要讨个保险的缘故吧。于是，厚葬与超度合一，就成了标准的丧葬形式，直到今天还在许多地方一丝不苟地执行着。

丧事隆重，厚葬死者，在相信有阴间、人死为鬼的时代里，办丧事是为了鬼，但人人心中也都明白，更多的还是为了活人。为长者办丧事、超度，贯穿着一个"孝"字。在"家天下"的中国古代社会中，"孝"在人伦关系、道德观念中占有极其重要的地位，而为人子尽孝最好、最冠冕堂皇的表现方式，就是厚葬与超度故去的亲人。因此，为了安慰鬼，也为安慰自己，汉民族的丧葬规模越来越大，形式也越来越隆重。

鬼神听命于制造鬼神的人

在汉民族鬼神信仰史上，究竟是鬼神掌握着人的命运，还是人掌握着

[①] 王景琳：《鬼神的魔力汉民族的鬼神信仰》，生活·读书·新知三联书店1992年版，第163页。

鬼神的命运？即使从信仰及其文化心理的角度看，这个问题的答案也很简单：渺小的人掌握着巨大的神灵。

从总体上说，汉民族崇拜一切鬼神，总是带着明确的目的，实用功利的成分胜过了敬仰的因素。人们创造鬼神世界，宗教整理鬼神世界，目的都是为了证明人世社会。鬼神世界能证明和支持人类社会现存的一切制度，其根本原因是人们在创造这个支持和证明人类社会的鬼神世界的时候，将人世间所存在的一切等级制度，搬到了天上地下，在那里建立起一个不可动摇的鬼神世界，再用来证明人类社会的等级制度是合理的。

人们为鬼神定等级，为其划定管理领域，而人们从人世社会中总结出"县官不如现管"的经验后，便与鬼神世界相联系，对各行业的神灵不得不敬畏，这其实是一种利益的交换。为达到实用的目的。求神拜佛的形式不断变化。儒家思想对鬼神的保留态度，对信佛道二教的官吏产生巨大影响，形成急功近利、遇到危难才去"临时抱佛脚"的现象。但在"急来抱佛脚"时，佛不给予脚抱的情况下，只得采用自罚的形式，这在内容上已失去了宗教本来的意义。

人对神佛采用实用的功利态度，神佛对人也是如此。人们在创造神佛形象的时候，将人间最美好的理想、最高尚的品德赋予了它们。但是，当宗教将神佛世界人间化后，神与人距离缩短了，固然可使世人更加虔诚地敬仰神佛，但神的人化本质上产生了异化。人们以世俗的眼光、世俗的心理去对待神佛，又使之世俗化。《西游记》第九十八回那段故事则赤裸裸地将神佛写成索贿者了。西天佛祖的左膀右臂阿傩、伽叶索取"人事"被佛祖知晓后，不但不责难他们，还寻找理由说为"教后代儿孙有钱使用"支持索贿。鬼神信仰的世俗化，说明了鬼神信仰的没落。

"为我所用"是统治者频频祭封鬼神的宗旨。封禅是古代统治者举行的一种祭祀天地的典礼。"封"是指筑土为坛祭天，古人认为群山中泰山最高，因此人间的帝王应到最高的泰山去祭上帝，表示受命于"天"。"禅"指祭地，在泰山下小山如云云山、亭亭山、梁父山、社首山、肃然山举行。实质上封禅是一种具有政治目的，又带有神秘性和宗教性的祭祀活动。

传说时代及夏、商、周三代，已有封禅的说法。秦汉时期，秦始皇和汉武帝都举行过封禅仪式，较典型地反映了古代封禅的情况。秦始皇统一中国后，曾巡行各地，率领车驾、文武大臣及儒生博士70人到泰山举行封禅活动。他乘车从山南登上泰山之顶，勒石歌颂秦德，举行封礼，作为神圣的大事，然后又从山北下来，到梁父山去行禅行。西汉中叶国势强盛，武帝又举行了封禅活动，之后的封建帝王也有几位都率臣下到泰山进行封禅。封禅不仅加强了封建帝王的统治地位，为统治者披上"君权神授"的外衣，代天行命，欺骗人民，而且可以粉饰太平，宣示德政。封禅历来被认为是"太平盛世"的大事，而只有有"功"有"德"的皇帝才有资格封禅。因此，帝王总在进行规模盛大的封禅活动中，借机宣扬本朝的太平景象，歌颂自己的功德。鬼神不过是帝王们郑重对待的政治工具而已。

人制造了鬼神，人利用着鬼神，人还幻想着驾驭鬼神。为此，人们发挥了充分的想象力，发明了各种各样的法术和法器。道士把古代帝王用来作发布命令、调兵遣将凭证的符移挪到鬼神世界里，形成自己的"神符"，用来调动神将鬼兵为自己服务，神符上的文字怪模怪样，用来驱神使鬼，与"箓"配合使其发生威力。"箓"是记载天神的花名册，手中有了箓就知道了天神的职责，连同"符"一起使用，统称为"符箓"。原本能力高强的鬼神，却在一张所谓符箓面前任人驱使，如此说来，鬼神的威力再大也大不过人。道士还掌握了天神的语言，即人们常说的"禁咒""神咒"或"咒语"，由此，可使鬼神受人派遣。道士不认为这是人掌握了鬼神的弱点，而是神赐予道士的特权，鬼神听到这种咒语，就犹如听到天神的命令，只好老实地听从安排驱使。道士驱使鬼神，还常用到剑。剑本是中国古代的一种寻常的护身武器，但在人世间与鬼神世界都有着不同寻常的象征意义。剑是帝王权力的象征，带有了神意，且有了与符箓、咒语相同的功能。这样，道士们只要手中有了剑，就有了神权，就掌握了为自己效力的神将鬼卒。

这样，鬼神听命于制造鬼神的人，在名分上，鬼神凌驾于人世之上，而在实际上，鬼神却是人不折不扣的奴仆。人创造鬼神——人受制于鬼神——人利用鬼神，这就是人与鬼神关系的三部曲。

扇子文化

揖让月在手　动摇风满怀

在长达三千年的时间里，扇子一直是我国社会各阶层普遍使用的日常生活用品。可是到了20世纪，特别是从70年代到90年代的这20年，由于生活形态的改变，扇子的使用急剧衰退。但是作为文化传统的一个内容，我们通过对扇子的历史回顾，可以了解这一集手工艺、书法和文学于一体的艺术结晶，在中国传统社会中的功能以及在中西文化交流史上曾经发挥过的作用。

扇子的艺术，几乎通体可现。翻过来覆过去，都可得到美的享受。

扇面上的画面，或是风光秀丽的山水名胜；或是情趣盎然的花鸟鱼虫；或是笔走龙蛇的书法精品；或是砥砺性情的诗文佳句，方不盈寸的扇面之上，寄托了中国人特有的文化意蕴，可谓中华文化的一个缩影。

光滑润洁的扇骨，或白或紫，或湘妃、梅鹿、方竹，或象牙、玳瑁、沉香、雕漆、镶螺钿，扇柄上还可镌刻诗词书画、阴阳纹饰及博古图案。下面饰有伽南、沉香或汉玉小块及琥珀眼掠（黑水晶）等名贵材料雕刻成的扇坠，呈鸟兽昆虫等状，有虎、凤、蝴蝶、蜻蜓等。扇骨可谓集中华手艺的机巧与审美文化于一身。

这里说的只是折扇。其实，扇子的最初形态并非如此，其渊源可以追溯到三四千年前。

汉代《说文解字》谓："扇，古称箑。"清代王廷鼎在《杖扇新录》中考证道，箑是以木为机梁，以横木为轴，轴中贯以机关，一端之绳悬两扇，另一端之绳系以木板。然后，将机梁悬于室中，人以双足蹈于木板，"左足蹈之，则前扇上而后扇下；右足蹈之，后扇上而前扇下"，"栩栩扇动"而生风，这大约是汉代以前宫廷、富豪在盛暑时用以纳凉的生活用具，可以连续扇风，已颇似今日的电扇了。

说起扇子的创制年代，众说不一，或谓源于黄帝时，或谓源于舜时，反正在古史的传说时代已有制作。其见于史传的最早名称为"五明扇"，相传舜为广开视听求贤自辅，曾作五明扇。可见当时的扇子是一种具有等级观念的礼仪设施。崔豹在《古今注》中则明确记载商代已有用鸟羽编织的羽扇。陆机在《羽扇赋》中曾写道："昔襄王会于章台之上，大夫宋玉、唐勒侍，皆操白鹤之羽以为扇。"可见，先秦时扇子已经普及。

扇的本义是指苇编的门，《尔雅》："以木曰扉，以苇曰扇"，方言中今仍有称门为"门扇"的说法，由此可以推测，早期的扇子可能是长方形的苇编物。古代扇又称为箑，除了方言差别外，也可能是竹制的缘故。以禽鸟之羽翎编织成的扇子起源也很早，此类称作"翣"，长柄垂地，以专人执掌，形状类似现在的旗帜，这种扇往往是用作统治者的礼仪之具，如殷高宗制雉尾扇，以备出驻时障尘蔽日。以后历代统治者及显贵均备有此种仪具，而且在使用的数量，规格和质地均有严格的等级之分，一般人是不能僭用的（特别是雉羽之类）。唐玄宗时，大臣萧嵩又订了制度，在正殿上设置羽扇，"上将出，所司承旨索扇，扇合上坐，坐定去扇，礼毕上将退，又索扇如初"，使得皇帝尊容不轻易显露，以示尊严，并有专职人员负责掌扇。到了明清二代，此种仪具逐渐形同虚设，仅仅起装饰作用而已。

中国的扇子品种繁多，各有不同的技艺和艺术风格。在传统手工艺上，扇子集中了雕刻（如竹刻、象牙镂雕）、编织、书法、绘画、烙画、刺绣、丝织、装裱等不同的技艺，成为优秀的工艺美术品。在取材用料上，从珍贵的象牙、玳瑁、檀香木、绫绢，直至低廉的麦秸、笋壳、鸟羽、葵叶均可；在艺术风格上也各有特色，如葵扇简朴，羽扇高雅，檀香扇秀丽妩媚，折扇潇洒。此外，扇子的用途也很广泛，除了主要用于夏日纳凉外，又是评弹、戏曲、舞蹈等表演中的常用道具，借以表现人物的性格和思想感情。

中国的扇子，主要有羽毛扇、葵扇、绢扇、折扇。此外，还有竹编扇、麦秸编扇、鸭脚扇等，真是千姿百态，各具风韵。

关于羽扇的记载颇多。明代李时珍在《本草纲目》中说："上古以羽为扇，故字从羽。"西周时期，据《拾遗记》记载，孟夏时，宫廷饲养的青凤、丹鹊"皆脱毛羽，聚鹊翅以为扇"，共有4把，并有宫女侍于王侧摇扇，"轻风四散，冷然自凉"。周代，王后之车舆也饰有长柄翟羽扇，以障翳风尘，所以又名障扇。春秋战国时，士大夫们酷爱白鹤，于是匠师们取其鹤羽轻而多凉，裁翼以为扇，素同冰雪，挥之御炎，风格古朴而高雅。汉代《西京杂记》等史籍说，天子夏设羽扇，汉成帝最宠爱的赵飞燕在歌舞时常执翠鸟羽扇、孔雀羽扇。汉代末期，羽扇大多为名士所执，羽扇、纶巾（丝织头巾）的装束流行于江南。苏轼用"羽扇纶巾"来借指风流俊雅的周瑜，诸葛孔明更是羽扇随身，不离左右。

唐代，羽扇仍很流行。开元年间，每逢宣政殿朝会，在帝王左右，各陈列78柄孔雀羽扇，共计156柄，灿烂夺目。同时在殿之两厢又备有羽扇，供大臣们使用。开元二十四年（736）盛夏，唐玄宗还赐宰相、大臣们白鹤羽扇。当时，诗人白居易有诗《白羽扇》云："素是自然色，圆因裁制功。飒如松起籁，飘似鹤翻空。盛夏不消雪，终年无尽风。引秋生手里，藏月入怀中。麈（zhu）尾斑非疋（pi），蒲葵陋不同。何人称相对，清瘦白须翁。"对白鹤羽扇作了绝妙的描述。

宋代元丰三年（1080年），宋神宗诏令将朝会礼仪所陈列的孔雀扇复为雉羽扇，共4柄，但都在雉羽扇上绣制双龙、双凤图案，使羽扇更加华丽。

到清代，由于帝王、大臣们爱好狩猎，在狩猎时常以凶猛的老雕伴随，捕食山羊、野兔等，因而在咸丰、同治年间，京师王公大臣们皆流行长方形的雕羽扇。雕出自京师以北，雕羽扇以六羽至九羽编成，长一尺多，阔二寸许，价值10两金子；有的仁下全为黑色，而中间一寸许为白色，名玉带扇，甚至值100两金子。雕羽扇的柄多为象牙所做，以示王公大臣之高贵。

现在，羽扇则以鹅毛扇为主，产于浙江湖州、江苏高淳、湖北洪湖地区等。鹅毛扇的造型多为桃形，上锐下圆，以30—40支鹅羽编织而成。扇柄有的为木柄，有的以翎管为柄，并劈成篾丝，编织成古钱等图案。洁白的扇面上，有的饰以五色绫缎剪缕的寿桃图案，又以彩色丝线、金银线绣成图案；或以孔雀金翠毛围列扇边，而在中央点缀一大红绒花，异常艳丽。质轻的鹅毛扇，出风柔和，在夏季是产妇纳凉最理想的工具，微风轻拂，毫不伤身，湖北洪湖的鹅毛扇，饰以牛角柄和流苏，形似皎洁满月，俗称姑娘扇，它是姑娘们在订亲后赠送给未婚夫的信物。相传孔明曾服葛巾执羽扇指挥三军，所以后世常称谋士为"摇鹅毛扇"。晋人张载《羽扇赋》云："有翔云之素鸟，体自然之玉洁；飘缟羽于清风，拟妙姿于白雪。"

羽扇之美被勾画得活灵活现，怪不得流传至今，久负盛名。

葵扇，以蒲葵的叶子制成，俗称蒲扇。它价廉，质朴无华，出风和好，是广大群众在夏日最爱使用的扇子。葵扇产于广东、福建等地，尤以广东新会为最。清代《广东新语》说，早在东晋，孝武帝的宰相谢安在京师手执葵扇，风度高雅，顿时使葵扇价增百倍。广东新会葵扇生产，在清代已很兴盛，成为当地人民赖以为生的传统工艺品。生产葵扇的工艺也很复杂，一般是选择柄长一尺多、色泽浅碧的葵叶，摘下晒场约 20 天，干后再水濯火烘，使之玉莹冰柔。又以重物压之，使叶平整，并且随叶之大小剪成圆形，大者俗称牛心，小者俗称鸡心，再以竹篾、丝线缘其边，仍以葵叶柄为柄而成。葵扇的品种也很多，最著名的是玻璃白葵扇，它是选择初发未舒的浅绿嫩叶，经过晒场，色泽晶莹洁白，再经水濯，硫黄熏制，色乃益白，所以俗称玻璃白，轻者每柄仅重三四钱。葵扇的规格也大小不一，最大者长至三尺，可以蔽日，俗称腰扇。

现在，新会葵扇的装饰手法更加多样。在扇面上，或施以绘画、漆画、刺绣，或用细针刺成各种图案；更以灼热的铁笔在扇面上烙画山水、人物、花鸟诸形，由于用笔轻重不一，因而色分浓淡，渲染得宜，风格清秀雅致，而且永不褪色。漂白编织扇是将玻璃白嫩叶剖成 2—4 毫米的细长条，然后手工编织成桃形的扇子。近年来，新会匠师们又在漂白编织扇上以金银线、彩色丝线绣成各种图案。双面烙画扇则是将两柄形状、大小完全相同的玻璃白葵扇缝合为一柄，然后在正反两面各绘以相同的烙画，使之两面都能观赏。葵扇的扇缘俗称细边，以金银线、绢、彩色丝线、竹篾和藤皮手工缠绕、缝制而成。扇柄除了大多用葵叶柄外，有的在柄外绕以米黄色的细藤皮，或套以染成彩色的竹管，执于手中，更觉柔滑舒适。有的则截其叶柄，另饰以方竹、湘妃竹、象牙、玳瑁等制成的扇柄，扇柄下又饰以流苏、扇坠，摇曳生姿，更添风采。

绢扇，用绢、素、绫、缯等丝织品为面料，以铁丝、竹篾为框，以素绢两面绷于框上，施以彩绘；大多形似团圆之满月，所以又称团扇，现在主要产于苏州古代，绢扇大多为宫廷所用，又称宫扇、绢宫扇、纨扇。汉成帝的嫔妃班婕妤作有《怨歌行》赞美纨扇："新制齐纨素，皎洁如霜雪。裁为合欢扇，团圆似明月。出入君怀袖，动摇微风发。"

可见当时的纨扇洁白如雪，不施彩绘。到晋代，帝王曾执红绡金龙扇，即在红绡团扇扇面上绘以金龙。南北朝时，诗人江淹在《拟班婕妤咏扇》中说："纨扇如团月，出自机中素。画作秦王女，乘鸾向烟雾。"

可见已在纨扇上描绘仙女乘鸾等色彩艳丽的图画。

宋代，绢扇在民间已很普遍。至清代，绢扇又以罗素为扇面，除满月外，又有腰圆、六角等式样，有的在扇面上以五彩丝线绣制人物、花果等，于嘉庆、道光年间流行于闺阁。更有富豪家以重金聘名手在罗扇上绣以双面绣，正反两面，图案如一，其扇柄则多为湘妃竹、棕竹、象牙等制成。此外，还以薄如蝉翼的黑纱为扇面，上以铅粉描绘细竹万竿，黑白分明，入手轻凉，人称蝉翼扇。

当今最流行的折扇，最初是由日本发明的，公元9世纪，模仿蝙蝠形状制作，故初称蝙蝠扇后又称为撒扇、聚头扇、折叠扇等名，统称作倭扇。宋太宗时，日僧曾有进献，但数量不多。与此同时，朝鲜也有大批折扇涌入中国，但其制作工艺不如日本精巧。南宋时，杭州已有专门出售折扇的店铺，想必当时中土已有折扇制作了，但由于士大夫顽固守旧，视之形制轻佻，故未予以特别注意。市面上流行的主要是团扇。一直到明初，因永乐帝喜其卷舒之便，命令内府大批制作，折扇才开始普及起来。瞿佑有诗赞曰："开合清风纸半张，随机舒卷岂寻常。金环并束龙腰细，玉栅齐编凤翅长。偏称游人携袖里，不劳侍女持花傍。宫罗旧赐休相妒，还汝团圆共夜凉。"形象地描述了折扇的形制和简捷功用。故宫博物院收藏有明宣德帝御笔描画的一把大折扇，这是中国现存最早的带有完整扇骨的折扇。在折扇面上题字作画从成化年间开始盛行。成为一种独特的艺术形式，受到人们的欢迎。

此外，扇坠也从宋以后盛行起来，到了明代，更有在扇下坠香囊的（明末名妓李香君即有"香扇坠"的雅号）。至此，执扇与否，执何等样扇，已成了人们身份、地位的一种标志了。尽管天气渐凉，士大夫还是照样一手持折扇拜亲会友，出入公共场所，以示自己的风雅。到了清代中叶，此种情况发展到前所未有的地步，"折扇柄则象齿、檀香，甚或描写仕女，以泥金填出雪景等，制一扇，所费数金，而人必数扇，且辗转乞求名手书画，以相夸耀"，这种现象在一定程度上反映了那时的社会风气。

明清时期，苏州、四川等地盛产折扇。苏扇以"泥金扇"著称，明代中期以后，苏扇又讲究扇骨的精美，"凡紫檀、象牙、乌楮，俱且为俗制，惟以棕竹、毛竹为之者称怀袖雅物，其面重金亦不足贵，惟骨为时所尚"。

　　一把完整的扇子叫成扇。由扇骨、扇面、扇柄构成。折扇的扇骨一般有14、16、18骨的，亦有多至24、30、40骨的。也有后来减为9骨、7骨的。制骨料子有白竹、紫檀木、乌木、檀香木等。扇柄上镂刻诗词书画，阴阳纹及博古图案。千余年间，江浙一带的能工巧匠，熔灵巧精湛的制扇技艺和雕刻、书画于一炉，创造了别具特色的折扇工艺。开始时名手制扇常常以获得名家书画为荣事，扇价随之倍增，后来演变成著名书画家也以制扇名手用其书画为快意之事。两者相得益彰，书面扇面艺术终至演成与折扇同样的情形，晚明清初几近兴盛至极致。

　　书面扇面，虽幅不盈尺，但它题材广泛，书画风格多样。明四家沈周、文徵明、唐寅、仇英和画家周之冕、陈洪绶以及董其昌为首的"画中九友"，都有扇面书画佳作传留于世。清代"四王吴恽"六家以及"扬州八怪""金陵八家"等众名家，也留下了很多珍贵的扇面书画墨迹。近代吴昌硕、齐白石、黄宾虹、张大千、吴湖帆等名家的书面扇面艺术，更加艳丽多姿。除了在书法绘画艺术中占有重要地位外，扇骨的雕刻工艺也很卓绝。明代从三朱（朱松邻、朱小松、朱三松）为首的嘉定派的深雕、透雕为其艺术特色。以濮仲谦、李文甫为首的金陵派，以浅刻和善于因材施艺为特长。三百年来，名载典籍的竹刻家就有二三百人，在扇骨上雕刻书画的技法多为阴刻，亦有浮雕和留青刻法的。扇骨一经名家书画落墨、竹刻家雕刻，折扇的身价便随之大增。

　　还有一种扇子叫竹编扇，又称篾丝扇，以篾丝编织成扇。有的扇面薄如纨绢，光滑无痕，编织成各种图案。其实，扇的古字是箑，箑字从竹，可见中国最古的扇，就质料而言。大概是竹子了。箑是一块面积相当大的竹板，我们的祖先很早就知道如何以手操作一块面积较小的箑，从而达成生风或取凉之目的。远在新石器时代，古代的中国人已知道如何利用竹或苇来编织竹箑。现在可知的中国最古的扇子，可能是一把竹扇，这件实物标本是湖北江陵县马山砖厂的第一号楚国墓葬里发现的。其扇身接近于梯形。在南北朝时期，除了竹质的扇子曾经使用于马车以外，竹扇的使用似已渐渐流行，造型上已脱离了梯形，而以方形为主，方形以外，也有六角形竹扇。竹扇的使用，虽然渐为纵扇所取代，而方形也渐为圆形所替易，不过竹扇在中国并未就此绝迹。譬如说，在17世纪中期的明代末年，江西省新安县所产的竹篾扇，在当时已被列为文人生活中不可或缺的器物。

清代的嘉庆与道光时期，在广东的手工艺品中，就有一种专以青竹的竹皮编制成的竹扇。扇形除了有方有圆，还有六角形的，据说这种竹扇的精细与光滑，简直像布一样。稍后，同治时代与光绪时代的早期，在广东的手工艺品中，又出现过一种"鸭脚扇"。扇的边缘是细竹片，扇柄是一只小竹管，而扇的本身则用由外国输入的"布纸"来担任。富于韧力的布纸有的洁白如雪，有的不黄不赭，接近蜂蜜的颜色。主题无论是山水还是人物，无不工细绝伦。

19世纪的中国，除了广东的鸭脚扇；浙江的玉版竹扇也相当有名。在浙江省的东南沿海，有一座几乎完全与海岸平行的括苍山。在海风吹拂下，盛产巨竹。竹竿截断后割成若干长一尺，阔约半尺的竹片，平坦的竹片正反两面都可用来雕刻一些书法绘画，作为装饰。最后配以一把用牛角或玳瑁所制的扇柄。清代名士俞樾在得到一把这样的括苍竹扇后非常高兴，因为这种竹扇竹质白润如玉，故以"玉版扇"之雅名，来称呼这种浙江竹扇。现代的竹簧扇，是用完整的薄竹片做成的。所谓簧，就是削刮了竹的内外表皮的薄片。槟榔扇产于福建，以巨笋壳压平而为扇面，长1尺多，阔6寸多，正面色泽洁白，背面为赭色，如同槟榔，因而得名。

除了竹片扇，编竹扇也不应忽略。编竹扇的产地最有名的首推四川。这与四川气候有关，温度适宜、湿度大，很适宜竹的生长。用竹篾编制的竹器之中，最细致的，大多产于自贡，其中又以龚玉璋的产品最享盛名。由龚玉璋所做的编竹扇，大多具有以下特征：竹丝细且轻、柔和如丝、光洁如绢，编织也很细腻，经丝的位置固定以后，纬丝的穿插往往要几百次，最精巧的，甚至还要穿插到一千次以上，编织好以后，整个竹丝扇的扇面，不但平滑如镜，而且色泽金黄、淡雅、工整、秀丽，兼而有之。怪不得龚玉璋的编竹扇有着"龚扇"的美称。编竹扇的历史从战国晚期，经过汉代、五代和南宋时代，再到目前的20世纪的龚玉璋时代，在中国已经超过两千年了，真可谓源远流长了。

乾隆时代的18世纪，为了适应欧洲社会对于中国折扇的需要，广州的出口商人及时推出若干专门外销的象牙折扇。这种象牙折扇不仅刻工精细，扇上的图案，也经常是中西各半。折扇制作传入欧洲后，欧洲的折扇匠人所制的折扇性能有许多改变。欧洲的象牙扇没有扇面，而是由大量增加的扇股层层相叠，构成一个暂时性的扇面。这种没有真正扇面的折扇称为"卜瑞斯扇"。18世纪以荷兰为制扇中心，质料有象牙、兽角、兽骨、木材、金、银甚至硬纸。中国的外销商为了适应欧洲市场的需要，曾以广东的广州为中心，制作了不少"卜瑞斯扇"。到了18世纪的初期，欧洲各地都使用过不少的东方折扇，这些折扇虽然习称"中国扇"或"广东扇"，但与中国与广东，都没有多大关系，所谓"中国扇"，真正产地多在菲律宾，通常是一种两面都用鲜艳的色彩（蓝色或粉红色）来描绘中国式生活的扇面。

折扇的发展，如果说首先是由16世纪的商船直接传播到欧洲各国的，那么，折扇西传到了20世纪仍余波荡漾，不时闪现。在东南亚，泰国女郎表演的假面舞，不仅要穿泰国传统服装，还必须手持金纸的折扇做道具，唯有如此方可翩翩起舞。侨居海外的华裔在联欢会上，也总要表演以彩羽折扇或纸本折扇为道具的折扇舞。这是中华民族文化之一的中国折扇对西方传播的新类型。

虽然折扇最早起源于日本，在北宋中期或12世纪中期，从韩国传入中国。而且当时中国人已有纨扇、羽扇、竹扇与葵扇的使用，对于折扇并未引起足够重视。但是到了明代，即15世纪，当时的大夫与文人经常在折扇上写作、书画，折扇的使用才逐渐普及中国社会的各阶层。并且经过在扇骨上附加竹刻与扇坠，与日本折扇已有很大区别，成为中国实用扇中一个重要类型，将之接受并融于中国文化之中。

与之相反，中国的圆形纨扇，虽曾在8世纪的上半期，一度传播到日本，可是纨扇对日本文化并没有造成重大影响，倒是日本的折扇，却在从15世纪以来的600年，对中国连续产生重大的影响。由此不难看出，与日本相比，中国文化的包容性大于日本。

正如日本折扇传入中国被"中国化"一样，中国的折扇在16世纪以各种途径迅急传入欧洲后，在热衷中国文化的前提下，折扇的使用很快便国际化了。当然，与中国折扇相比欧扇有着明显的特征：制作材料不同，多用玳瑁、象牙、白银等固体来制作没有固定扇面的"卜瑞斯扇"；扇面素材也不同，不用纸而用皮革或透明有花纹的薄纱；画题内容更是不同，除了常与《圣经》、历史或日常生活有关，也常把扇面作为表现时事（地震、海战、科学、实践）与希腊神话的画面；使用者更不同，无论是宫廷的女皇、贵族，还是新娘及伴娘、女郎，折扇的使用者均是女性。这与中国的折扇使用者经常是洒脱飘逸的男性文人有着天壤之别。

折扇在中国和在欧洲的改变，说明文化的发展绝不是一成不变的。变化虽然不一定就是文化，却是造成文化之进步的必要过程。折扇在各国的发展是不同的，但这些差异本身，却正好代表折扇文化在中国以外的另一地区的发展与形成。此外，又由于中国文化与欧洲文化的接触，使得折扇的本身，不再仅仅是洒脱的中国文人手中风雅文物，而转变成既有西方文化气质，也有商业价值的模式——贺年卡片的新造型。

以折扇为例，我们如果能超越中国文化的内涵，站在一个绝对超然的公平立场上去观察，那就不但对欧洲文化的内涵有所认识，甚至对之转而有所欣赏，也就不会为孔雀羽毛折扇成为杂技演员手中的道具，或者为把一般折扇的造型转用为贺年卡片的造型而大摇其头，认为中国文化已经逐渐衰退，斯文扫地。如果我们能从扇子的变化中看到随之而来的进步，我们就会发现这个演变的结果仍是可喜的。

风筝文化

清风如可托　终共白云飞

　　风筝，又名"飞鹞""飞鸢""纸鸢""风鸢""木鸢"等。北方多称"纸鸢"，南方则称"鹞子"，由于风筝像鹞鹰那样平伸翅膀，可以在天空盘旋，故以为名。

　　早在两千多年前，风筝在中国就已出现。那时的风筝是一种借助风力的通信工具，也是用于作战的侦察器械。据史书记载，春秋战国时期的能工巧匠鲁班（公输般）因看到鹞鹰在天空盘旋飞翔受到启迪，曾"削竹为鹊，成而飞之，三日不下"。他还做木鸢以窥宋城。和他几乎同时代的思想家和科学家墨翟也曾用三年时间，制成木鸢，能在天空飞翔。汉代发明造纸术后，风筝改用纸糊制。汉代韩信用细竹作骨架，上面粘贴薄绢，图以彩绘，牵以引线，借助风力，飞向高空，称作"纸鸢"。风筝之名，定于五代。据说有位叫李邺的人在纸糊飞鸢的头上装了竹笛，放上天空后，微风吹动，竹笛发出筝鸣之声，人们就把这种飞鸢叫作"风筝"。唐代著名诗人高骈在《风筝》一诗中描述说：

　　　　夜静弦声响碧空，宫商信任往来风。
　　　　依稀似曲才堪听，又被风吹别调中。

　　风筝还有用于军事目的，克敌制胜或传递信息的功能。据说刘邦的大将韩信曾用风筝载人，乘风飞到垓下楚军上空，唱起哀婉的楚歌，瓦解了楚军的斗志，导致项羽兵败自刎。而把风筝用于军事行动的第一次可靠记载，是公元549年（太清三年）萧纲用风筝跟建康城外的援军联络。书中记载："有一小儿请以飞鹞传致消息，纲乃作数千丈绳，缀纸鹞于绳端，缚书其背，又题鹞曰：'若有得鹞送投军者赏赐银百两。'纲出太极殿，因西北风而飏之，频放数鸢，景令走马射取之，竟不能达也。"讲的就是简文帝萧纲女儿献计做纸鸢，把文书藏在风筝里，放飞告急，调集各路兵马前来解围。而谋反的侯景对空中的纸鸢无可奈何。风筝曾在军事上为人类做出贡献的记载还有很多。唐末节度使田悦反叛，进攻临洺城，将领张伾守卫城池，粮草用尽。这时，朝廷派来马燧等三支大军前来支援。援军在临洺城外的山下停下来，张伾得悉后急忙放出求救的风筝。马燧得到求救信后立即起兵回应，与张伾里应外合，打败了田悦。到了宋代，风筝作为新式武器用于军事。人们在风筝上装上炸药，用四支大"起火"做动力。当风筝飞到敌营上空时，用香火点燃导火线，引起火药爆炸。

风筝在科学方面也曾做出杰出贡献。我国明代有一个叫万户的人，幻想到太空遨游。他在一把椅子背面装上47支火箭，自己坐在椅子上，两手各牵一线风筝，然后点燃火箭，试图以此为动力飞向天空。万户的试验虽以失败告终，但作为人类第一次用火箭做动力飞行的尝试，却不失为一个伟大的事件，为了纪念万户的功绩，国际天文联合会将月球背面的一座环形山，命名为"万户山"。14世纪和15世纪，军用黑色火箭技术已发展到很高水平，出现了多发齐射的"火龙神机柜"、两级燃烧的"火龙出水"以及可以返回地面的"飞空砂筒"。为了纪念中国鹏鸟风筝给发明改进火箭的启示，国外就把火箭译成英文"Yocket"，是阿拉伯、波斯神话中的大鹏。明代王逵著的《蠡海集》还记述了利用风筝测量风力、风向，进行气象科学研究的事例。至于利用风筝"负人载物，超险阻而飞达，越川泽而空递"，以弥补"舆马之不能，舟楫之不逮"的记载，就更史不绝书了。美国华盛顿国家航空和空间博物馆里，陈列着一只画有孙悟空图像的巨型风筝。旁边写有一行醒目的大字："最早的飞行器是中国的风筝和火箭。"

宋代，放风筝已成为城乡居民普遍的娱乐活动。不但市井小儿、布衣百姓喜爱，甚至帝王将相、王公贵胄也乐此不疲。宋徽宗就酷爱风筝。他曾专门汇编过专著《宣和风筝谱》，流传后世。宋代著名宰相寇准曾以"纸鸢"为题赋诗道：

碧落秋方静，腾空力尚微。
清风如可托，终共白云飞。

描绘了风筝轻盈飞升,遨游太空的美妙姿态。及至明、清两代,放风筝则达到了鼎盛时期。孔尚任的诗反映了清代儿童喜爱放风筝的情况。诗中写道:

结伴儿童裤褶红,手提线索骂天公:
"人人夸你春来早,欠我风筝五丈风!"

那时,连大人也喜爱放风筝,北京等地有专门糊扎风筝的作坊,也有人专门研究风筝样式,不少地方还有风筝比赛。明代著名才子徐渭便常以风筝作为绘画、写诗的题材。37首咏风筝的题画诗至今读来仍朗朗上口,形象生动。
一首为:

柳条搓线絮搓绵,搓够千寻放纸鸢。
消得春风多少力,带将儿辈上青天。

另一首为:

我亦曾经放鹞嬉,今来不道老如斯。
那能更驻游春马,闲看儿童断线时。

便是其中著名的两首。后来风筝成为观赏价值很高的装饰艺术品。把风筝作为民间玩具的史迹,最早见于宋代画家苏汉臣的绘画作品中。为众人所熟知的清代伟大文学家曹雪芹,闲暇时制作风筝,堪称巧匠高手。史书记载,他曾在1750年蛰居北京西山时,撰写了《南鹞北鸢考工志》一书,集中国古代风筝扎、糊、绘、放四艺之大成,对南北各地风筝绘以彩图,并配有歌谣。其中有一首歌谣写道:

天际频传钲鼓乐,云端隐闻丝竹声。
花雨阵洒仙凡路,红灯遥映碧霄宫。

风筝的技艺在当时想必已达到相当高的水平。曹氏这部著作成为京津地区制作风筝的范本,对风筝的普及起到很大的推动作用。清代放风筝已很普及,作为"首善之区"的北京,放风筝则更是深受世人所喜爱,每逢微风和畅的春日或天高气爽的秋天,在公园、广场、街道和房屋檐瓦上,放风筝的人们随处可见,热闹程度堪称全国之冠。

风筝,除了作为军事通信工具显示了特殊的作用,以及作为装饰艺术品为世人所玩赏外,还是一种很好的体育健身工具。宋代李石著的《续博物志》写道:"春回放鸢,引线而上,令小儿张口仰视,可以泄内热。"青代富察敦崇著的《燕京岁时记》载:"儿童放之(风筝)空中,最能清目。"一线在握,目送风筝直上云天,或缓步慢行,或嬉戏奔跑,对老人、青年人或儿童来说,都有增强体质、提高抗病和防病能力的功效。从前人们放风筝还有"放晦气"和排忧解难的说法,传说春日把风筝送上晴空,然后剪断引线,任其飘然远逝,这样可使一年平平安安,晦气、烦恼和病痛都会随风而去。

风筝,还是友谊的纽带,传递骨肉之情的信使。每逢春节,中国东南沿海人民都利用风筝,向台、澎、金、马一带的同胞,带去祖国大陆人民的亲切问候和真诚祝愿。旅居海外的许多华侨和华人喜爱中国风筝。中国风筝已成为他们寄托对祖国故乡思念之情的象征物。每当看到中国风筝在异国天空飘逸,对故乡的怀念之情油然而生。"银线连四海,风筝传友情。"在全球的风筝热中,中国风筝成了扩大国际文化交流、增进同各国人民友谊的友好使者,它在不同民族、语言和肤色的各国风筝爱好者之间架起一座座友谊的桥梁。近几年来,中国风筝艺术代表团曾多次出国放飞表演,举办风筝展览和进行技术交流,足迹遍及亚、欧、美洲十几个国家和地区。山东潍坊风筝艺术代表团自 1984 年以来曾先后八次赴美、日、意、荷、新加坡等国放飞表演和进行技艺交流,夺得荷兰国际风筝会授予的特别奖牌,受到许多国家赞赏。北京、天津的风筝艺术代表团也曾多次出国放飞表演和进行技艺交流,受到好评。1985 年春季,山东旅游局在潍坊市举办了"潍坊第二届国际风筝会",参加的国家有 11 个之多。参加风筝会的风筝作品形式多样,富有传统和民族风格。国际风筝协会主席范德鲁先生说:在风格不同的各国中,潍坊的风筝最好。为了进一步扩大风筝艺术的交流,增加中外人民的了解和友谊,山东潍坊市从 1984 年起,每年在草木萌发、春光明艳的杏花天——4 月 1 日举办国际风筝节。届时,全球各地的外宾慕名而来,怀着朝圣的心情拜访风筝的故乡。这是充满欢乐、美感、友情的盛会。每次风筝盛会期间，潍城大街小巷都张灯结彩、花红柳绿、充满节日的欢乐气氛。

　　风筝在国际上已成为颇有影响的工艺美术品，那么，"中国风筝三大产地"作为代表，各有什么特色呢？

　　北京风筝继承曹雪芹的遗风，各种传统风筝都采用曹氏风筝的图样。风筝高手有两家：一家是金福忠。原为宫廷画匠的金福忠在辛亥革命后，和妹妹金淑琴便以扎风筝和鸟笼为生。他们扎制的风筝以造型雄伟、画工粗犷、飞行能力强等特点为人称道。几十年来，兄妹俩扎制了数百种风筝，其中令人叫绝的有几节的带毛大蜈蚣、活腿的白仙鹤、软翅的绿蜻蜓等。50年代中法合拍的彩色故事影片《风筝》里出现的那些精美风筝，就是金福忠兄妹二人扎制的。另一家是国内外享有盛誉的"风筝哈"。做工精湛是"风筝哈"的艺术特色。已有了百年历史的"风筝哈"如今已传到第四代。第一代哈国良本是清末北京的一位泥瓦匠。潜心钻研、博采众长，逐渐自成一家流派。第二代哈长英受父熏陶，自幼酷爱风筝艺术，他制作的四只软翅风筝曾在1915年巴拿马万国博览会上获得银质奖章。第三代哈魁明和第四代哈亦琦父子，现分别担任北京风筝艺术公司顾问和北京风筝工厂副厂长。1983年，北京风筝艺术家代表团应邀赴美国旧金山参加国际风筝表演比赛大会。作为代表团成员的哈亦琦一踏上美国土地，便成了新闻人物，他应邀在"中国风筝展览会"开幕式上讲话；为美国风筝学会讲学并传艺带徒。哈亦琦表演的是瘦沙燕和串风筝，都是在美国亲手扎制的。表演赢来了阵阵赞叹声，比赛结束时，大会特邀哈亦琦给大会获奖者发奖。美国风筝协会和当地文化中心给哈亦琦发了特别奖。哈氏风筝以骨架精巧、画工严肃、造型奇特、观赏价值高见长，他们制作的蜻蜓的翅膀能上下颤抖，眼睛会自由转动；小燕在空中能发出喃喃细语，引来真燕比翼齐飞，真是"似曾相识燕归来"，深受人们喜爱。

　　天津风筝多以动物、飞禽图案为主，吸收中国画、版画和杨柳青年画的优点，形成自己独特的风格，风筝制作工艺精细，造型生动逼真，线条简练。骨架全用打眼扣榫，不用线绑，显得精巧灵活，轻盈隽秀。绘画着色浓重，颜色艳丽，在200米以内的高空也能跃彩扬辉。"风筝魏"已成为北方很有影响的一个风筝艺术流派。"风筝魏"，原名魏元泰，1914年，他在天津鼓楼东开设一部"长青斋扎彩铺"，潜心研究扎制风筝，名扬遐迩。他的14只风筝作品曾于1914年巴拿马国际博览会上获得金牌奖。据说清末慈禧太后曾慕名派太监专门到天津，让魏元泰扎制"女寿星骑仙鹤"的风筝。可见其做工之精良与技艺之高超。经过几代人的努力，"风筝魏"第三代魏永昌现任天津工艺美术厂的技术员，他不仅继承了传统题材和制作技艺，还设计制作了很多题材新颖的风筝。如"中日友好""银球传友谊""百花齐放""百鸟朝凤"等，深受人们的赞赏。

潍坊是风筝发明人之一墨翟的故乡，制作风筝有着悠久的历史。特别是全国三大年画产地之一的杨家埠700户人家，"家家能染墨，户户会点青"。把木版年画的工艺移植到风筝上去，更促进了潍坊风筝的发展。它集扎、画、糊等工艺为一体，造型优美、扎制巧妙、色彩鲜明、起飞平稳，具有浓郁的乡土气息和独特的地方色彩，成为中华古国的民间艺术奇葩。最著名的艺术大师是王福斋和陈善庭。后来又出现胡敬珠、孙永春、康万香、杨同科等风筝十大艺人。他们扎制的风筝构图朴实优美、形象生动逼真、富有神韵和艺术魅力。他们都有传世佳作流传下来，"麻姑献寿""五福临门"等风筝，曾传入清宫，受到慈禧太后的青睐。龙头蜈蚣风筝，由立体头部和几百个腰节连缀而成，长达数百米，放飞时需要载重卡车牵引，曾获全国风筝比赛一等奖。现在山东潍坊市有100多家工厂，六七千工人，常年扎制风筝，仍供不应求。郊区杨家埠1986年建成一座年产100万只的全国最大风筝工厂，每天顾客盈门，应接不暇。1984年至1986年3年中，潍坊风筝已出口17万只。1987年，杨家埠又收到国内外客商120万只的订货单。如今，潍坊风筝已在四大洲21个国家上空飞翔，为国家赚回外汇30多万元。

风筝发展到今天，艺术造型千姿百态，种类日益增多、花样翻新、各具特色，成为我国传统工艺美术的一部分。从艺术造型上看，大致不外乎五种形式：硬膀、软膀、排子、长串、桶形等。

硬膀风筝的代表作品是"沙燕"。"沙燕"又可分为"雏燕""瘦沙燕""胖沙燕"三种。骨架结构类似，但神情各异："雏燕"稚气天真，"瘦沙燕"娟秀俏丽，"胖沙燕"凝重浑厚。"金鱼"和"鲶鱼"也属硬膀风筝。艳丽华美的色彩与强烈的阳光相映生辉，煞是富丽，长尾摇曳、活泼多姿。硬膀风筝的外形有多种，还有人物、神佛一类题材的作品，如哪吒、孙悟空、钟馗、八仙等，其形象生动活泼，十分可爱。

软膀风筝中有"鹰""蜻蜓""蝴蝶"等传统作品，这类风筝骨架简练，羽毛以独具匠心的画法描绘而成。放飞时在空中盘旋、飞翔，有乱真的奇趣。还有"双燕""对鸽"等，放飞时双燕比翼齐飞，颇具诗情画意；双鸽一前一后紧跟不离，追逐翱翔趣味无穷。

排子风筝中也有硬排、软排之分。常见品种有：鼎、蝉、八卦、花篮、磬等器物和动物造型，图案纹样细腻华丽。

长串风筝以"蜈蚣"为典型造型，它以多环圆形单片串结而成。这类风筝长可达数百米，由数百片单片联结，短的也有30来个单片。它的装饰纹样每片有相对独立性，统观起来便是完美的整体形象。

桶形风筝以"宫灯"为代表，有六面体、八面体的"宫灯"风筝，一般由绢制作。灯的每个面都绘有山水、人物、花卉或书写篆隶诗句。不放飞时可作为室内装饰陈设艺术品。

现代风筝在继承传统技艺的基础上，把电子、机械、遥控等新技术、新工艺运用到风筝上来，使风筝在形、光、色、动、声等方面出现了许多新花样。会眨眼的动物风筝，是由于在双眼上安装有圆球，迎风旋转时两眼便一闪一闪的，仿佛在向观众挤眉弄眼，频频致意；会鸣叫、会放鞭炮以及降下小伞的风筝，真是各具特色，各显神通，妙趣横生。现代风筝还采用先进技术，用无线电进行遥控，更使得风筝世界奇妙无穷。

风筝的制作要按照一定的规格，符合物理原理，才能升上天空。传统风筝，一般以竹篾扎成骨架，用麻绳绑扎，上面糊上白纸或薄绢，再加以彩绘。四面竹篾中间糊纸的叫"硬架"。上面有竹篾，下面是纸边，或在纸边上裹一根线的，叫作"软片"，有的风筝全是硬架结构，有的是硬架和软片结合的。为了增强整体美感，风筝下部常有彩穗，其实从物理原理上说，它起着平衡的作用，成为风筝不可或缺的组成部分。制作彩穗的材料多是纸条和丝线。现代风筝，有的用泡沫塑料刻制巨龙的双角等，坚固耐用。有的用塑料薄膜做风筝的贴面，收起来可装入衣袋，还有用尼龙绸做风筝，薄如蝉翼，结实耐玩。总之，从木竹到纸绢，从纸绢到塑料、尼龙，从一般玩物到优美精巧的工艺美术品，古老的风筝正焕发着青春。

风筝于七八世纪传入日本、朝鲜、东南亚等国，然后通过阿拉伯传入欧、美和大洋洲等地。21世纪以来，世界上对风筝感兴趣的人越来越多，许多国家掀起"风筝热"。日文汉字中的"凧"字，意即风筝，源于中国曾有的布制风筝"风巾"。现在放风筝已成为日本人民的传统习俗，每当新春来临之际，身穿艳丽和服的孩子，手执线车的小伙子，呼朋唤友、成群结队，到公园、田野或海滨去放风筝。随着"风筝热"的发展，中国风筝在国际上声誉日隆，深受世界各国人民的喜爱。它也成了增进同各国人民友谊的友好使者，联结了中外人民的友谊。

后　　记

　　差不多二十年前，笔者对中华民族的文化源流产生了兴趣，遂做了一些梳理，形成了一些文字。当时阴差阳错，把其中的一大部分以一本书附录的形式出版了。那时是纯粹为了出版而出版，于我实在没有多大意义，一直引以为憾。

　　近些年，对文化问题的思考又多了一些想法。总觉得文化不应该是抽象的概念，而首先应是活生生的生活形态，并且可能以一种生活方式而存在，于是有了这本小书的问世。然而由于琐事缠身，许多想法未能落实，诸如文化的生活与生活的文化究竟是何关系？它们彼此之间产生过怎样的互相影响？诸如此类有趣的问题，我一直在思考，在就一些具体文化形态梳理时也略有提及，却没能作进一步的阐释，深以为憾。希望能够有机会在以后再版时作系统的修订。

　　不胜惶恐之至。

　　是为记。

丁万明
2015年盛夏于石家庄